GENEVIÈVE
DE GAULLE ANTHONIOZ

FRÉDÉRIQUE NEAU-DUFOUR

GENEVIÈVE DE GAULLE ANTHONIOZ

L'AUTRE DE GAULLE

LES ÉDITIONS DU CERF
www.editionsducerf.fr
PARIS

© *Les Éditions du Cerf*, 2015
www.editionsducerf.fr
24, rue des Tanneries
75013 Paris
ISBN 978-2-204-10390-9

L'honneur est un instinct comme l'amour.

GEORGES BERNANOS

Geneviève de Gaulle, petite femme d'apparence frêle, avait l'âme d'un homme d'action : douée de convictions humanistes acquises dès son enfance, ferme sur ses positions, prompte à s'engager pour défendre ses idées, elle ne redoutait pas grand monde. Ni les nazis durant l'Occupation, ni les grands de ce monde qu'elle a côtoyés ou sollicités par la suite pour faire avancer la cause de l'être humain. Par empathie, par humanité, elle se sentait l'égale de tous les autres : les exclus avec lesquels elle se battait pour que soit reconnue leur dignité humaine étaient ses frères en tout point.

Geneviève était un tout : résistante, déportée, infatigable militante de terrain aux côtés des exclus. Un personnage difficile à ranger dans une case : que faire d'une gaulliste qui entretient des amitiés avec les communistes ? D'une catholique qui se préoccupe d'art contemporain ? D'une illustre présidente d'association prête à accomplir les tâches réservées aux petites mains ? D'une mère de famille qui accueille dans ses bras ouverts toute la misère du monde ? D'une âme capable de profondeur mystique et de sens de l'humour ?

L'entrée au Panthéon de Geneviève de Gaulle Anthonioz, annoncée par le président de la République François Hollande le 21 février 2014 et effective le 27 mai 2015, est un événement exceptionnel qui en dit autant sur la personnalité distinguée que sur les intentions de l'État qui a décidé de la mise à l'honneur.

Le fait que Geneviève soit invitée sous la coupole en compagnie de trois personnes est loin d'être anodin. Préconisée par l'historienne de la République Mona Ozouf, l'association pour la postérité de Pierre Brossolette, Germaine Tillion et Geneviève de Gaulle vise à incarner les trois mots de la devise républicaine : liberté, égalité, fraternité. L'ajout de Jean Zay, qui rappelle l'importance de l'école dans la construction de la citoyenneté, s'est fait logiquement. Pierre Brossolette, journaliste brillant engagé avant-guerre dans la SFIO, s'engage très tôt dans la résistance puis rejoint Londres en décembre 1941. Il est chargé d'établir la liaison entre la France libre et les mouvements de résistance du Nord. Arrêté lors d'une mission en France en février 1944, il ne parle pas sous la torture et meurt en se jettant par la fenêtre pour échapper à la Gestapo le 22 mars 1944. Jean Zay, ancien ministre de l'Instruction publique sous le front populaire, parlementaire opposé à l'armistice de Pétain, est emprisonné par le régime de Vichy et finalement assassiné par la Milice le 20 juin 1944. Germaine Tillion, ethnologue spécialiste des tribus des Aurès, défenseur de l'égalité humaine, refuse d'emblée l'Occupation et rejoint le mouvement du Musée de l'homme, décimé par les nazis dès 1941. Geneviève, elle, entame son parcours résistant dès le 17 juin 1940 et rejoint en 1943 le réseau Défense de la France. Le point commun des quatre panthéonisés réside dans leur engagement antinazi. Ce quatuor annonce une intention bien précise de la part des dirigeants de 2015 : au cours de la Seconde Guerre mondiale, la République fut mise entre parenthèses par le régime de Vichy, mais elle a survécu dans l'ombre grâce à des femmes et des hommes de bonne volonté. À l'instar du général de Gaulle, ils ont considéré que les droits de l'homme, la liberté, la fraternité devaient coûte que coûte être protégés. Il fallait pour cela porter l'espoir dans le cœur des Français et infliger aux nazis et à leurs acolytes des coups suffisamment durs pour les faire céder.

L'autre dénominateur commun des quatre intronisés est le caractère tragique de leur destin, qui résulte directement de leur engagement. Pierre Brossolette et Jean Zay, confrontés à leurs bourreaux, meurent dans des circonstances brutales. Les deux autres, si elles ont échappé de très peu à la mort, l'ont côtoyée de la manière la plus intime qui soit. Dans le camp de concentration de Ravensbrück où elles font connaissance, Germaine Tillion et Geneviève de Gaulle vivent avec des mortes en devenir et des mortes tout court. Elles assistent à l'assassinat de leurs camarades à coups de battoirs ; elles assistent à l'assassinat des nouveaux-nés noyés dans des seaux d'eau. La mère de Germaine Tillion, déportée avec sa fille, est jugée trop vieille pour travailler et conduite à la chambre à gaz. Qu'est-on prêt à payer pour ses engagements ? Jusqu'où doit aller le sacrifice de soi pour le triomphe des valeurs humaines ? Dans un XXIe siècle que l'on présente volontiers comme blasé, en manque d'idéaux, profondément individualiste, ces quatre vies sont un témoignage fort : certains ont été prêts à payer de leur vie pour empêcher le triomphe d'une idéologie de la haine raciale et du mépris des faibles.

Dernier point : le groupe qui entre au Panthéon est paritaire. Deux hommes, deux femmes. C'est là encore un signe des temps, et surtout une tentative de rattrapage par rapport à un passé qui fut moins généreux. Avec seulement deux femmes sous sa coupole, le Panthéon a longtemps conçu le « grand homme » comme un être exclusivement masculin. Germaine Tillion et Geneviève de Gaulle, camarades de déportation, amies intimes pour la vie, arrivent ensemble dans le Palais des grands hommes. Elles avaient déjà été distinguées par la République : en 1997, Geneviève fut la première femme dans l'histoire à être décorée de la Grand Croix de la Légion d'honneur. Ce sera le tour de Germaine Tillion deux ans plus tard... Le Panthéon apparaît finalement comme l'aboutissement d'un long et beau parcours consacré aux principes fondamentaux des droits de l'homme.

Geneviève amène au Panthéon sa personnalité particulière. Elle n'a pas la gravité d'un vieux savant barbu, ni le dogmatisme d'un jeune héros de la Révolution. Elle n'a pas laissé de testament philosophique, juste deux livres magnifiques qui sont le récit des deux batailles de sa vie. Le respect qu'elle inspire n'est ni tremblant, ni obligé.

Geneviève de Gaulle Anthonioz vient au Panthéon avec la douceur d'une mère de famille douée pour l'écoute et soucieuse de son prochain. À sa suite, sur la pointe des pieds, c'est toute une France ignorée qui se glisse dans le palais : les résistantes anonymes, les femmes disparues dans l'anonymat à Ravensbrück, les petites filles orphelines, mais aussi toutes celles et tous ceux que la société voudrait ne pas voir alors même qu'elle les enfante : les pauvres, les gens à problèmes, les exclus.

Geneviève de Gaulle Anthonioz s'efface devant eux à la porte du monument.

1

Une inconnue illustre

« Geneviève de Gaulle Anthonioz s'est éteinte jeudi soir. Elle avait quatre-vingt-un ans. Elle résista toute sa vie[1]... » Ce 14 février 2002, tous les quotidiens français se font l'écho de la mort de la nièce du général de Gaulle. Au fil d'articles parfois convenus, ils dessinent son image posthume de « grande dame », et lui accordent une dimension à laquelle elle n'avait jamais prétendu de son vivant. Les titres rivalisent de qualificatifs vibrants : « Une vie de résistance » *(Le Monde)*, « Une femme de cristal et d'acier » *(Libération)*. *Le Parisien* évoque « Celle qui disait non » et *Le Figaro* « La dame chevalier »... La photographie partout reproduite montre une vieille dame au visage long, le nez assez grand, les yeux noisette où affleurent la bonté et l'espièglerie. Le nom même de la disparue donne à sa mort la dimension d'un événement.

Un éloge unanime

Ces réactions montrent bien la place unique et originale que reconnaissent à Geneviève de Gaulle Anthonioz les différentes familles de la nation – à l'exception significative de l'extrême droite. Certes il est assez courant que la disparition d'une personnalité provoque un éloge unanime, délié des vieilles rancunes. Mais ici, le réflexe partisan semble dépassé. À moins de trois mois du premier tour de l'élection présidentielle, les marques d'estime que la défunte reçoit de l'ensemble du monde politique correspondent à la reconnaissance d'un travail de plusieurs décennies. Le chef de l'État, Jacques Chirac, exprime son affliction et son respect pour Geneviève de Gaulle Anthonioz, « une très grande dame ». Avec Sœur Emmanuelle, elle lui avait ouvert les yeux sur l'exclusion et la fracture sociale, inspirant ainsi le thème majeur de sa campagne pour l'élection de 1995. Dans son hommage, visiblement ému, le président de la République trouve des mots exceptionnels pour rappeler que Geneviève de Gaulle Anthonioz consacra sa vie à résister : « Résistance contre toutes les misères, toutes les exclusions, toutes les injustices, qui la conduisit très tôt à faire siennes les thèses et les ambitions, la générosité d'ATD (Aide à toute détresse) Quart Monde. Pour la lutte de cette association dans une société où le combat pour la dignité des hommes et des femmes reste plus que jamais une exigence de chaque instant, Geneviève de Gaulle Anthonioz restera sans aucun doute comme une lumière. » Le Premier ministre, Lionel Jospin, salue une « grande figure morale et politique » qui avait le « souci constant de l'autre et du service du bien commun » et dont la « vie fut un exemple de courage et d'engagement au service de la dignité de tout homme ». La ministre de la Culture, Catherine Tasca, rappelle que Geneviève compta parmi les pionniers de son ministère « pour une période brève mais historique, aux toutes premières heures du magistère d'André Malraux [...] qui la fait entrer dans son cabinet aux côtés de son mari, Bernard Anthonioz ». Robert Hue, au nom du parti communiste, n'est pas en reste dans l'éloge funèbre : « Je veux saluer avec respect le parcours d'une femme exemplaire qui s'est engagée dès 1940 dans la Résistance [...]. La ténacité de son action en faveur des plus pauvres trouve ses racines dans la terrible épreuve vécue à Ravensbrück, et dans les valeurs humanistes les plus profondes qui l'amèneront à se faire l'interprète de ceux qui n'ont ni travail ni logement ; de toutes ces familles dramatiquement pauvres, rejetées et oubliées qui ont décroché de la vie sociale. »

Avec Françoise Dolto et Marie Curie,
contre l'ignorance et le dédain

La mort de Geneviève de Gaulle Anthonioz est survenue à une date symbolique du calendrier. Le 14 février, jour de la saint-Valentin, déclaré fête des amoureux, est aussi l'anniversaire du décès le 14 février 1987 du Père Wresinski, fondateur et inspirateur d'ATD[2]. Les deux figures du mouvement de défense des pauvres se rejoignent dans la mort, le jour où est célébré l'amour, qui fut leur arme première et aussi leur méthode : non pas un amour démonstratif, mais cet élémentaire amour du prochain qui consiste à lui dire bonjour, à lui montrer qu'il est un semblable, qu'il y a place dans sa vie pour l'amour de soi et l'amour des siens.

Malgré sa célébrité, le nom de Geneviève de Gaulle Anthonioz évoque encore dans la plupart des esprits une image floue, comme si le grand public hésitait, devant ce patronyme composé, à se rallier à l'un ou à l'autre de ses termes : de Gaulle Anthonioz... La dame que l'on porte en terre appartient de toute évidence à la famille du Général. Mais est-elle sa sœur, sa lointaine cousine, sa fille ? Quels sont les liens qui l'unissent à l'homme du 18 juin, et de quelle façon ont-ils contribué à sa célébrité ? L'autre partie du nom laisse plus perplexe encore : Anthonioz... Nom de Résistance, nom d'épouse ? Et pourquoi avoir accolé les deux patronymes ?

Si ce double nom suscite les interrogations, la vie de la vieille dame pose également une énigme : Geneviève de Gaulle a toujours préféré l'efficacité discrète au tapage de la gloire. Son action est mal connue. Certains la rattachent à l'épopée de la Résistance, d'autres savent qu'elle a été déportée, la plupart l'associent à la lutte contre la misère, mais n'en savent guère plus. Il est vrai que Geneviève de Gaulle Anthonioz ne se laisse pas ranger dans une de ces catégories bien définies qu'affectionnent les Français. On voudrait la classer parmi ces femmes qui, inspirées par leur foi chrétienne, ont donné leur vie aux pauvres, comme Mère Teresa ou Sœur Emmanuelle, figures rayonnantes révélées à l'opinion publique au terme de leur vie, après un demi-siècle de dévouement admirable. Mais Geneviève de Gaulle Anthonioz n'a jamais justifié son engagement contre la misère par son attachement à l'Église catholique. Elle n'a pas non plus quitté sa vie relativement aisée, sa famille, pour habiter parmi les malheureux. Serait-on, alors, en présence d'une de ces madones des grandes causes, qui utilisent leur renom pour promouvoir certaines avancées sociales et humanitaires ? Non. Geneviève a choisi la voie la plus âpre, celle de la lutte quotidienne, sans éclat, par petites victoires successives, avec endurance et ténacité, pour obtenir un changement profond de la réalité sociale.

Finalement, s'il fallait rapprocher Geneviève de Gaulle Anthonioz d'une femme de son envergure, on penserait plutôt à Françoise Dolto. De la même façon que Geneviève a consacré sa vie à donner une place légitime aux pauvres dans la société, Françoise Dolto a contribué à modifier le statut de l'enfant. Geneviève a eu au long des mêmes décennies, dans un registre différent, un rôle semblable de présence anonyme avec l'aide d'un nom mondialement connu. Françoise Dolto a suivi, certes, une voie inverse de celle de Geneviève : elle commence sa carrière sous l'anonymat du psychanalyste, assis derrière le divan, tandis que Geneviève de Gaulle Anthonioz, dès 1943, arrachée par son arrestation à la clandestinité de résistante, est d'emblée nimbée de gloire parmi les prisonnières, les déportées, et même ses geôliers, quand elle révèle son nom. Geneviève de Gaulle Anthonioz et Françoise Dolto, qui ne se sont pas connues, entretiennent avec l'évolution profonde de la société française une relation semblable. À un pays campé dans la bonne conscience grâce au succès de son développement, persuadé d'incarner aux yeux du monde le changement et la continuité, l'une et l'autre ont patiemment révélé la réalité de marges obscures : la misère sociale pour l'une, le mystère de la psychologie enfantine pour l'autre. Toutes deux ont plaidé pour que ces confins jugés angoissants soient rendus fertiles. Il n'est pas sûr, en dépit de son impressionnant succès radiophonique et de librairie, que Françoise Dolto ait réussi à convertir les Français à une conscience lucide des droits et merveilles des enfants. Geneviève de Gaulle n'est pas davantage parvenue à faire entendre à une majorité de gens que l'existence, autour de leur confort satisfait, d'un anneau de pauvreté frappait de nullité le « progrès social ». Face à l'inertie du contentement et de la suffisance, Françoise Dolto et Geneviève de Gaulle Anthonioz ont toutes deux ouvert la voie vers cette marginalité, et montré son rôle insoupçonné pour la société entière. Toutes deux ont découvert, exploré et fait connaître un continent nouveau, appelé à bouleverser la forme du vieux monde le jour où il sera enfin colonisé et mis en valeur – continent de l'inconscient, façonné au fil des années d'enfance pour modeler l'individu, et continent de la condition humaine à l'état brut, tout aussi fragile et précieux que l'enfance.

Geneviève de Gaulle Anthonioz pourrait également être rapprochée de Marie Curie, devenue chère au cœur de tous les Français par une gloire austère, acquise en forçant les frontières de la réalité au péril quotidien de sa santé, et couronnée par deux prix Nobel puis une postérité scientifique illustre. Le parallèle se dessine mieux, entre la jeune chimiste de génie refusant les usages et les honneurs de la science officielle et renversant le mur de l'ignorance pour montrer les secrets de la matière, et la jeune femme familière des hauts lieux de l'esprit, de l'art et du pouvoir, qui refuse les facilités de l'existence pour s'employer, quarante ans durant, à élargir le regard de la société. L'une et l'autre reçurent les plus grands hommages – prix Nobel en 1911 pour Marie Curie, Grand Croix de la Légion d'honneur en 1998 pour Geneviève de Gaulle Anthonioz, décernés pour la première fois dans chaque cas à une femme puis panthéonisation pour l'une et l'autre, à vingt années de distance. Toutes deux éprouvèrent les difficultés de leur condition de femme dans l'univers masculin de la prise de décision, qu'elles eussent à subir les avanies involontaires et même bienveillantes de MM. Schultz ou Pompidou, ou à constater la légèreté de l'Académie des sciences ou celle de l'Assemblée nationale au moment de tirer les leçons de leurs propos. Toutes deux furent des femmes et des mères heureuses, qui ont accepté de bon cœur de partager leur renom avec un mari aimé : elles étaient convaincues que la plus grande gloire du monde ne les dispensait pas de leur statut de « seconde » auprès d'un mari tenu pour supérieur. Sur les actes notariés relatifs au couple Anthonioz de Gaulle, par exemple, Bernard est présenté dans les années 1970 comme inspecteur général de l'administration des Affaires culturelles au secrétariat d'État à la Culture, mais Geneviève est « sans profession »... La lecture du *Who's who* confirme cette modestie : si Bernard Anthonioz entre dans le recueil des célébrités en 1969 comme haut fonctionnaire, sa femme Geneviève n'y sera jamais mentionnée.

Les affinités qui se dessinent entre Geneviève et quelques-unes des plus belles figures du siècle donnent à la vieille dame, frêle, modeste et discrète, un relief que peu de personnes lui prêtèrent au long d'une existence pourtant extraordinaire et féconde.

Mais la femme qu'il faut entre toutes donner comme compagne à Geneviève de Gaulle Anthonioz pour cerner de plus près sa personnalité à la fois remarquable et inconnue, c'est la femme anonyme du long cortège des mortes à Ravensbrück, des torturées des camps, de Drancy à Auschwitz, de la Kolyma à Phnom Penh, des dégradées par la misère sur les trois quarts de la planète, en tant que filles, que femmes, que mères, qu'êtres humains. C'est l'équivalent des compagnons de Jean Moulin appelés à le suivre au Panthéon par la voix de Malraux, mais en plus grand nombre encore, victimes d'un oubli aussi radical. C'est l'équivalent du soldat inconnu, le double de ce symbole féminin du sacrifice, femme et non viril « poilu », civile et non soldat, niée et non héroïque, universelle et non simplement nationale, mais comme lui emblématique de dignité dans la misère radicale.

Pour comprendre Geneviève de Gaulle Anthonioz, il faut évoquer l'idéal qui a guidé sa vie. Autrement dit, rechercher dans l'histoire de cette orpheline, de cette belle femme pétillante d'audace, de cette épouse et mère comblée, de cette petite dame dont l'autorité en imposait jusqu'au palais de l'Élysée, de cette militante, de cette personnalité peu à peu révélée en conscience de la nation, comment naît le choix de dépasser un parcours simplement réussi au profit d'un devoir plus impérieux. La biographie de Geneviève de Gaulle Anthonioz pourrait prendre un ton édifiant. Mais l'histoire de cette femme qui, d'une existence plus que satisfaisante, a tiré une leçon valable pour toute l'humanité, est d'une autre portée. Elle s'apparente au mystère de la destinée du général de Gaulle, officier certes brillant, original et inventif, devenu en une nuit l'homme du 18 juin, c'est-à-dire le dépositaire du destin de la France. Tout indique que pareille rupture procède en réalité d'une continuité, de choix longuement mûris, de capacités développées dans une volonté de vérité et de justesse. À cet égard, le Général et sa nièce préférée, par des chemins distincts, parviennent à un point semblable : alors que Geneviève de Gaulle pouvait poursuivre une existence agréable et méritée après les épreuves de sa jeunesse, il lui a suffi d'identifier une atteinte inacceptable à l'honneur pour entrer en dissidence, poser l'exigence d'un autre cours des événements, et ne plus jamais déposer les armes avant que la question ne soit résolue. En apparence, la cause qu'elle embrasse, celle des pauvres, se distingue de celle de la France libre. Elle est pourtant semblable et passe par un même refus de consentir à l'inadmissible. La forme du combat, de panache et d'autorité ici, de pudeur et de modestie là, semble différente : c'est la même cependant, inspirée par une vision exigeante, et une certaine idée de l'homme.

On connaît l'épopée du général de Gaulle, les labeurs, l'énergie, la chance qu'il lui fallut pour parvenir à imposer le respect de la vérité qu'il incarnait, contre les prétentions des gens assis – depuis Vichy et Roosevelt jusqu'aux partis et aux profiteurs du succès de la Résistance. Presque tout le monde ignore que le combat de Geneviève de Gaulle Anthonioz fut plus long, plus éprouvant, plus décourageant encore, et qu'elle ne l'a pas définitivement gagné.

Cette femme n'est ni Geneviève, ni Mme Anthonioz, ni Mlle de Gaulle, mais un précipité de ces trois composantes, bénéficiant de chacune, mais représentant davantage comme un tout. Pour comprendre l'extraordinaire volonté qui la fait tenir face à l'insupportable et la porte à lutter en faveur des plus démunis, il ne faut pas se contenter de décliner son parcours officiel – résistante, déportée, présidente d'ATD Quart Monde... L'objet d'une biographie n'est pas seulement de décrire une vie, mais de la rendre intelligible, d'en révéler les lignes de force, de retrouver le souffle invisible qui l'a habitée. Les engagements de Geneviève de Gaulle Anthonioz prennent leur sens dès lors qu'ils sont éclairés par le rappel d'une expérience dramatique qui marqua sa personnalité : celle de la petite fille qui grandit loin de France, qui apprit le malheur à l'ombre d'un magnolia, et pour qui le mot « malheur » s'est révélé tôt dans la réalité, mais fut compensé admirablement par le mot « amour ».

L'entrecroisement entre douleurs intimes et bouleversements historiques est au cœur de la vie de Geneviève : loin de rester prisonnière de son drame intérieur et familial, la voici qui se jette dans l'arène quand la France souffre, la voici qui prend parti, qui s'engage, avec une résolution et un sens du devoir étrangement semblables à ceux qui animent son oncle Charles. Chez le général de Gaulle et sa nièce, même ténacité, même courage de dire non quand il le faut, même délicatesse d'âme dissimulée sous une réelle simplicité. Au-delà du lien familial, les deux parents sont unis par une même vision de l'être humain. Les recoupements entre leurs deux vies, l'intimité dans laquelle l'un et l'autre aimèrent à se retrouver et se laissèrent aller à la confidence sont le signe d'une proximité quasi filiale. Geneviève, tout en possédant sa propre personnalité, est « un autre de Gaulle. »

2

Une enfance en exil

Lorsque Geneviève de Gaulle ouvre les yeux pour la première fois le 25 octobre 1920 en fin de matinée, l'Europe commence à peine à se remettre des quatre années de chaos. L'armistice a été signé depuis bientôt deux ans, et la France, déployée sur un hexagone où l'Alsace et la Lorraine ont repris leur place, se trouve au premier rang des pays victorieux. La signature du traité de Versailles le 28 juin 1919, cinq ans jour pour jour après l'attentat de Sarajevo contre l'archiduc d'Autriche François-Ferdinand, a flatté l'orgueil des nationalistes français : l'Allemagne est contrainte de ratifier sans conditions un texte qui la prive de soixante-dix mille kilomètres carrés, de cinq millions d'habitants et l'oblige à de lourdes réparations et restrictions. Le 14 juillet 1919, dans une vague de drapeaux tricolores, sous les applaudissements d'une foule grimpée sur les calèches, sur les murs, sur les becs de gaz, et dont les cris couvrent presque le pas des chevaux, Joffre et Foch descendent les Champs-Élysées, suivis d'un immense défilé de militaires revenus du front. Les flonflons de la victoire cachent cependant mal une réalité tragique : les blessures ouvertes par la guerre sont loin d'être refermées. Outre les morts et les blessés, qui laissent la nation exsangue, la situation internationale n'est apaisée qu'en apparence. Il faudra attendre 1939 pour que soit prise la juste mesure des haines accumulées depuis 1914, même si certains, plus lucides, comprennent que la paix de 1919 porte en germe les déchaînements de 1940 – l'oncle de Geneviève, le capitaine Charles de Gaulle, note avec pessimisme en 1919 : « Plusieurs années suivront cette guerre, où les hommes auront peur et honte d'eux-mêmes. Mais leurs âmes ne seront point changées. L'oubli de l'horreur viendra. Chacun chantera ses gloires, les vieilles haines rajeunies recommenceront de gronder. Une fois de plus, les peuples se jetteront les uns sur les autres, jurant à grands cris devant Dieu et devant les hommes qu'ils sont innocents du sang versé[1]. »

Les parents de Geneviève de Gaulle, en ce 25 octobre, n'ont pas l'esprit à ces considérations. La joie d'accueillir leur premier enfant les habite. Dans une France qui a vu près d'un million et demi de ses habitants emportés par la guerre, puis quatre cent mille tués par l'épidémie de grippe espagnole qui ravagea l'Europe en 1918, la naissance d'un enfant fait lever l'espoir. Xavier de Gaulle, le père du nouveau-né, a vécu la guerre comme capitaine d'artillerie. Il a manqué plusieurs fois de se faire tuer. Un jour, son cheval renversé par un obus lui écrasa la jambe. L'accident oblige le capitaine Xavier de Gaulle à une longue convalescence et le laissera boiteux pour le reste de ses jours. Ses trois frères cadets – dans l'ordre de naissance le capitaine Charles de Gaulle, le capitaine Jacques de Gaulle et l'aspirant Pierre de Gaulle – ont eux aussi été blessés lors des combats. Mais tous reviennent vivants de l'épreuve. Marie-Agnès, leur sœur aînée, n'a pas non plus été victime du conflit. Pour cette famille, un tel miracle statistique est un geste de Dieu. Ayant échappé au deuil terrible des mères de 1914-1918, dont des centaines de milliers perdirent en quelques années une partie de leur progéniture ou toute leur descendance, la mère des quatre officiers, Jeanne de Gaulle, remercie le Sacré-Cœur de lui avoir gardé ses fils : la médaille qu'elle avait remise à chacun d'eux au début de la guerre explique à ses yeux pourquoi ils ont été épargnés.

Pour la famille de Gaulle, la petite Geneviève est la première née de la nouvelle génération, celle de l'après-guerre. Xavier, l'aîné des cinq frères et sœurs, a été le premier à se marier. Sa femme, Germaine de Gaulle, née Gourdon le 13 juillet 1898, appartient à une lignée qui a pris parti pour les chouans lors des guerres de Vendée. La devise inscrite sur le blason familial donne la mesure de cet engagement : « Mourir pour servir. » Hostile de père en fils à Bonaparte, puis à la monarchie de Juillet – les Gourdon combattent aux côtés de la duchesse de Berry, mère du comte de Chambord, lorsqu'elle soulève en 1832 l'ouest de la France contre Louis-Philippe –, la famille reste fidèle à ses racines vendéennes : quand il s'agit, en 1867, de construire un château, Benjamin Gourdon, l'arrière-grand-père de Geneviève, enrichi grâce à son industrie de confection, choisit pour emplacement un plateau qui borde le village de Chemillé, non loin d'un célèbre champ de bataille vendéen. Il prospère grâce aux ateliers de fabrication textile que la famille possède sur les bords de l'Hyrôme, non loin de la route d'Angers. Le site du château, qui surplombe la vallée, marque au sud du Layon l'entrée dans les Mauges, terre d'insoumission à la République, terre sombre comme le schiste qui en constitue le soubassement, où le catholicisme revigoré du XIXe siècle a dressé vers le ciel des églises élancées comme des cathédrales, mais sévères et grises, forteresses défensives sur la route de la Vendée. Pierre Gourdon, fils du bâtisseur et père de sept enfants, est un écrivain régionaliste qui publia une cinquantaine d'ouvrages – romans de mœurs, romans historiques, essais, biographies... En décembre 1911, grâce au parrainage d'Étienne Lamy et Henry Bordeaux, il entre à la Société des gens de lettres. Le rapporteur de la séance est René Bazin, originaire comme lui d'Anjou. Pierre Gourdon épouse Geneviève Delepouve, née en 1873, fille d'un avocat du Nord, qui lui donne huit enfants. L'une de leurs filles, Germaine Gourdon, mariée à Xavier de Gaulle, donne à sa première fille le prénom de sa mère, conformément à une tradition qui voit les premiers-nés hériter du prénom d'un grand-parent.

Si l'ascendance maternelle de Geneviève reste attachée à l'ardeur des combats monarchistes et liée à la noblesse locale par son catholicisme fervent et son goût modéré pour la République, les ancêtres paternels se présentent sous un jour différent : certes, la grand-mère paternelle de Geneviève, Jeanne de Gaulle (née Maillot), partage sans doute ces vues. Charles, frère cadet de Xavier, note : « Ma mère portait à la patrie une passion intransigeante à l'égal de sa piété religieuse. » Mais son mari, Henri de Gaulle, dont l'activité et la pensée sont mieux connues, s'inscrit en léger décalage. Catholique comme tous les de Gaulle, patriote de cœur, il s'affirme républicain.

Cet Henri de Gaulle, dont les photographies montrent le regard profond, pétillant, toujours un peu amusé, a été un élève brillant des Jésuites. Admissible à Polytechnique en 1867, il fait preuve d'un caractère trempé : promis à une grande carrière, il renonce à présenter l'X pour gagner sa vie et permettre à ses parents de subvenir aux besoins de ses deux frères dont l'un, Charles, est atteint de poliomyélite. Il devient donc, après des études de droit et de lettres, précepteur en littérature, histoire et langues anciennes, puis rédacteur au ministère de l'Intérieur. Il quitte son poste quand le gouvernement bascule vers un anticléricalisme dont le sectarisme ne correspond pas à ses convictions. Il retourne alors à l'enseignement, au collège Sainte-Geneviève. Il aura le jeune Georges Bernanos pour élève et finira sa carrière en érudit, connaisseur encyclopédique de l'histoire de France, rigoureux par méthode mais en tout ouvert et aimable. Ce passionné des classiques, qui est également capable d'entonner pour ses garçons quelque chanson grivoise apprise au régiment, inculque à ses enfants son goût des lettres, déclamant Homère à l'occasion d'un repas, les guidant dans leurs lectures. Il leur transmet également, au cours de visites aux Invalides ou lors de la revue du 14 juillet, le patriotisme virulent de cette fin de siècle, patriotisme qu'il teinte de ses souvenirs : lors de la guerre de 1870, engagé volontaire dans les Gardes mobiles de la Seine puis nommé sous-lieutenant à la 3e compagnie, Henri de Gaulle défendit avec ses hommes la plaine Saint-Denis contre les Prussiens qui occupaient la butte Timon. Blessé au bras, il remonta au front en novembre 1870 dans la zone du Bourget. Là, sous le feu de l'artillerie prussienne, la 3e compagnie subit de lourdes pertes, ce qui n'empêcha pas Henri de Gaulle d'entraîner une poignée d'hommes à l'assaut. De ce père érudit et soldat, catholique et républicain, sévère mais juste, Xavier de Gaulle apprend le sens de la nuance qui forge les grands esprits. À l'âge de onze ans, en pleine affaire Dreyfus, il assiste en témoin silencieux aux débats qui agitent les Français, et au cours desquels son père se déclare en faveur du capitaine injustement accusé.

Quand naît sa fille, Xavier de Gaulle est âgé de trente-trois ans. Fils aîné de Henri et de Jeanne, il a vu le jour le 9 novembre 1887 à Lille. Il a ce visage un peu long et ce nez proéminent qui sont la marque des de Gaulle, un air de faux sérieux, un regard pénétrant sous des sourcils débonnaires, qui le fait ressembler à son père. De son enfance, Xavier a gardé le maintien des enfants bien élevés, de ceux qui se taisent à table et ne peuvent prendre la parole que s'ils y sont conviés – non que ses parents aient jamais fait preuve d'une intransigeance particulière, mais parce que la bourgeoisie du xixe siècle impose à l'enfant de se tenir à sa place, qui n'est pas celle d'un adulte en miniature, et encore moins celle d'un enfant roi, mais celle d'un être qui doit savoir obéir pour apprendre. Sa position d'aîné renforce l'exigence de ses parents : il doit être le modèle et le protecteur de ses cadets. Xavier mène des études brillantes et réussit, en 1907, le concours de l'École supérieure des Mines. Il se distingue par une âme sensible à l'art : la littérature le passionne, et les peintures des impressionnistes le plongent dans de longues rêveries. Mélomane, il aime Brahms, et consacre son argent de poche à l'achat de places de concert puis d'un poste de radio et de disques de musique classique. En 1909, il devient ingénieur civil des Mines, mais la guerre interrompt sa carrière tout juste entamée : de son service militaire, qu'il commence en 1912, à l'armistice de 1918, Xavier de Gaulle passe six ans sous les drapeaux. Une fois la paix revenue, il est temps pour lui de songer au mariage. À Paris, des amis communs complotent une rencontre entre le jeune ingénieur et une jolie jeune femme originaire de Maine-et-Loire, Germaine Gourdon, de onze ans sa cadette. Le prétexte choisi est un thé, qui sera suivi d'autres thés, ainsi que de visites fort convenables et toujours accompagnées aux musées. Le caractère arrangé du mariage peut surprendre, tant l'habitude est aujourd'hui d'associer mariage et amour. Mais, dans l'entre-deux-guerres, les critères qui fondent l'union du couple sont différents. La rencontre, organisée en fonction des origines sociales et du niveau des familles, est la garantie d'une vie commune réussie, alors que l'amour ne peut seul prétendre à cette durabilité. L'arrangement du mariage n'exclut pas, pourtant, que se greffe aux considérations pragmatiques – marier deux familles, trouver un bon parti – un amour sincère. Il semble que, dans le cas de Germaine et Xavier, un véritable coup de foudre ait eu lieu. Geneviève de Gaulle, qui fut souvent la confidente de son père, s'en fait l'écho : « Il y avait entre eux un rayonnement, une visible entente charnelle. Ma mère était une femme exquise de douceur, de générosité, d'accueil des autres.

Ils se sont beaucoup aimés[2]. » Xavier et Germaine sont issus d'un même milieu. Si les Gourdon ne portent pas de particule nobiliaire, leur passé vendéen vaut lettre de noblesse : sans être particulièrement fortunée, la famille tient sa place dans l'aristocratie locale, et vit pour plusieurs décennies encore dans un château. Les de Gaulle, au contraire, appartiennent à une lignée aristocratique, mais leur niveau de vie les rapproche de la bourgeoisie aisée.

Des deux côtés, on partage les mêmes valeurs : goût du travail, attirance modérée pour l'argent, réussite liée à l'industrie textile (le grand-père maternel de Xavier de Gaulle, Jules Maillot, possédait des ateliers de fabrique de tulle à Lille), solide foi catholique, respect de l'autorité, culture littéraire. Le père du marié est historien, celui de la mariée écrivain. Et si Germaine n'a pas fait de longues études, conformément aux mœurs de son temps, elle a été encouragée à la lecture par son père et elle a rencontré dans le salon familial des intellectuels, des artistes, des poètes.

Convaincus d'être voués l'un à l'autre, les deux promis entament les démarches préalables au mariage. Leurs fiançailles ont lieu en juillet 1919, quelques semaines après que le jeune homme a subi une nouvelle opération de la jambe. Les deux familles sont présentées, un dîner est offert, puis le fiancé offre la bague.

Comme le veut la tradition, le mariage est célébré dans les deux mois qui suivent les fiançailles. L'âge de Xavier de Gaulle (trente-deux ans) est assez élevé au regard de l'âge moyen au mariage de la population masculine française dans les années 1920 (vingt-sept ans et cinq mois). Sans doute faut-il imputer ce contretemps à la guerre. Germaine, lorsqu'elle s'apprête à donner sa main à Xavier de Gaulle, a vingt et un ans.

Le 29 septembre 1919, le couple est uni civilement par le premier magistrat de Chemillé, Louis Frémondière. Mais pour Xavier et Germaine, le mariage religieux qui a lieu le lendemain revêt une tout autre signification. Il possède la gravité du sacrement, il porte la bénédiction de Dieu. En ce 30 septembre 1919, la foule se presse autour de l'église Saint-Pierre de Chemillé, édifice aux jolis restes romans, paramenté de pierres de schiste et de tuffeau qui alternent en rangs réguliers. Sous les voûtes, les deux promis laissent leurs yeux se perdre sur le vitrail offert en 1917 par la famille Gourdon à l'église paroissiale, où l'on voit, créé par Jean Clamens, une célèbre scène des guerres de Vendée : après la bataille de Chemillé du 11 avril 1793, les Vendéens veulent massacrer les prisonniers républicains sur le parvis de l'église. Pour les contenir, le général chouan Maurice Gigot d'Elbée leur demande de réciter le *Pater*. Il leur donne ensuite l'ordre de mettre cette prière en pratique, en graciant l'ennemi – « Pardonne-nous nos offenses comme nous pardonnons aussi à ceux qui nous ont offensés... » À l'autel, la mariée vêtue d'une robe à traîne blanche et le marié en tenue militaire échangent leur consentement devant l'abbé Jules Raine et reçoivent le sacrement devant leurs témoins, André Gourdon et Jules-Armand de Gaulle, respectivement oncles de la mariée et du marié.

Dans le château familial de l'Écho, les soixante chambres sont prêtes à accueillir les proches. Les voitures entrent par l'allée qui contourne le vaste parc, serpentant sous les hêtres et les chênes que la fin de l'été commence à jaunir. Entre les branches, on aperçoit au milieu de la pelouse le bassin qui renvoie le ciel en miroir. Puis se dégage le corps étincelant du château, à la silhouette Renaissance. L'escalier du perron est large, les fenêtres superposées sont cernées de pilastres, des édicules et des frontons surmontent les lucarnes. De plus près, on remarque que l'architecte du XIXe siècle s'est amusé à décliner tous les thèmes chers au Moyen Âge et à la Renaissance. Des gargouilles s'élancent du toit, une ornementation fouillée vient vivre sur les murs, animaux, rinceaux, arabesques, feuillages, ainsi que, sur un mur latéral, la devise de la famille, ornée de son blason.

C'est là, à l'arrière du château, sur le dernier élan du plateau qui surplombe la rivière, qu'est dressée la grande table du banquet. Les frères du marié sont présents. Pierre, le benjamin, et Jacques, qui vient d'être nommé ingénieur des Mines à Saint-Étienne et s'apprête à suivre la même carrière que Xavier. Le capitaine Charles de Gaulle, lui, revient de Pologne où il est en poste avec la mission militaire française. Il a fait un long voyage *via* l'Autriche et l'Italie pour assister au mariage de son frère.

Les deux jeunes mariés commencent leur vie conjugale dans les Cévennes, près des houillères de la Grand-Combe où Xavier a été nommé. Là, dans un pays accidenté, où les altitudes s'élèvent de plus de cinq cents mètres au-dessus du niveau des vallées, sur de vastes étendues, affleurent d'épaisses couches de charbon. L'industrie minière y est florissante depuis le XIXe siècle. De nouvelles villes sont nées comme Bessèges ou la Grand-Combe, reliée dès 1840 au Rhône par l'une des premières voies ferrées. Une centaine de puits sont creusés avant le début du XXe siècle, tandis que la production passe de vingt mille tonnes en 1815 à deux millions de tonnes en 1890.

Le couple de Gaulle habite le village de Saint-Jean-de-Valériscle (Gard). Perdu au pied de la montagne, dans un site splendide que traverse la rivière Auzonnet, le village aux tuiles roses a gardé son allure médiévale. Derrière les remparts ocre, les rues s'enchevêtrent en passages obscurs qui débouchent d'un coup sur une placette où se dresse l'église romane.

La rivière est coupée de nombreux barrages – les resclauses – qui sont peut-être à l'origine du nom Valériscle[3]. Ces barrages permettaient, grâce à la force motrice de l'eau, de faire tourner des moulins qui frappaient le mélange de scories et de fer, afin d'obtenir un fer « bon et marchand » pour fabriquer des clous. À l'ère industrielle, l'exploitation du charbon de terre prend de plus en plus d'ampleur : des puits de mine sont creusés dans toute la vallée. La main-d'œuvre afflue, l'expansion du village est rapide. Xavier de Gaulle, en tant qu'ingénieur des Mines, participe à cet élan qui appartiendra bientôt à une autre époque, celle des héros audacieux de la révolution industrielle : le charbon, en 1920, est encore le nerf du redressement national, le sang noir du corps social convalescent.

La maison allouée à Xavier par les Houillères est située dans le quartier Pomiers, au fond de la vallée. Pour y parvenir, il faut suivre le cours d'eau, emprunter un petit pont, puis une allée bordée de platanes. La haute bâtisse de pierre, construite au début du XXe siècle pour les ingénieurs, est encastrée dans un ensemble tortueux de vieilles demeures. Tout autour, en dépit des hautes tours chevalets construites pour extraire la houille, en dépit du viaduc au tablier métallique qui surplombe la vallée, en dépit même du trafic ferroviaire, la forêt des Cévennes règne sur le flanc des vieux monts. Les fenêtres s'ouvrent sur un paysage sauvage. C'est là que naît Geneviève.

La rumeur du monde peut sembler bien éloignée, mais Xavier de Gaulle y reste toujours attentif. Dans la France mise à terre par la guerre, les difficultés sont nombreuses. Tandis que le parti socialiste se scinde lors du congrès de Tours pour créer la SFIO et le parti communiste, le gouvernement lance un emprunt d'État afin de limiter les difficultés économiques et financières. L'Allemagne, à peine réchappée de la révolution spartakiste, commence à verser dans une nouvelle tentation : le 24 février 1920, Adolf Hitler fonde à Munich le parti national-socialiste. Dans la lointaine Russie, l'Armée rouge repousse l'encerclement des Blancs et de leurs alliés. Le général Anton Denikine doit battre en retraite devant une contre-attaque de la cavalerie rouge. Emportée par son élan, l'armée des Soviets entend bien faire passer « la route de l'incendie mondial […] sur le cadavre de la Pologne ». Mais le maréchal Pilsudski, conseillé par le général Weygand et un détachement de stratèges français – parmi lesquels l'oncle de Geneviève, le capitaine Charles de Gaulle –, repousse les Soviétiques sur la Vistule.

Plus loin encore, l'expansion coloniale continue comme si les déchirements de 1914-1918 n'avaient pas entamé l'image souveraine des métropoles européennes : le 24 juillet 1920, le général Henri Gouraud, haut-commissaire français en Syrie et au Liban, écrase les troupes du roi Fayçal, premier roi d'Irak, et entre à Alep et Damas. Dans ce monde bouleversé, la création d'une Société des Nations chargée de promouvoir la coopération pacifique entre les peuples n'est bientôt qu'une illusion : la Russie, l'Allemagne, les États-Unis en sont, du reste, absents.

Xavier et Germaine de Gaulle ne tardent pas à être projetés dans la réalité géopolitique du moment. Après deux années passées à la Grand-Combe, Xavier est en effet nommé ingénieur divisionnaire dans la Sarre, territoire séparé du Reich allemand au lendemain du conflit mondial et placé sous l'administration de la Société des Nations. Il passe ainsi de la France cévenole du XIXe siècle, bercée d'espoir, au chaudron du XXe siècle où bouillonne le grand drame à venir. À titre de dommages de guerre, la France a obtenu la concession des mines sarroises. Leur administration et leur fonctionnement sont confiés à des Français, parmi lesquels Xavier de Gaulle, qui arrive avec femme et enfant. Le travail ne manque pas : les mines, négligées pendant la guerre, ont un faible rendement. Les Français s'emploient à en améliorer le fonctionnement, par une rationalisation des méthodes de production inspirée du taylorisme, et par l'exploitation de nouveaux gisements. Xavier, au fond des puits, revêtu d'une tenue de mineur, coiffé d'un casque, inspecte les travaux. Il lui revient de décider comment doit progresser l'exploitation.

Quand un filon s'interrompt à cause d'une faille ou d'une rupture de couche, il doit le retrouver. À lui également d'intervenir en cas d'accident, et de veiller à ce que les contremaîtres – les « porions » – répercutent les ordres aux milliers de mineurs.

La présence française est mal ressentie par la population allemande locale, humiliée par une défaite que les vainqueurs ont rendue plus amère encore par leurs exigences de réparations. Xavier de Gaulle, en tant qu'ingénieur, c'est-à-dire seul maître après Dieu dans la mine, est directement exposé à cette tension. Par sa fonction, il est aux yeux des mineurs un personnage lointain et respecté, redouté pour son pouvoir. Le fait qu'il soit de nationalité française ne l'aide pas à obtenir la sympathie des ouvriers qui triment sous terre. Geneviève, qui n'a pas deux ans lorsqu'elle arrive en Sarre, est trop petite pour sentir les menaces qui pèsent sur son univers. De ces premières années sarroises, elle ne retiendra que le bonheur fulgurant, joie d'enfant aux joues roses s'éveillant dans une grande maison, appelant sa mère qui accourt, plaisir de tenter un premier pas, une première parole, de tendre les bras vers des parents dont l'amour rayonne. À quatorze mois, Geneviève accueille une petite sœur, Jacqueline, dont la proximité d'âge fera sa complice. Le nouveau-né reçoit pour parrain son oncle Charles de Gaulle. Alors que Geneviève est âgée de deux ans et demi, c'est un petit frère, Roger, qui vient au monde. Geneviève court dans la maison, saute dans les escaliers, fait ses premières phrases, parle déjà un peu le dialecte sarrois avec les domestiques... Elle vit confortablement dans la maison de Landsweiler, cité minière située à une vingtaine de kilomètres de Sarrebruck. Le dimanche, dans une Ford décapotable qui fait sensation, Xavier emmène sa famille à travers la campagne, parfois jusqu'en France, à trente kilomètres de là.

Au fur et à mesure que ses enfants grandissent, Xavier de Gaulle leur inculque des valeurs intangibles parmi lesquelles, selon sa fille, « le respect de l'autre et l'amour de son pays ». La notion de respect des autres, riches ou pauvres, vieux ou jeunes, Français ou Allemands, se transmet par une attention quotidienne : à la maison, Geneviève, Roger et Jacqueline doivent saluer les domestiques, embrasser la cuisinière. « Je n'ai jamais vu mon père autrement que respectueux et attentif envers qui que ce soit », se souvient Geneviève. À côté de cette première exigence intimement liée à son catholicisme, Xavier de Gaulle développe chez ses enfants un sentiment d'amour pour la France : « Mon père nous emmenait [...] faire des voyages avec lui. Il nous montrait les champs de bataille sur lesquels il avait combattu pendant la guerre de 1914-1918. » Il est aisé d'imaginer combien, dans une famille exilée au cœur d'une Sarre de plus en plus hostile, l'attachement à la France doit être solide, combien il faut croire en sa patrie, être heureux de la servir, pour continuer à vivre parmi une population majoritairement inhospitalière. Pour Geneviève, la France fut longtemps une entité abstraite, puisqu'elle l'a quittée très tôt. Il n'empêche : par les récits de son père, par les livres qu'elle lit, par les séjours qu'elle effectue en France à l'occasion des vacances, elle apprend à aimer son pays. Cet amour n'a rien à voir avec un nationalisme étriqué, replié sur un chauvin quant-à-soi. Son attachement à la France restera lié à une série de valeurs d'envergure universelle, comme les droits de l'homme, le respect de l'individu, la tolérance, la démocratie.

Dans la Sarre, l'atmosphère se dégrade. Tandis que grandit l'influence de la France sur les plans économique et culturel – avec la création d'écoles par les Houillères françaises –, les Allemands ressentent plus péniblement la présence de leur ancien ennemi. Dans ce climat hostile, les Français vivent repliés, restreignent les contacts avec la population locale. Pour ses inspections dans les tunnels et les puits de mines, où travaillent des ouvriers majoritairement allemands, Xavier de Gaulle est obligé d'être armé. Les rixes entre Allemands et Français deviennent fréquentes : en 1927, l'oncle de Geneviève, Charles de Gaulle, commande un bataillon de chasseurs à pied à Trèves, en bordure allemande de la Sarre. Ses hommes sont pris à partie, un soir, par des Allemands que la vue des uniformes français exaspère. La femme de Charles, Yvonne de Gaulle, témoin de la scène, est profondément choquée, au point qu'elle tient cet événement pour responsable de la maladie du bébé dont elle est alors enceinte – Anne, qui naîtra trisomique en 1928.

Insidieusement, l'Allemagne est aussi en train de devenir une malédiction pour Geneviève : son père, ses oncles doivent aux Allemands blessures et captivité. Enfant, elle a grandi en Sarre ; c'est là qu'elle fait ses premiers pas, qu'elle apprend à parler et qu'elle garde ses plus beaux souvenirs d'enfance. Pourtant, simultanément, l'Allemagne représentera le malheur dans sa vie : on pense bien sûr à l'horreur du camp de concentration en 1944-1945, mais on oublie le drame qui s'apprête à frapper en 1925 la maison de Landsweiler et qui est fortement constitutif de la personnalité de Geneviève.

3

Orpheline

En ce début de 1925, Germaine de Gaulle est enceinte de son quatrième enfant. Mais la grossesse se déroule mal, et il s'avère bientôt que l'enfant est mort *in utero*. Le 15 mai, on tente une opération pour délivrer la mère. Une petite fille mort-née est arrachée de son ventre. Il semble qu'une erreur médicale, causée par un médecin opiomane, provoque alors de sévères complications. Germaine développe une fièvre importante. Saisie de frissons, elle commence à ressentir des troubles de la conscience, puis sent son cœur battre la chamade. Le diagnostic est rapide : la jeune femme est victime d'une septicémie. La diligence des médecins ne peut plus rien : à une époque où l'on commence tout juste à imaginer le principe des antibiotiques – la découverte de la pénicilline par Alexander Fleming date de 1929 –, les moyens de lutter contre cette infection générale sont nuls. Arrivé en urgence de la mine, Xavier assiste dans le couloir de l'hôpital au ballet impuissant des médecins. Dans la salle d'opération, le débit sanguin de Germaine s'altère. Le cœur, fatigué par une accélération désordonnée, s'épuise. Malgré sa volonté de vivre, malgré la pensée de ses enfants qui lui donne la force de se battre, malgré Dieu qu'elle prie en ces instants de lutte, Germaine s'éteint le jour même, à l'âge de vingt-sept ans. Pour Xavier, lié à son épouse par un amour que six années de mariage n'avaient fait que grandir, la souffrance dépasse les limites du supportable : « Fou de douleur, [il] entre dans la salle d'opération. Germaine gît là, toute blanche, encore enveloppée dans les champs opératoires. Il la prend dans ses bras, la ramène à la maison[1]. »

Geneviève a quatre ans et demi. Elle attend le retour de ses parents dans le jardin. Elle joue sous un magnolia. Une jeune fille au pair lui annonce la mort de sa mère. C'est dans les branches de cet arbre-là, dont elle aimait le feuillage épais, que Geneviève a fixé l'image de cet instant tragique : « Quand je vois un magnolia qui est un grand arbre avec des belles fleurs, je pense toujours au magnolia sous lequel j'ai appris la mort de maman[2]. » Cet arbre familier garde dans son ombre tutélaire le souvenir d'une mère que sa fille aînée, plus de soixante-dix ans après, associe toujours à une fleur : « Maman sentait toujours très très bon, mais elle ne se parfumait pas. Les dames en ce temps-là, dans les milieux […] bourgeois, ne se parfumaient pas. Ce n'était pas très bien vu. Cela faisait, comme on dit en France, un peu cocotte, femme de mauvais genre. Mais maman avait dans son linge des sachets d'iris de Florence, et c'était une odeur très très douce qui imprégnait tout son linge. […] C'était du linge de batiste, un coton extrêmement fin, et ça sentait bon… » Le jour de l'enterrement, une brassée d'iris blancs est déposée sur le cercueil.

Pendant des années, terrassé par le sort injuste qui vient de le frapper, Xavier de Gaulle est dans l'incapacité de faire le deuil de sa femme : « Tout à coup ce bonheur qui avait surgi [...] pour mon père est devenu une période terrible où il n'avait plus envie de vivre. » Le soir, à l'heure de la prière, les enfants et leur père évoquent doucement le nom de Germaine. À table, Xavier dispose une chaise là où sa femme prenait place, et installe dessus la photographie de son épouse. La chaise vide fait vivre un fantôme. Et la photographie fige le visage de Germaine à un temps qui ne sera jamais plus. Coincé dans cet horrible entre-deux, entre le refus d'accepter la mort et l'obligation de se soumettre à la réalité, Xavier de Gaulle peine à surmonter son chagrin. La simple évocation de sa femme le fait encore pleurer des mois après la tragédie.

Dans ce huis clos lugubre, Geneviève, aînée des trois enfants, joue un rôle particulier auprès de son père. Peut-être pour se sauver elle-même, elle s'assigne la mission de soutenir son « pauvre papa », parce qu'elle juge insupportable « ce désespoir auquel [elle] ne pouvait rien apporter ». Ce réflexe d'altruisme et de fraternité qui se manifeste chez la petite fille prépare sans aucun doute ses engagements ultérieurs. Plutôt que de se sentir inutile ou impuissante à consoler son père, plutôt que de conclure qu'elle aurait dû mourir à la place de sa maman, Geneviève cherche une fonction pour soulager la peine de Xavier. Le malheur de l'autre devient un ressort pour agir – ce réflexe jouera en 1940, quand Geneviève se porte au secours de la France en péril, puis à Ravensbrück quand elle épaule les déportées dans leur lutte contre la mort, ou plus tard en France lorsqu'elle se bat aux côtés des pauvres.

Comment aider un adulte qui erre seul avec sa douleur dans les forêts sarroises ? Comment, à cinq ans, lui apporter un soutien ? Geneviève, d'instinct, offre la seule chose qu'elle possède : sa présence. « Mon père me prenait avec lui, le plus possible. Quand il faisait des promenades, il m'emmenait [...] dans la forêt. Et je marchais derrière lui, il marchait sans s'occuper de moi. J'étais derrière comme un petit chien. Mais je ne voulais pas le quitter. Je me disais que, toute petite que j'étais, j'étais peut-être quand même nécessaire. Puis petit à petit, il a accepté d'aller à des concerts – il était très musicien. Et il m'emmenait aussi. C'était un peu long pour une petite fille, parce que c'était après le dîner. Mais on me mettait ma belle robe [...] et je partais avec lui, très fière³. »

Geneviève, plus âgée que ses frères et sœur, est sans doute la plus bouleversée, à la fois parce qu'elle est plus consciente de la gravité de ce qui se joue, mais aussi parce qu'elle est, des trois, celle qui a le plus longuement connu sa mère – ce qui est aussi un atout : « J'ai eu ce que eux n'ont pas eu, la tendresse de ma mère pendant quatre ans et demi. Et je me souviens bien d'elle⁴. » Geneviève joue également le rôle d'une petite maman pour ses cadets qui en gardent un souvenir amusé : « Elle me faisait faire mes devoirs. Et si je ne m'appliquais pas, elle me flanquait une peignée ! C'était dans notre contrat. Une de ces peignées ! Nous nous battions à coups de dictionnaires de latin et grec⁵ ! », se rappelle son frère Roger.

La tragédie survenue dans la famille de Gaulle oblige à s'interroger sur la relation que Geneviève de Gaulle entretient avec la mort. Lorsque l'on sait qu'elle passa en 1944-1945 de longs mois dans un camp de concentration où elle fut témoin de l'élimination de milliers de détenues, le décès de sa mère s'inscrit rétrospectivement dans une autre dimension.

Avant même l'expérience des camps, Geneviève connaît la douleur qui accompagne la perte d'un être cher. Douleur d'autant plus lancinante qu'elle est, pour un enfant, sans référent : « Je ne comprenais pas bien ce qu'était la mort. Je comprenais qu'il se passait quelque chose de tragique dans ma vie, mais je ne savais pas exactement ce que c'était[6]. » Plus violemment que l'annonce du décès, la confrontation avec la dépouille de cette mère tant aimée est une rupture déchirante – mais peut-être salutaire dans la mesure où elle donne forme à la vérité : « Elle était dans sa chambre, dans son lit, comme je l'avais vue, parce qu'elle était malade souvent à la fin de sa vie. Et malheureusement on a eu la mauvaise idée de me la faire embrasser. On m'a dit : "Embrasse ta petite maman pour la dernière fois." Et tout à coup, ce n'était plus maman. C'était quelque chose de froid qui n'avait plus de tendresse, avec lequel je ne pouvais plus communiquer[7]. » Dans le train qui conduit sa famille vers l'Anjou pour l'enterrement, et auquel est accroché le wagon mortuaire où repose le corps de Germaine, Geneviève sent que le monde autour d'elle a changé. Elle regarde ce wagon noir où est peinte une grande croix blanche, elle se demande où est passée sa vraie maman. Les funérailles à Chemillé ne lui apportent pas davantage d'éclaircissement. Dans l'église, la petite fille a beau observer la famille rassemblée, questionner du regard ses oncles Charles, Pierre, Jacques, chercher de l'aide auprès de ses grand-mères, la réponse ne vient pas. Elle a beau suivre le convoi mortuaire, le long de l'allée du cimetière, sous des tilleuls que le printemps vient de reverdir, et assister à la mise en terre, le mystère reste entier. Sa mère serait donc là, au fond du cimetière, couchée dans la tombe réservée à la famille Gourdon ? Tout cela paraît incompréhensible. Mais, dans cette expérience, Geneviève aura déjà éprouvé la souffrance radicale et sait désormais que l'espérance a le dernier mot. Elle n'ignore plus qu'on peut vaincre la plus douloureuse adversité à force de volonté et de courage.

De retour en Sarre, les enfants de Xavier reçoivent les visites régulières des grands-parents Gourdon et de Gaulle. Geneviève aime ses deux grands-mères qui lui apportent leur tendresse de femme et le charme de leurs souvenirs. Xavier recrute aussi une gouvernante alsacienne, Madeleine Stutzmann. Elle s'occupe des trois enfants et devient pour eux « une véritable mère[8] », à qui Geneviève restera fidèle toute sa vie. En 1927, une bonne nouvelle parvient à Xavier : son frère Charles, tout juste promu commandant, est affecté à Trèves pour commander le 19e BCP (bataillon de chasseurs à pied). Les deux frères s'entendent bien, Xavier ayant « pour son frère cadet énormément de respect et d'affection[9] ». On se rend visite. Philippe, le fils aîné de Charles, qui a un an de moins que Geneviève, prend part aux promenades dans la fameuse voiture décapotable de son oncle. Xavier fait également quelques séjours à Trèves. Geneviève y passe les vacances de Noël 1927. Philippe et Geneviève s'entendent bien et s'amusent, enviés de loin par la petite Jacqueline et par la dernière née de

Charles et Yvonne, Élisabeth, âgée à présent de trois ans et demi. Dans la famille de son oncle et de sa tante, Geneviève de Gaulle découvre un mode de vie où la modestie est une vertu : la solde d'un commandant est juste suffisante quand il s'agit de faire vivre quatre personnes et de préserver le standing d'un officier. C'est ainsi que Geneviève assiste, étonnée, à la préparation de l'arbre de Noël du régiment, qui mobilise l'ensemble des ressources des de Gaulle, au détriment de la famille : « Tante Yvonne se donnait beaucoup de mal. […] Cette année-là, je ne crois pas que mes cousins aient reçu des cadeaux… »

En rentrant chez son père, elle le retrouve préoccupé. En Sarre, les mines sont en plein essor, la production s'accélère. Mais la crise de 1929 brise bientôt l'illusion d'un monde stable et d'un niveau de vie en croissance continue. Le chômage et les licenciements installent en Europe un climat morose. En Allemagne, la population ressent durement une crise économique qui s'ajoute à l'humiliation du Diktat de 1919. Le parti nazi, qui promet le relèvement de l'Allemagne, conquiert les électeurs.

Xavier est veuf depuis cinq ans. Il est encouragé à se remarier, « poussé par toute la famille » selon Geneviève, ce qui paraît logique à une époque où le foyer reste confié aux soins de la femme : il faut une mère aux enfants et une épouse capable d'aider le père dans leur éducation. Une petite cousine de Germaine Gourdon, Armelle Chevalier-Chantepie, âgée de vingt-sept ans, fille d'un capitaine de cavalerie, est présentée à Xavier.

Leur mariage a lieu à Rennes le 22 décembre 1930, dans une ambiance grave. Le souvenir de Germaine pèse sur la cérémonie. Il est surtout présent dans l'esprit de Geneviève, qui supporte mal le remariage de son père : « J'en ai été très malheureuse. » Elle qui avait trouvé un équilibre dans sa vie perd les repères fraîchement acquis : « Tout à coup, cela a été très dur, parce que la petite fille qui pensait être indispensable à son papa était remplacée. Pas de la même manière, mais… Naturellement, je me suis dit qu'il ne fallait pas qu'on sache que cela me faisait cette peine, parce que je sentais que mon papa avait besoin de vivre un petit peu heureux, quand même. Donc personne n'a jamais su. Les enfants portent ces choses-là en eux[10]… » Il est difficile de savoir si cette confidence, faite à mi-voix par une femme de soixante-dix-sept ans, est le fruit d'une réflexion venue avec l'âge, ou si la petite Geneviève de dix ans était déjà intimement convaincue de la nécessité de taire sa douleur au profit de son père adoré. Tout porte à croire que l'enfant, dont l'intelligence semble avoir mûri très tôt, dont la sensibilité est vive, a senti cet impératif s'imposer à elle, par droiture de cœur.

Il n'est pas facile à Armelle, la nouvelle femme de Xavier, de trouver sa place dans la maisonnée. Jamais elle ne remplacera Germaine, mais elle tente de se faire accepter du mieux qu'elle peut. Pour Geneviève et sa sœur Jacqueline, une nouvelle existence commence avec, dans la maison, une femme qui vaque à ses occupations, qui donne les ordres aux domestiques, préside aux charges et aux loisirs de la famille. On entend ses talons claquer sur le plancher, on sent son parfum dans le petit salon.

Elle laisse parfois traîner un châle sur le fauteuil, un bijou sur la table de nuit. Une femme de chair et d'os, avec son caractère, sa façon d'organiser les jours, remplace le fantôme que Xavier avait laissé flotter après la mort de sa première femme. Germaine morte avait sa place à table, sa photographie sur le linteau de la cheminée. Son mari l'invoquait dans les prières récitées avec les enfants, il la pleurait à Noël. Ce fantôme chéri, il le remplace – est-ce un fait exprès ? – par une cousine : déjà parente de la morte, Armelle devient également son substitut. Peut-être était-ce là la seule possibilité pour Xavier d'accepter un remariage, avec une femme dont les origines et l'histoire coïncident à peu près avec celles d'une ombre vénérée. Mais pour Geneviève, quelle difficulté !

Ce remariage contribue à la jeter du côté des rebelles silencieuses, passionnées, écorchées de l'intérieur, mais lisses de surface, polies, souriantes, autant dire clandestines, chargées de malheur sans que quiconque s'en aperçoive. Selon son frère Roger, le remariage auquel les enfants étaient mal préparés a marqué l'entrée de Geneviève de Gaulle « en résistance[11] ». Il ne s'agit nullement d'accuser Armelle de Gaulle d'avoir mal joué son rôle de seconde mère. Sa situation est chose impossible, même pour la meilleure des femmes. Longtemps après, Geneviève le constatera elle-même : « J'ai compris auprès d'elle à quel point c'était important, une maman. » Si Xavier de Gaulle réussit, dans l'intérêt de ses enfants, à dominer son chagrin pour rendre compatible l'amour éternel qu'il voue à sa première femme avec les sentiments qu'il porte à la seconde, Geneviève se sent pour sa part incapable de franchir ce pas. L'amour d'une mère, à ses yeux, ne se remplace pas, pas plus que l'amour d'un père : Armelle, en succédant à la première et en volant à Geneviève le second, place la petite fille dans une situation intenable. L'entrée en résistance commence bien là, à cet instant précis où la réalité cesse d'être conforme aux exigences d'une âme d'enfant, droite par nature, fidèle à tout jamais.

À l'issue de leurs études primaires, les deux sœurs âgées chacune de treize et douze ans s'éloignent de leur famille pour poursuivre leur scolarité. Geneviève et Jacqueline deviennent pensionnaires dans des institutions religieuses en Lorraine (1935-1937) puis en Alsace (1937-1938), à Kintzheim. Elles prennent goût à leur nouvelle vie, et notamment à l'enseignement que leur dispensent les religieuses. Installées dans la même chambre, elles reconstituent un noyau familial au pensionnat. Jumelles de cœur, vêtues de manière identique, elles ne se ressemblent toutefois guère par le caractère. Jacqueline est la plus insouciante : « Elle aimait la vie, elle était plus coquette que moi, elle commençait à sortir dans les soirées. » Ces distractions assomment Geneviève : « J'avais horreur de cette vie mondaine. J'aimais mieux passer une soirée avec un bouquin, ou parler avec mon père qui était toujours tellement intéressant[12]. » Bonne élève, Geneviève se bat pour rester la meilleure de sa classe : « Comme j'étais vaniteuse, je voulais toujours être la première [...], et lorsque je n'y parvenais pas, je n'étais pas du tout contente de moi, ni des autres[13] ! »

Le 13 février 1933, les deux sœurs apprennent que leur famille s'est élargie : une petite Marie-Louise vient de naître au foyer de Xavier et Armelle de Gaulle.

Quelques jours avant cet événement, le 30 janvier 1933, Adolf Hitler a été nommé chancelier par le président Hindenburg. En quelques semaines, une normalisation accélérée met le pays sous la coupe des nazis, dont les milices paramilitaires font régner la terreur dans les rues. Les Juifs subissent des persécutions. Dans la nuit du 27 au 28 février 1933, l'incendie du Reichstag par les hommes de main de Hitler sert de prétexte pour déclarer hors la loi le parti communiste. Les autres partis sont interdits, les syndicats dissous, les fonctionnaires triés et placés sous surveillance, tandis que le Reich est pavoisé de menaçantes oriflammes à croix gammée.

La famille de Xavier de Gaulle est aux premières loges pour assister à l'empoisonnement du pays. En Sarre, l'agressivité à l'encontre des Français se manifeste désormais au grand jour, encouragée par la politique national-socialiste. Avec l'arrivée de Hitler au pouvoir, la propagande antifrançaise se fait virulente. Le traité de Versailles avait prévu que les Sarrois choisissent leur pays de rattachement et, le 13 janvier 1935, 90,8 % des électeurs optent pour l'appartenance de la Sarre au Reich. Dans les écoles, le salut hitlérien devient de rigueur. À la même époque, Hitler annonce la restauration du service militaire obligatoire, ce qui constitue une violation du traité de Versailles.

En Sarre, les Français sont autorisés à renouveler leurs amodiations, mais ils ne pourront rester que pour cinq ans, et devront embaucher exclusivement des mineurs allemands. Un monde disparaît : dès le 1er mars 1935, quatre-vingt-cinq citoyens français quittent la Sarre pour la France. Xavier de Gaulle est de ceux-là. Il démissionne de son poste d'ingénieur et renonce à sa carrière dans les mines. Il suit ainsi son frère Jacques qui, pour des raisons différentes, a dû abandonner lui aussi ses fonctions : une épidémie d'encéphalite survenue en 1926 l'a contraint à renoncer à ses activités dès 1928, à l'âge de trente-cinq ans. Xavier rentre en France avec sa famille. Il vit à Rennes de 1935 à 1938 avant de s'installer pour des raisons professionnelles à Loiron en Mayenne. Son dernier enfant, Henry, naît le 7 décembre 1935.

Geneviève et Jacqueline, elles, poursuivent leurs études secondaires dans un établissement de la banlieue de Metz, à Montigny. Les enfants du premier mariage ne partageront guère la vie de leur demi-frère et de leur demi-sœur... Jacqueline et Geneviève profitent des vacances pour rendre visite à leurs grands-parents, soit à Chemillé, soit à Paris, ou pour retrouver leurs cousins et cousines. Dans la maison natale de son père, à Lille, où vit encore sa grand-tante Noémie de Corbie, Geneviève, sa sœur et son frère passent souvent les fêtes de Pâques. Ils jouent à cache-cache dans le jardin avec leurs cousines Marie-Thérèse, Odile et Colette de Corbie[14], qui sont de leurs âges. La maison, bâtisse bourgeoise située rue Princesse, possède un jardin entouré de buissons de houx et ombragé, l'été, par quelques tilleuls et un marronnier. Les cousines bavardent sur les marches du kiosque à musique, ou, lorsqu'il pleut, dans une cabane baptisée « salle de jeux ». Des livres pieux sur une étagère, des messages secrets cachés sous le plancher, un jeu d'adresse où l'on doit lancer des palets en bois dans la bouche de grenouilles en métal... Les parties sont joyeuses, laissent de mémorables souvenirs et créent des complicités indéfectibles.

Durant l'été 1937, Geneviève et Jacqueline ont la joie d'apprendre que leur oncle Charles vient s'installer dans la ville de Metz où elles poursuivent leurs études : il a été désigné pour commander le 507e Régiment de chars de combat. Il emménage avec sa femme et ses trois enfants dans une maison de la rue de la Vacquinière. La vie sociale des deux sœurs s'en trouve changée : elles sont invitées régulièrement chez leurs cousins, assistent aux défilés de chars organisés par le chef de corps dans les rues, passent de nombreuses soirées chez Charles et Yvonne. Malgré les multiples occupations que lui impose sa fonction, Charles de Gaulle consacre du temps à ses deux nièces de seize et dix-sept ans. Il leur expose longuement ses rêves et ses craintes pour la France : un pays mal engagé dans sa défense, qui ne voit pas le rôle considérable que l'outil blindé jouera dans les conflits à venir…

C'est un oncle érudit, qui a déjà écrit plusieurs ouvrages, notamment en 1924 *La Discorde chez l'ennemi*, où il analyse les raisons de la défaite allemande, et en 1934 *Vers l'armée de métier*, manifeste en faveur de la création d'un corps de blindés offensif. Mais auprès de ses nièces, c'est un homme qui aime plaisanter, ne dédaignant pas rire de lui-même, comme s'en souvient Geneviève de Gaulle : « Par exemple, à propos de sa taille, il nous a raconté lui-même cette anecdote. Un jour où il faisait très chaud, un petit gamin leva la tête vers lui et lança : "Il fait bon, là-haut ?" » Oncle Charles révèle, auprès de ses nièces, un aspect méconnu de sa personnalité, celui d'un père de famille bonhomme, capable d'observer son monde avec humour et de prodiguer de l'affection. « Il se baissait pour nous embrasser », note Geneviève, qui se rappelle aussi avec émotion des liens si étroits qui unissaient le colonel de Gaulle à sa fille Anne : « Elle était très attachée à son père. D'ailleurs, il l'a toujours gardée avec lui, même quand il est parti pour l'Angleterre. Elle s'asseyait sur ses genoux, serrait ses joues entre ses mains et lui exprimait des marques de tendresse. » Tous les soirs, confirme le directeur du jardin botanique de Metz à la fin des années 1930, le colonel de Gaulle faisait ouvrir les portes du parc fermées depuis 19 heures pour y promener sa fille, la main dans la main, à l'abri des regards. À une époque où les enfants anormaux sont souvent enfermés dans des asiles – le projet de loi Queuille de 1930 suggère de « placer les enfants incurables dans des établissements spécifiques ou des sections des établissements hospitaliers » –, l'attitude du couple de Gaulle relève d'un certain anticonformisme, mais illustre surtout un véritable respect dû à la personne, notamment lorsqu'elle est un enfant. Cet exemple n'est sans doute pas étranger à l'attention que Geneviève de Gaulle portera toute sa vie aux faibles et aux innocents.

Le 11 juillet 1938, Geneviève passe son baccalauréat dans l'académie de Strasbourg où elle est scolarisée. À dix-huit ans, c'est une jeune fille souriante, aux joues rondes, avec un regard très doux. Elle a appris à surmonter les obstacles dont le destin a parsemé sa vie, grâce au principe qu'il fallait savoir « endurer les choses difficiles, ne pas se plaindre pour un rien ». Un rien… Geneviève est orpheline de mère. Son équilibre difficilement construit à force de ténacité est ébranlé par un nouveau drame qui la touche de plein fouet. Sa sœur Jacqueline, de santé fragile, est prise en 1938 d'une fièvre brutale et persistante. Les médecins préconisent plusieurs traitements, jusqu'à ce que le diagnostic soit clairement établi : elle est atteinte de typhoïde, maladie provoquée par des aliments infectés de salmonelle. Malheureusement, les toxines développées par les agents infectieux sont déjà en trop grand nombre, et, en l'absence de traitement antibiotique, rien ne peut la sauver. Le 11 octobre, elle est emportée par une maladie qui, statistiquement, ne tue que 10 % des personnes atteintes...

La douleur qui envahit Geneviève est redoublée par la réminiscence des affres de 1925 sous le grand magnolia. Elle pense à son père : « Pour mon pauvre papa, c'était terrible. C'est comme s'il perdait de nouveau sa femme[15]. » Mais pour elle-même, qui considérait sa sœur « presque comme une jumelle », cette disparition révèle le vide jamais comblé de Germaine disparue. Plus encore qu'à la mort de sa mère, Geneviève est blessée par le destin qui frappe à l'aveugle. À dix-huit ans, elle vit dans le souvenir de trois femmes mortes – sa mère, sa sœur mort-née et maintenant sa sœur chérie. La disparition de toutes les femmes de sa famille proche l'oblige à s'interroger sur sa place de survivante. « Je m'étais toujours demandé pourquoi Jacqueline était morte et pas moi. Je ne me le suis pas demandé pour maman, mais pour ma sœur. Cela restait pour moi un mystère[16] » – de même, pour Charles de Gaulle, le fait de n'avoir pas été tué en 1916 à Douaumont restera toujours « le lourd problème de sa vie[17] »... Geneviève en 1938 frôle sans doute la mort : elle est restée aux côtés de la malade, puisqu'elle reste porteuse d'un bacille extrêmement contagieux... Pourtant, elle est épargnée.

Ce mystère réapparaîtra dans l'enfer de Ravensbrück. Ce ne sont plus alors trois femmes qui meurent, mais des milliers, des dizaines de milliers, chacune proche de Geneviève puisqu'elle partage leur sort, a reçu leurs confidences, essuyé leurs visages marqués par la cendre et les larmes, et qui de nouveau poseront la question des choix du destin : « En déportation, nous avons toujours eu cette idée que la mort était presque en nous, puisqu'elle touchait aux plus proches, mais que nous, nous étions épargnées. Pour quelle raison ? Nous ne le savions pas, mais nous le devinions un peu. Beaucoup de mes camarades ont été frappées par ça.

Il y en a qui ne s'en sont pas remises. J'ai eu une amie, une camarade, qui, quand elle est rentrée de déportation, non seulement avait perdu ses amis, mais qui a appris que sa sœur avait été fusillée. Et elle, elle était rentrée de déportation... C'est très difficile à accepter[18]. » L'accepter, c'est faire preuve d'une foi indéracinable, et se reconnaître désigné pour témoigner et pour combattre.

Après la mort de sa mère et de sa sœur, Geneviève trouve dans la qualité humaine de son entourage et dans sa foi en Dieu les ressources qui lui permettent de surmonter son malheur. Elle gardera finalement de ses jeunes années un souvenir radieux :

« Je n'ai pas eu une enfance malheureuse, malgré tout. Parce que, d'abord, j'étais [...] imprégnée par cet amour de mes parents[19]. » À Ravensbrück, en revanche, dans ce désert d'espérance où le système nazi broie systématiquement l'individu, le salut semble hors de portée. Seul un extraordinaire « amour de la vie, qui arrive à passer au-delà du pire », lui permettra de vaincre le doute qui l'étreint.

Perdre sa mère lorsque l'on a quatre ans et demi, puis sa sœur quand on en a dix-huit, crée en soi des résistances précoces. La ténacité, la droiture de cœur, la ferme capacité de dire non quand il le faut, autant de qualités qui constituent le caractère de Geneviève, trouvent leurs racines dans la mort des deux femmes les plus chères de sa vie. Cette capacité à vivre en dépit d'un traumatisme mortifère a été baptisée par Boris Cyrulnik « phénomène de résilience ». En sciences physiques, la résilience est l'aptitude d'un corps à résister au choc. Appliquée à la psychologie, elle désigne la façon dont une vulnérabilité peut se transformer en force : « La douleur est là, pénible et incessante, mais au lieu de déclencher un gémissement, elle provoque un défi[20]. » C'est cela. L'âme de Geneviève est tendue comme un arc, prête aux luttes âpres, grandie par les meurtrissures. À dix-huit ans, l'étudiante qui s'apprête à entrer en faculté d'histoire est déjà, du point de vue de l'expérience intérieure, une femme éprouvée.

4

Résister, exister

On ne naît pas résistant en 1940. La décision de s'engager contre l'occupant nazi est en réalité, pour les insoumis de la première heure, le mûrissement soudain d'une disposition d'esprit antérieure. L'Occupation, la mainmise allemande sur le pays servent de révélateurs puissants à une résolution farouche cachée jusque-là. Cette résolution que les circonstances manifestent au grand jour, c'est la conscience de ce qui est acceptable ou non, de ce que la France peut subir ou doit refuser, comme l'a écrit Charles Péguy : « En temps de guerre celui qui ne se rend pas est mon homme, quel qu'il soit, d'où qu'il vienne, et quel que soit son parti. Il ne se rend point. C'est tout ce qu'on lui demande. Et celui qui se rend est mon ennemi, quel qu'il soit, d'où qu'il vienne, et quel que soit son parti[1]. » C'est surtout, pour Geneviève, la manière dont l'individu entend agir pour changer une réalité jugée inacceptable : « Le refus [de l'inacceptable] n'est pas un refus stagnant. C'est un refus qui engage après. On refuse quelque chose, mais pour faire quelque chose à la place[2]. » Pareille marque de caractère ne tombe pas du ciel. Elle s'acquiert dans la jeunesse et est souvent le fruit d'une culture familiale. Le parcours et l'éducation de Geneviève la disposent au refus de l'Occupation – même si la décision d'entrer en résistance n'est nullement prédéterminée et relève d'un choix solitaire fait dans la bousculade et la surprise des événements.

Les valeurs que Xavier de Gaulle inculqua à ses enfants reposent sur l'amour du pays et le respect du prochain. En plus de ces principes fondamentaux, le père de famille fut également attentif, dans la vie de tous les jours, à éveiller Geneviève au monde qui l'entoure, ce qui, à l'époque, n'est pas banal vis-à-vis d'une fille. En 1934, à l'instigation de son père, Geneviève lit *Mein Kampf* d'Adolf Hitler. Ce fait montre l'extrême vigilance de Xavier de Gaulle sur l'évolution politique outre-Rhin. Geneviève, âgée de treize ans, est horrifiée par cette lecture, puisque rien dans les thèses païennes et racistes du livre ne correspond aux valeurs qui lui ont été enseignées. « On m'avait appris que chaque être humain avait une valeur, quelles que soient son apparence, sa situation, et, dans ce livre, j'apprenais que si on n'appartenait pas au peuple germanique, à la race aryenne, on n'était rien[3]… » Assez logiquement, dans cette famille cultivée et lucide, qui a vécu suffisamment longtemps en Allemagne pour éprouver la menace qui se lève, les accords de Munich en 1938 suscitent l'indignation. Signés entre la France, la Grande-Bretagne, l'Allemagne et l'Italie, ils prévoient l'évacuation du territoire des Sudètes (Tchécoslovaquie) par sa population tchèque et son occupation par les troupes allemandes. Les démocraties occidentales cèdent face à Hitler, croyant ainsi éloigner la perspective d'une guerre. Les quatre frères de Gaulle, réunis à l'occasion de l'enterrement de Jacqueline, partagent la même aversion pour ces accords honteux. Geneviève aussi. Persuadée de voir juste, consciente pourtant de faire partie d'une minorité de Français – « à ce moment-là, nous étions peu à partager ce point de vue[4]... » –, elle rapproche sa prise de position de 1938 de l'engagement dreyfusard de ses grands-parents de Gaulle en 1898 : « Dans un milieu en majorité antidreyfusard, mon grand-père a été dreyfusard. Dans un milieu en majorité munichois, mes oncles et mon père ont été antimunichois. » L'ambiance et les conversations familiales forment chez Geneviève le terreau idéologique d'où naîtra la résistance. La manière dont elle a surmonté les épreuves de son enfance la rend de surcroît particulièrement apte à ne pas subir : elle a appris à se montrer intraitable quand les valeurs essentielles sont en jeu, et s'est construit une personnalité de fidélité qui choisit instinctivement la hauteur d'âme. Les considérations générales ne suffisent pas, cependant, à cerner les mobiles qui poussent une jeune femme à entrer en résistance contre un régime d'occupation. Dans les faits, les engagements sont rarement pris de manière mécanique.

Le cas de Geneviève est, à ce titre, emblématique.

En septembre 1939, au moment où la France et l'Angleterre déclarent la guerre à l'Allemagne, elle est âgée de dix-neuf ans. Elle est libre, célibataire, malgré une proposition de fiançailles venue du fils d'une grande amie de sa mère, morte la même semaine que Germaine Gourdon. Mais Geneviève est peu attirée pour l'instant par le mariage. Elle pense qu'il lui faut, après les épreuves subies, « construire sa personne », « reprendre des forces » et ne pas se précipiter dans l'existence, elle qui sait que « le bonheur humain est quelque chose de très fragile[5] ».

À la rentrée de 1939, Geneviève est étudiante en licence d'histoire à la faculté de Rennes. Elle nourrit l'ambition de devenir chartiste. Son attirance pour les archives et le passé lui vient d'un goût personnel – « L'histoire m'a toujours passionnée. [...] J'ai toujours pensé que l'histoire à la fois construisait un pays et construisait une personne[6] ». Choisir cette voie, c'est en même temps poursuivre une double tradition familiale : du côté maternel, son grand-père lui a souvent narré les guerres de Vendée, auxquelles ses aïeux avaient participé. Du côté paternel, son arrière-grand-père Julien-Philippe de Gaulle, né en 1801, était ancien élève de l'école des Chartes, et son grand-père Henri, on s'en souvient, était professeur d'histoire. On connaît aussi l'intérêt de son oncle Charles de Gaulle pour le passé de son pays.

Armelle et ses deux enfants, Henry et Marie-Louise, résident depuis octobre 1939 dans un appartement de trois pièces situé à Paimpont, commune bretonne proche du camp militaire de Coëtquidan où Xavier de Gaulle a été mobilisé comme officier de réserve d'artillerie. La drôle de guerre dure pendant des mois dans une incrédulité atone. Le 10 mai 1940, les Allemands lancent soudain leurs troupes contre la France. Les premières victimes tombent au front : un des cousins germains de Geneviève, le jeune Charles Cailliau, fils de Marie-Agnès de Gaulle et Alfred Cailliau, est tué. Le frère aîné de Charles Cailliau, Michel, est fait prisonnier à Domrémy en Lorraine. L'exode jette sur les routes des milliers de familles désemparées, poussées par l'avance allemande.

Marie-Agnès, la sœur de Charles de Gaulle, ne se sent plus en sécurité sur les hauteurs de Sainte-Adresse, près du Havre, bombardées chaque soir par l'aviation allemande. Pour protéger son plus jeune fils, Denys, elle se réfugie chez sa fille Marie-Thérèse près de Saint-Étienne.

Sa mère, Jeanne de Gaulle, l'accompagne et, malgré ses quatre-vingt-dix ans, décide de rendre visite à ses autres enfants avant que la tourmente de la guerre ne les disperse. Elle prend le train jusqu'à Grenoble pour se rendre chez son fils Jacques, puis se fait conduire à Paimpont pour retrouver son aîné, Xavier. Yvonne de Gaulle, l'épouse de Charles de Gaulle, loge alors dans la maison de La Boisserie que le couple a achetée en 1934 à Colombey-les-Deux-Églises. Le village se trouve sur l'axe de l'invasion allemande. Yvonne quitte la demeure avec sa fille Anne pour rallier la maison de sa sœur Suzanne dans le Loiret. Ses deux autres enfants, Philippe qui est en pleine préparation du concours de Navale et Élisabeth qui s'apprête à passer le baccalauréat, restent à Paris. Mais lorsque le 9 juin l'avancée allemande menace la capitale, tous deux se replient avec leur mère à Carantec en Bretagne. Le 14 juin, Paris, déclarée ville ouverte, tombe aux mains des Allemands. Le gouvernement, déjà réfugié à Tours, s'enfuit à Bordeaux.

Dans la guerre, les familles se regroupent, s'entassent, se soutiennent : à Carantec, Philippe et Élisabeth retrouvent la sœur de leur mère Yvonne. C'est là que tous apprennent le sort de Jacques Vendroux, le frère d'Yvonne, fait prisonnier par les Allemands à Calais... Le 15 juin, Charles de Gaulle passe saluer sa mère Jeanne et sa nièce Geneviève à Paimpont, puis sa femme et ses enfants à Carantec. Nommé le 23 mai 1940 général à titre temporaire et, le 5 juin, sous-secrétaire d'État à la Guerre par le président du Conseil Paul Reynaud, il s'apprête à gagner Londres de Brest, à bord d'un contre-torpilleur, afin de rencontrer le Premier ministre anglais Winston Churchill pour envisager les moyens de poursuivre la lutte. Le 16 juin, il est de retour sur le sol français, où il apprend la démission du gouvernement auquel il appartient et la formation d'un nouveau Conseil des ministres, dirigé par le maréchal Pétain. Les espoirs d'union avec l'Angleterre, qu'avait un temps soutenus Charles de Gaulle, sont anéantis.

Les Allemands gagnent du terrain. L'armée française, malgré les combats sanglants qu'elle livre en divers endroits du front, est écrasée en moins de six semaines, dominée dans les airs par la Luftwaffe et au sol par des Panzers constitués en grandes unités, comme l'avait justement préconisé Charles de Gaulle pour l'armée française. Ces événements tragiques prennent un tour pathétique avec la déclaration du maréchal Pétain le 17 juin – « c'est le cœur serré que je vous dis aujourd'hui qu'il faut cesser le combat » –, vécue comme un acte de lâcheté par les de Gaulle : l'armée française continue en effet de se battre, et la guerre pourrait se poursuivre de l'Afrique du Nord...

Pour Geneviève, il est inconcevable que la France se couche aussi vite devant l'ennemi : « Accepter cela était insupportable pour moi. Je me sentais brûlée comme par un fer rouge. Ma décision de "résister" quoi qu'il arrive, je l'ai prise, je crois, ce jour-là, en entendant Pétain parler à la radio. Dès lors, je dois dire, depuis le moment où j'ai entendu cette voix de Pétain, avant même de savoir que de Gaulle était à Londres, je me suis dit que je ne pouvais pas accepter, je ne pouvais pas accepter ça. Je pense qu'il y a des moments dans la vie où les uns et les autres rencontrent quelque chose et tout à coup se disent : "C'est inacceptable"[7]. » Pour la nièce du général de Gaulle, l'étape décisive n'est donc pas l'appel du 18 juin lancé à Londres par son oncle, mais la reddition du 17 juin, quand le nouveau président du Conseil reconnaît la défaite de la France. De ce fait, la jeune étudiante agit non pas en écho à son oncle, mais exactement comme lui, qui a rédigé son fameux appel en réaction à la déclaration du Maréchal... Ce réflexe de protestation simultanée explique le lien profond qui unit Charles et Geneviève, et qui établit entre eux une parenté plus large qu'un simple rapport de famille.

L'atavisme familial ne doit toutefois pas être négligé : la grand-mère Jeanne de Gaulle, quatre-vingt-dix ans, se dresse contre la défaite en des termes aussi fermes que sa petite-fille Geneviève. Quant à Marie-Agnès, qui vient de perdre son fils au combat, elle refuse, « dans le malheur du pays, de [s']arrêter à [son] immense douleur maternelle ». Chez ces femmes de Gaulle de trois générations – grand-mère, fille et petite-fille –, se reconnaissent les traits du général de Gaulle qui n'admet pas la défaite.

L'avancée allemande contraint les civils à fuir vers l'intérieur de la Bretagne. De Paimpont, les femmes et les enfants reprennent la route, jusqu'au bourg de Locminé. C'est le 18 juin. Les militaires de Coëtquidan – dont Xavier de Gaulle – ont reçu l'ordre de se replier plus à l'ouest. Tous rêvent que la Bretagne puisse tenir, comme un bastion. Mais rien ne semble pouvoir freiner la progression allemande : tandis que la population s'exile, le camp de Coëtquidan est occupé. Sur la route, aucun membre de la famille de Gaulle n'entend Charles lancer son appel :

> Les chefs qui, depuis de nombreuses années, sont à la tête des armées françaises ont formé un gouvernement. Ce gouvernement, alléguant la défaite de nos armées, s'est mis en rapport avec l'ennemi pour cesser le combat.
> Certes, nous avons été, nous sommes, submergés par la force mécanique, terrestre et aérienne, de l'ennemi.
> Infiniment plus que leur nombre, ce sont les chars, les avions, la tactique des Allemands qui nous font reculer. Ce sont les chars, les avions, la tactique des Allemands qui ont surpris nos chefs au point de les amener là où ils en sont aujourd'hui.
> Mais le dernier mot est-il dit ? L'espérance doit-elle disparaître ? La défaite est-elle définitive ? Non !
> Croyez-moi, moi qui vous parle en connaissance de cause et vous dis que rien n'est perdu pour la France. Les mêmes moyens qui nous ont vaincus peuvent faire venir un jour la victoire.
> Car la France n'est pas seule ! Elle n'est pas seule ! Elle n'est pas seule ! Elle a un vaste Empire derrière elle. Elle peut faire bloc avec l'Empire britannique qui tient la mer et continue la lutte. Elle peut, comme l'Angleterre, utiliser sans limites l'immense industrie des États-Unis.
> Cette guerre n'est pas limitée au territoire malheureux de notre pays. Cette guerre n'est pas tranchée par la bataille de France. Cette guerre est une guerre mondiale. Toutes les fautes, tous les retards, toutes les souffrances, n'empêchent pas qu'il y a, dans l'univers, tous les moyens nécessaires pour écraser un jour nos ennemis. Foudroyés

aujourd'hui par la force mécanique, nous pourrons vaincre dans l'avenir par une force mécanique supérieure. Le destin du monde est là.

Moi général de Gaulle, actuellement à Londres, j'invite les officiers et les soldats français qui se trouvent en territoire britannique ou qui viendraient à s'y trouver, avec leurs armes ou sans leurs armes, j'invite les ingénieurs et les ouvriers spécialistes des industries d'armement qui se trouvent en territoire britannique ou qui viendraient à s'y trouver, à se mettre en rapport avec moi.

Quoi qu'il arrive, la flamme de la résistance française ne doit pas s'éteindre et ne s'éteindra pas.

Demain, comme aujourd'hui, je parlerai à la Radio de Londres.

À Locminé, l'abbé Thouai, sur la place du village, croise Geneviève et sa grand-mère. Il leur révèle la teneur de ce message d'espoir ainsi que le nom de son auteur : « Je revois encore ma grand-mère tirer le prêtre par la manche, sourit Geneviève. Je l'entends s'écrier avec enthousiasme : "Mais c'est mon fils, monsieur le curé ! C'est mon fils !" Ce sera sa dernière grande joie. » Il faut en effet retourner à Paimpont, puisque l'avancée allemande rend impossible la constitution d'un réduit breton, et que Xavier de Gaulle est prisonnier, comme 1,6 million de ses compatriotes.

L'armistice signé le 22 juin à Rethondes garantit la présence allemande sur les deux tiers du territoire français et oblige le gouvernement à verser une lourde indemnité journalière à l'occupant. En juillet, à Vichy où s'est installé le gouvernement, l'Assemblée nationale accorde les pleins pouvoirs à Pétain.

La grand-mère Jeanne, épuisée par ces événements, meurt dans les bras de sa petite-fille Geneviève à Paimpont, le 16 juillet 1940. À moins de vingt ans, la jeune fille perd pour la quatrième fois une des femmes de sa famille. Mais cette grand-mère lui a aussi insufflé un courage nouveau, comme elle a su donner à son fils Charles la foi en son destin et l'exigence de se battre. Geneviève de Gaulle sent naître dans son cœur une famille emblématique, où la France abandonnée à l'occupant serait une mère malade, qu'un mari déterminé, Charles de Gaulle, serait décidé à sauver. Et devant le combat qui s'annonce, cette orpheline de mère puise dans sa propre histoire une volonté farouche d'emporter la victoire en luttant par elle-même. Pour la première fois de son existence, elle peut agir contre les malheurs qui la frappent, c'est-à-dire résister aux mauvais médecins qui veulent soigner la France à l'eau de Vichy.

Jeanne de Gaulle a quitté ce monde inquiet sans savoir ce qui adviendra à ses descendants. La situation de la famille est grave. Charles, le général rebelle, vient d'être condamné par contumace à une peine de prison de quatre ans pour « refus d'obéissance et délit d'excitation de militaires à la désobéissance ». Une semaine après, le 3 août 1940, cette sanction est aggravée en peine de mort par le tribunal militaire de Clermont-Ferrand, pour « atteinte à la sûreté extérieure de l'État et désertion à l'étranger en temps de guerre ». Le général de Gaulle est déchu de sa nationalité et ses biens peuvent être saisis. Xavier, le père de Geneviève, est emprisonné à Nuremberg, à l'oflag 13 A. Il est convaincu de la justesse du combat de l'homme du 18 juin : lui, l'aîné, est à cette occasion prêt à se considérer comme le cadet de ce Charles qui a su relever le glaive brisé de la France. Leur frère Pierre, toujours sous l'uniforme, est menacé à tout moment d'être tué ou arrêté. Jacques, enfin, est de plus en plus paralysé par la maladie. Marie-Agnès, la sœur des quatre hommes, a perdu l'un de ses fils au combat, tandis qu'un autre est prisonnier... Pourtant, le jour de l'enterrement de Jeanne de Gaulle, quelque chose se passe : à l'église puis au cimetière, une foule muette vient se recueillir sur la dépouille de la mère du général de Gaulle, dont le nom commence à se transmettre de bouche-à-oreille comme une lueur d'espoir. Un détachement de gendarmerie de Plélan-le-Grand vient même rendre les honneurs avant la mise en terre du cercueil... Pourtant, sous la pression de l'occupant, l'annonce des funérailles de la grand-mère Jeanne, publiée dans *L'Ouest-Éclair*, a été censurée. Pas question de parler de Jeanne de Gaulle, seulement de Jeanne Maillot. La tombe, sur laquelle toute inscription a été interdite, en particulier celle du nom, et où seul figure un numéro en guise d'épitaphe, attire chaque jour de nombreux pèlerins qui la couvrent de fleurs longtemps encore après l'enterrement, malgré la présence permanente d'un garde allemand. Geneviève, qui est témoin de ces marques de soutien, y est particulièrement sensible. Le général de Gaulle, lui, apprend la mort de sa mère grâce à une photographie de sa tombe confiée par Geneviève à un jeune homme du village parti rejoindre Londres. Pour le chef de la France libre, le souvenir de sa mère, si déterminée, si passionnée pour sa patrie depuis la défaite de Sedan qui l'avait fait pleurer en 1870, jusqu'à l'armistice qu'elle ne supporta pas en 1940, est une véritable force. Devant Geneviève, il confie un jour à sa sœur Marie-Agnès : « Tu vois, une chose m'a toujours beaucoup aidé, réconforté dans ces années si difficiles, c'est que maman me comprenait et qu'elle m'aurait toujours soutenu[8]. »

Le refus de la défaite et de la présence allemande est une première étape, décisive, de la Résistance. Certains en restent là, soutiens passifs d'une cause qu'ils approuvent secrètement. D'autres montrent plus d'audace. Geneviève appartient au petit nombre des courageux. Dès que sa résolution est prise, elle s'engage vers une action résistante de plus en plus marquée, et de plus en plus risquée. Il est difficile de se jeter d'un coup dans une bataille dont on ignore les règles. Cela vaut plus encore pour une femme, peu préparée par les usages des années 1930 à sortir du champ traditionnel qui lui est réservé ; les femmes de l'entre-deux-guerres sont en effet tenues en marge de la société : « mineures civiles, politiques et idéologiques[9] », elles n'obtiennent par exemple le droit de vote qu'en 1944 et doivent attendre les lois de 1965 sur les régimes matrimoniaux pour que cesse leur infériorité juridique vis-à-vis du mari – deux mesures fondamentales adoptées sous l'autorité du général de Gaulle. Or, comme le souligne l'historien Olivier Wieviorka, « l'engagement résistant repose précisément sur la négation de la norme, le rejet des tutelles, l'exercice du libre arbitre[10] », autant d'attitudes auxquelles la femme d'alors est peu accoutumée... À partir de données sociologiques précises, Germaine Tillion et Geneviève de Gaulle ont calculé que, sur un convoi de mille femmes déportées à Ravensbrück, la moitié n'avait jamais travaillé. Cet environnement social explique pourquoi il est alors plus difficile à une femme qu'à un homme de faire le choix de résister, et pourquoi il faut aux représentantes du sexe féminin, avant même l'engagement résistant, une aptitude particulière, une sensibilité notable aux débats politiques, une conscience de la vie de la nation, pour oser jouer un rôle dans le relèvement du pays. En même temps, pour ces mères, pour ces femmes qui s'engagent, la Résistance offre une chance inespérée : « Nous étions, au moins, à égalité avec les hommes », même si ces derniers « avaient un peu tendance à prendre la tête[11] », considère Geneviève. Elle cite le nom de deux femmes qui furent de grands chefs de réseaux, Marie-Madeleine Fourcade et Germaine Tillion, placée à la tête du réseau du musée de l'Homme après l'arrestation ou la mort de ses chefs, de juillet 1941 à août 1942, date de sa propre arrestation. C'est pour souligner cette importance des femmes dans la Résistance que la nièce de De Gaulle aime comparer leur engagement à celui de Jeanne d'Arc, qui, comme écrivait Péguy, « ne prenait son parti de rien » : « Elle avait montré le chemin aux résistants de 1940 : c'est le refus de l'inacceptable. [...] Oui, comme Jeanne, nos compagnes de résistance étaient l'âme de la France, cette part modeste mais inflexible qui refuse les lâches abandons[12]... »

Le fait que Geneviève n'ait pas d'enfant joue peut-être un rôle dans son engagement résistant : « Je pense toujours aux femmes qui avaient des enfants, confie-t-elle. Moi, je ne sais pas comment j'aurais agi à ce moment-là, parce qu'on peut choisir de donner sa vie pour son indignation, mais que fait-on quand la vie des enfants est en jeu, quand ils peuvent être tués, torturés ou séparés de vous d'une manière irrémédiable[13] ? »

En 1940, la résistance de Geneviève de Gaulle commence par de petits gestes, qu'elle considère *a posteriori* comme « symboliques, ridicules », banals à force d'avoir été réalisés par d'autres Français – croit-elle. En réalité, la résistance, surtout à ses débuts, fut le mobile d'un très petit nombre d'individus. En 1940, « les résistants ne faisaient pas grand-monde, pas même en termes de statistique une minorité appréciable[14] », rappellent les spécialistes de la période. Il est vrai que le morcellement du territoire en six zones imposées par le vainqueur allemand et la présence de l'occupant paralysent les volontés naissantes. De surcroît, « le mythe, habilement entretenu et très durable, du double jeu de Pétain[15] » freine certaines ardeurs. Qu'importe. Geneviève, élevée dans le culte de son pays, veut croire que beaucoup de Français auraient souhaité réagir comme elle.

« Je me souviens que la première chose que j'ai faite, c'est d'arracher un petit drapeau qui était sur un pont à Rennes, sur une rivière qui s'appelle la Vilaine, avec une croix gammée. Cela m'énervait de voir cette croix gammée, là, chaque fois que j'empruntais ce pont. Eh bien un jour j'ai décidé de l'arracher[16]. » La jeune fille prend garde de ne pas se faire remarquer, elle avance sur le pont, retire vivement le fanion et le rapporte chez elle en trophée. Par la suite, elle se risque à arracher des affiches vichystes, à découper et coller de petites croix de Lorraine sur les murs… Ces actes effectués individuellement sont loin d'être anodins. Ils matérialisent à leur échelle l'action résistante, et surtout la lutte pour les symboles, lutte absolue qui seule permet ensuite d'engager le combat réel, à la manière d'Antigone. Ces petits gestes préparent l'esprit à des manifestations plus marquées. Ils dévoilent aussi la méthode selon laquelle Geneviève agit et qu'elle ne reniera jamais : elle est la femme des « petites » résistances, c'est-à-dire des actes concrets, à échelle humaine, qui paraissent dérisoires face à l'inacceptable, mais qui parviennent en réalité à leurs fins, par opiniâtreté. Avec ses amis étudiants de Rennes, elle imprime bientôt et diffuse des tracts contre les nazis et Vichy. Certains de ses camarades quittent la France pour Londres. Elle préfère Paris et, à la rentrée universitaire de 1941, elle décide de poursuivre sa licence d'histoire dans la capitale.

Là, elle est accueillie par sa tante Madeleine, la femme de Pierre de Gaulle, le benjamin de Jeanne et Henri de Gaulle. Geneviève se sent particulièrement proche de Madeleine, femme cultivée, familière des livres, et surtout cousine germaine de sa défunte mère. Geneviève, rebelle dans l'âme, apprécie également l'anticonformisme de sa tante, élevée « comme un poulain échappé » par son père Henri Delepouve[17], peintre postimpressionniste de l'école de Rouen. Pierre de Gaulle avait rencontré sa future femme en 1919 au château de l'Écho, lors du mariage de Xavier de Gaulle et de Germaine, alors qu'elle n'avait que onze ans. Ce jour-là, la petite impertinente lui avait lancé, pour rire : « Alors, il paraît qu'on nous marie ? » Pierre avait attendu sept années pour donner raison à la jeune fille et l'épouser !

Dans le vaste appartement où Madeleine surmonte avec bonne humeur les difficultés quotidiennes liées à l'Occupation, l'étudiante en histoire poursuit ses actions antiallemandes. Sa tante est pour elle une mère qui la précède et l'encourage. Ensemble, elles transmettent des renseignements vers l'Angleterre et, surtout, diffusent des photographies du général de Gaulle : pour la plupart des Français, en effet, le héros de la Résistance n'est qu'une voix sur laquelle il est difficile de mettre un visage. Sa famille joue donc un précieux rôle dans la transmission de son image, c'est-à-dire de sa renommée. Sa sœur Marie-Agnès Cailliau reçoit ainsi à Saint-Étienne la visite d'un résistant âgé de dix-sept ans, Lucien Neuwirth, qui lui demande une photographie de son général de frère[18] ! À Paris, Geneviève met elle aussi en circulation l'icône de la France libre. Pour elle, la Résistance a le visage de l'oncle Charles. La diffusion de la photographie se fait selon une méthode simple : « Nous mettions les photographies du Général entre les pages de livres d'occasion très bon marché, nous collions légèrement pour le cas où les paquets auraient été ouverts et nous faisions l'expédition[19]. » Cette activité présente certains dangers : le travail en série, l'impression de nouvelles photographies, les volumes d'expédition… risquent de susciter la curiosité des informateurs, surtout lorsque les personnes concernée s'appellent de Gaulle.

Un jour, des inspecteurs de la police française font une descente et perquisitionnent l'appartement de Madeleine. Geneviève réussit à détruire *in extremis* les documents compromettants en les jetant dans le feu du poêle de la cuisinière, pendant que les policiers inspectent les chambres. Cette première alerte est prise au sérieux par les deux femmes, qui font disparaître toute trace de

Résistance de leur appartement. Bien leur en prend : une semaine plus tard, au petit matin, la Gestapo frappe à la porte pour une nouvelle perquisition. Madeleine et Geneviève s'aperçoivent soudain qu'elles ont oublié sur le dessus d'une armoire un fusil de chasse enveloppé dans du papier journal. Elles se regardent, affolées. Mais les policiers allemands posent leurs casquettes sur le fusil sans s'apercevoir de rien... En dépit du manque de preuves, les policiers veulent emmener Madeleine au poste. Les enfants se mettent à hurler. Madeleine, d'un ton qui ne souffre aucune contradiction, annonce : « Nous prendrons d'abord notre petit-déjeuner. Mes enfants viennent de se lever et ils ont faim. » Geneviève sort les confitures et le chocolat que les deux femmes avaient réservés pour des jours de fête. Il s'agit d'afficher calme et dignité devant l'occupant, non sans se priver d'une pointe de provocation. Une fois sa tante partie entre les hommes de la Gestapo, Geneviève reste seule avec les petits. Madeleine, heureusement, est relâchée le soir même.

Les Allemands sont survenus chez elle dans le cadre de la vague d'arrestations qui frappe en mars et avril 1941 le réseau du musée de l'Homme auquel ils la soupçonnent d'appartenir – avec raison, même si l'intéressée l'ignore en raison du cloisonnement du réseau. Le mouvement de Résistance du musée de l'Homme a été ainsi baptisé après-guerre car il s'est formé dès août 1940 dans « cette institution que l'on aurait dit inventée pour nier ou combattre le nazisme[20] », puisqu'elle place l'Homme en son cœur – les personnalités principales en sont le linguiste Boris Vildé, l'anthropologue Anatole Lewitsky, le photographe Pierre Walter et la bibliothécaire en chef

Yvonne Oddon. Les motivations des membres du mouvement sont diverses. Certains, inspirés par un réflexe patriotique classique, refusent l'Occupation allemande. D'autres, plus engagés politiquement, notamment parmi les jeunes chercheurs du musée, sont farouchement hostiles au nazisme. C'est le cas d'Yvonne Oddon, ou de Germaine Tillion, dont Geneviève de Gaulle fera seulement la connaissance au camp de Ravensbrück. L'organisation est destinée à monter des évasions, puis élargit ses activités vers la diffusion de tracts, l'édition d'un journal *(Résistance)* et le renseignement : sa mission principale devient de communiquer des renseignements militaires à Londres.

Si Madeleine de Gaulle se sort d'affaire en avril 1941, les autres membres du réseau du musée de l'Homme ont moins de chance : la plupart des hommes – notamment Vildé et Lewitsky – sont fusillés ou déportés. Madeleine recueille Babeth, âgée de huit ans, la fille de l'un d'eux, André Taurin, incarcéré à Fresnes avant d'être exécuté le 1er juin 1942 au mont Valérien.

Ces premières expériences font prendre conscience à Geneviève des risques encourus par les résistants. Loin de freiner son engagement, cette menace le redouble, puisqu'elle confirme la philosophie qui, depuis le 17 juin 1940, guide ses pas : « Je me suis rendu compte, déjà à ce moment-là, qu'on n'est jamais plus humain que lorsqu'on a lutté. Déjà, je n'acceptais pas la fatalité, je croyais fermement qu'il ne fallait pas accepter comme tels des événements aussi graves, même s'ils dépassaient notre petite personne[21]. » Si Geneviève est seule face aux risques qu'elle prend, son combat en revanche n'est jamais solitaire. Elle l'a commencé aux côtés de ses amis étudiants de Rennes, et poursuivi avec sa tante Madeleine, en liaison avec le groupe Vildé, rattaché au réseau du musée de l'Homme. Geneviève se sent également soutenue dans son combat par les membres de sa famille, dont la plupart sont résistants. Elle-même procure aux siens les moyens d'agir. Quand son jeune frère Roger, âgé de dix-neuf ans et étudiant à Toulouse, s'adresse à elle en 1942 pour fuir le territoire, elle lui donne les coordonnées d'une antiquaire de Perpignan qui connaît des passeurs. Roger, sous un nom d'emprunt, franchit ainsi la frontière espagnole, mais est bientôt arrêté et emprisonné au camp de Gérone. Libéré grâce à la pression du consul britannique, il réussit à gagner Londres après un long périple. Son oncle Charles l'accueille par un simple « Ah, te voilà ! » et l'envoie suivre les cours de l'École des cadets de la France libre à Ribbesford.

La Résistance est également une histoire d'amitiés. Une des amies de Geneviève occupe à cet égard une place particulière. Il s'agit de Jacqueline d'Alincourt, qu'elle rencontre dans des circonstances tragiques au cours de l'hiver 1940-1941.

Jacqueline est une belle jeune femme de vingt ans, délicate, dont le jeune mari a été fait prisonnier par les Allemands au cours des combats de mai 1940. De même que le père de Geneviève, Joseph de Lorne d'Alincourt est incarcéré à Nuremberg. Jacqueline, inquiète, cherche à obtenir des informations sur ce camp de prisonniers lorsqu'elle apprend que Xavier de Gaulle y a été interné avant d'en être libéré le 27 février 1941 avec les grands malades et les invalides de la guerre 1914-1918. Jacqueline réside alors à Poitiers, où Geneviève doit justement rendre visite à des cousins. Les deux femmes font connaissance un matin de mars 1941. Mais le jour même, juste avant leur rencontre, Jacqueline apprend que son mari est mort en Allemagne. « Elle était dans un état de désespoir très grand, se souvient Geneviève. Elle ne versait pas une larme mais elle voulait venger son mari et s'engager dans la Résistance[22]. » Une amitié inaltérable naît d'emblée, comme si les atteintes de la mort devaient décidément présider au destin de Geneviève. Les deux femmes partagent le même désir de lutter contre l'Occupation, mais en ces heures où la Résistance est encore balbutiante et mal organisée, elles hésitent sur les moyens. Jacqueline compte sur l'aide de Geneviève pour s'introduire dans un réseau, mais la nièce du général de Gaulle ne dispose pas encore, selon elle, « de filons formidables[23] ». C'est dire le tâtonnement qui précède la formation d'une Résistance structurée, dépassant les initiatives personnelles et fédérant les énergies. Deux ans plus tard, en 1943, les deux femmes se retrouvent à Paris. Geneviève, plus au fait des mouvements résistants, propose à Jacqueline de la mettre en relation avec l'un d'eux. « Mais je suis déjà engagée ! » répond son amie, qui a rejoint en 1942 la délégation générale du Comité français de Libération nationale (le futur gouvernement provisoire) : sous les ordres du général de Gaulle, cette structure représente la France libre en métropole et assure le lien entre le chef de la France libre et les résistants français de l'intérieur. Au bout de quelques mois, Jacqueline est recrutée par Daniel Cordier pour appartenir à l'équipe de secrétariat de Jean Moulin à Paris. En relation étroite avec « Rex » puis Georges Bidault, présidents successifs du CNR (Conseil national de la Résistance), elle est d'abord chargée de traduire en code les messages destinés au BCRA (Bureau central de renseignement et d'action) à Londres. Puis elle reçoit mission de trouver des « boîtes aux lettres », c'est-à-dire des personnes qui acceptent de recevoir en transit les courriers à destination de Londres. Elle s'occupe également d'assurer le logement des agents de Londres. L'un d'eux, Pierre Péry, deviendra son mari après la Libération.

Pendant ce temps, Geneviève prend part à une filière de passage vers l'Espagne. En août 1942, elle sort une première fois de France par cette voie, chargée de courrier. Cette brève mission prépare un exil d'une autre nature, de ceux dont on revient difficilement : l'entrée dans la clandestinité. « Un choix comme celui-là, on le fait vraiment seule[24]. » Lorsque Geneviève, passée une seconde fois en Espagne, retourne sur le sol français, elle ne porte plus le nom devenu trop voyant de De Gaulle. Elle est munie de faux papiers.

Elle revêt une nouvelle identité, sans attache, sans logis, change souvent de nom, de domicile. Dans sa vie elliptique et dangereuse, elle doit préserver les allures de la normalité. Sa chambre d'étudiante, rue Cardinet dans le XVIIe, ne laisse rien transparaître de ses activités : elle n'y entrepose que son linge et ses livres. Pour traiter les opérations de la Résistance, elle dispose d'un bureau situé au 23, rue Servandoni dans le VIe arrondissement, dans l'appartement d'une de ses vieilles grands-tantes,

Alix Lepage, où elle reçoit des clandestins. Une des difficultés les plus grandes, dans sa nouvelle vie, est de se résigner à ne plus voir sa famille : pareille rencontre risquerait de dévoiler sa vraie identité et de compromettre les siens. La Gestapo surveille les de Gaulle sans relâche : en novembre 1943, Jacques de Gaulle, malgré sa paralysie, doit se soucier d'échapper à l'occupant. Miraculeusement absent le jour où la Gestapo veut l'arrêter à son domicile grenoblois, il réussit à gagner la Suisse grâce à l'aide de l'abbé Pierre, résistant à Lyon : « Grand comme son frère, raidi par son mal, le paralytique n'était pas facile à cacher et à porter, se souvient l'abbé Pierre. Je réussis, après diverses péripéties, à le conduire jusque chez le curé de Collonges-sous-Salève, avec son épouse. Et la nuit suivante, grâce au courage et à l'habileté des douaniers français, [...] ils purent passer. Je portais dans mes bras le malade à travers les barbelés un instant écartés. Quand je le déposai dans la Chevrolet que des amis suisses avaient amenée pour l'accueillir et lui dis : "C'est fait, vous êtes sauvés", je ne puis oublier son regard et, alors que jamais auparavant je n'avais pu discerner clairement un mot sur ses lèvres paralysées, je l'entendis murmurer : "Merci"[25]. » Sur le territoire suisse, Jacques retrouve Xavier et Armelle de Gaulle qui ont dû quitter au printemps Perpignan où ils s'étaient réfugiés pour que le père de Geneviève reprenne des forces. Là, après une longue convalescence, Xavier avait obtenu de l'État français une place de percepteur des contributions à Ille-sur-Têt. Mais surveillé par la gendarmerie nationale, Xavier doit bientôt gagner la Haute-Savoie. Geneviève, qui accomplit en

1943 une mission à Annecy, retient son immense envie d'aller les voir : « Je pensais qu'il nous serait difficile de nous séparer ensuite. » Son intransigeance vis-à-vis de ses sentiments donne la mesure de son engagement : la Résistance passe désormais avant tout. En avril 1943, Xavier, menacé, gagne la Suisse avec de faux papiers établis au nom de Joseph Lecomte. Après les formalités nécessaires, il s'installe avec sa femme et sa fille Marie-Louise dans la ville de Nyon. Ils vivent grâce à l'argent que le général de Gaulle, en toute fraternité, leur transfère depuis Londres sur sa cassette personnelle – ainsi, 1 000 livres sterling en juin 1943[26]. Xavier utilise sa situation pour « adresser à Alger [où s'est installé le chef de la France libre] d'utiles renseignements[27] ».

Dans la clandestinité, Geneviève travaille avec des dizaines de résistants, employés de préfecture qui procurent documents et tampons pour établir de faux papiers, passeurs de frontières, informateurs... Elle sent autour d'elle naître toute une population alliée de la même cause, prête à l'aider pour chasser l'occupant. Autour d'Annecy, sur les hauteurs, des maquis s'organisent. Geneviève entre en 1943 en liaison avec celui des Voirons dont les membres, plus tard, rejoindront le maquis des Glières. Seule femme parmi une dizaine d'hommes, Geneviève montre sa détermination : si les résistantes se consacrent souvent à des activités de rédaction, d'aide aux réseaux, de collecte de renseignements, d'acheminement de documents sensibles, rares sont celles qui rejoignent un maquis.

Geneviève a vingt-trois ans, rien ne la retient, sa clandestinité la coupe d'une famille où elle a connu trop de drames, seule compte sa mission. Elle intègre donc le maquis dont elle partage la vie joyeuse et mouvementée. L'aventure ressemble à un camp de vacances pour étudiants, et le danger ajoute une note poivrée au goût du quotidien. Aux Voirons, elle fait la connaissance d'un certain Hubert Viannay, pour qui elle éprouve une émotion nouvelle, mêlée d'admiration, d'affection et d'attrait. À Pâques, dans la chapelle des Voirons, elle danse la valse avec ses compagnons de lutte, et avec Hubert surtout, jeune, souriante, capable d'insouciance le temps de quelques voltes. Il n'est guère facile de songer à l'avenir lorsque la guerre commande. En temps normal, peut-être Hubert et Geneviève auraient-ils envisagé de se marier. Tous deux appartiennent au même milieu : le père d'Hubert est ingénieur des Mines, comme celui de Geneviève. Les deux familles, catholiques, oscillent entre la vieille bourgeoisie et la petite noblesse. Les conditions seraient réunies pour organiser une union, mais les deux amoureux sont encore jeunes, et le contexte peu propice. Les événements, de toute façon, en décideront autrement : arrêté, Hubert Viannay est déporté dans le camp de concentration de Sachsenhausen où il meurt en mai 1944.

À la fin de sa mission à Annecy, Geneviève rentre à Paris. Par la rumeur et les informations recueillies auprès de ses camarades, elle se sait repérée en zone sud et décide donc, avec un aplomb remarquable, de récupérer, le temps du voyage, son identité officielle. Le train est plein à craquer. Geneviève, avec sa petite valise remplie du courrier des maquisards, de faux documents, de tampons, trouve une place dans un compartiment.

Lors du franchissement de la ligne de démarcation, le traditionnel contrôle a lieu. Geneviève sort de sa valise les documents qui pourraient la compromettre, les cache derrière elle et attend tranquillement, munie de sa vraie carte d'identité. Vient son tour. Le sous-officier allemand qui lit sa carte la dévisage soudain avec surprise :

« De Gaulle ? Vous êtes de la famille du Général ?

– Oui ! »

Les voyageurs se retournent, regardent cette femme paisible. Est-ce une mythomane ou une héroïne ? Les Allemands s'agitent, se concertent…

« Descendez avec moi ! »

Geneviève proteste, fait remarquer que ses papiers sont en règle. Rien n'y fait. Elle doit suivre le sous-officier, non sans avoir pris soin de laisser sur son siège les dangereux documents sortis de sa valise. Sa voisine s'apprête à le lui signaler : « Madame, vous oubliez… » Son mari, plus vif d'esprit, lui lance un coup de pied dans la jambe pour la réduire au silence. Il sauve ainsi la jeune résistante.

Dans les bureaux de la police allemande, l'interrogatoire commence. Les Allemands veulent connaître les liens de parenté de Geneviève avec le Général, savoir où elle habite, ce qu'elle fait dans la vie. Ils la fouillent, sans rien trouver, si ce n'est la photographie de Charles de Gaulle colonel, alors qu'il était chef de corps du 507e RCC à Metz. Geneviève de Gaulle rapporte le dialogue surréaliste qui s'ensuit :

« Qu'est-ce que cela ?

– Vous le voyez, c'est une photographie de mon oncle, le général de Gaulle, à l'époque où il n'était encore que colonel.

– C'est interdit.

– Comment, c'est interdit ? Pourquoi interdit ? C'est mon oncle, c'est un parent. Si vous le considérez comme séditieux, à ce moment-là, il ne l'était pas. Regardez, il a cinq galons. En France, cinq galons, ça veut dire qu'on est colonel.

– Vous n'avez pas le droit d'avoir cette photographie.

– Je l'ai absolument et vous ne pouvez pas m'interdire de la garder. »

Au bout d'une heure et quart, l'interrogatoire tourne court. Le train bondé est resté immobilisé. Les Allemands doivent laisser repartir Geneviève, avec la photographie de son oncle dans la poche. C'est alors que la nièce du Général, avec un culot grandiose, s'exclame :

« Vous croyez que je vais pouvoir remonter dans le train comme ça ? Vous m'avez fait descendre. Je ne pourrai jamais traverser tout le train, il y a trop de monde. De plus, j'avais une place assise. J'ai eu beaucoup de mal à l'obtenir, donnez-moi un soldat pour m'accompagner, afin que je puisse la retrouver. »

C'est alors que les passagers médusés assistent à une scène mémorable, sans doute unique dans les annales de la guerre : un soldat allemand ouvre de son pas lourd les couloirs du train à une jeune Française, bouscule les gens entassés, crie « *Platz ! Platz !* », tandis que la jeune fille, derrière lui, explique aux gens éberlués : « C'est parce que je suis la nièce du général de Gaulle ! » De retour à sa place, elle récupère discrètement les papiers compromettants.

À Paris, Geneviève poursuit ses activités de résistante. Dans les forêts qui entourent la capitale, elle cherche les sites propices au largage d'armes par les avions anglais. En Seine-et-Oise, dans la forêt de Pernelle, accompagnée d'une amie et d'Hubert Viannay, elle passe des après-midi heureuses, à marcher dans les bois pour repérer les lieux. Un jour, Hubert Viannay, qui possède encore quelques provisions, apporte un peu de riz. Les jeunes gens le font cuire dans du lait concentré sucré. Pendant que mijote le brouet, ils partent en repérage.

« Manger du riz au lait sucré, c'était absolument fantastique, exulte Geneviève. Mais en notre absence, les fourmis de la forêt ont senti l'odeur du lait, et elles sont toutes arrivées. On a quand même mangé le riz ! On n'arrivait pas à enlever toutes les fourmis... On était jeune, il y a des moments où on avait un peu peur, mais d'autres moments où au fond on s'amusait bien... » L'insouciance de ces résistants de dix-neuf ou vingt ans, gourmands de riz au lait et chasseurs de fourmis, qui s'amusent à la lisière du danger, est un moyen de survie. Elle leur permet de rester attachés à la vie et ne les empêche nullement d'être rigoureux dans l'accomplissement de leur mission.

Geneviève décide, à cette époque, de se rapprocher plus officiellement d'un réseau de Résistance. Sa rencontre avec le jeune Viannay dans le maquis des Voirons l'encourage à rallier vers le mois d'avril 1943 « Défense de la France », réseau créé en octobre 1940 par Philippe Viannay, le frère d'Hubert. Il est difficile d'être précis sur son entrée dans le mouvement, puisque l'adhésion se fait, bien évidemment, dans la plus grande discrétion… « Défense de la France » (DF), qui compte alors deux mille membres actifs, mène diverses activités contre l'occupant à Paris et en province – publication clandestine, imprimerie, diffusion de faux papiers… Le comité directeur est composé d'étudiants parisiens.

Geneviève de Gaulle, qui porte son nom comme un étendard et qui a clamé haut et fort dans un train bondé qu'elle était la nièce du Général, découvre avec un peu de stupeur que Philippe Viannay, vingt-trois ans, connaît à peine Charles de Gaulle. Dans le journal du réseau, *Défense de la France*, il montre même une certaine méfiance à l'égard du Général, qu'il considère alors comme « un ambitieux », soupçonné de mélanger les genres – le politique et le militaire. La France, aux yeux du fondateur de DF, doit se sortir d'affaire elle-même, sans recourir à l'aide de l'étranger, ce qui est contraire à la vision gaullienne de la Seconde Guerre mondiale[28]. En outre, jusqu'en novembre 1942, Viannay se montre assez modéré vis-à-vis de Pétain.

L'invasion de la zone libre de la France par les Allemands à cette date brise l'illusion du Maréchal résistant. Dès lors, le discours de *Défense de la France* s'affirme de plus en plus gaulliste, sous l'influence conjointe de certains membres du mouvement, comme Jean-Daniel Jurgensen ou Robert Salmon. Les événements contribuent à cette évolution : la légitimité du chef de la France libre devient plus forte. Avec la création du CNR, où se regroupent la plupart des mouvements de Résistance par l'intermédiaire de Jean Moulin, « Défense de la France » ne peut rester à l'écart de la ligne gaulliste. Si le mouvement veut bénéficier de la reconnaissance et de l'appui logistique de Londres, il lui faut accepter de rentrer dans le rang. Geneviève de Gaulle arrive donc au sein du groupe à un moment crucial : sa présence contribue à accélérer le tournant idéologique qui s'effectue alors, et qui fait de DF, réseau plutôt antigaulliste et d'inspiration chrétienne, un mouvement républicain rallié à la France libre. La nièce du Général travaille à lever les dernières préventions : « Au cours de conversations animées, confie Philippe Viannay, elle s'employa avec beaucoup d'habileté et de conviction à me faire modifier mon attitude profonde vis-à-vis du Général. […] Elle me procura également ses textes essentiels […] et principalement ses discours et déclarations. […] Il peut paraître stupéfiant que je ne les aie pas connus avant et que même je n'en aie pas su l'existence. C'est ainsi. La Résistance n'appartenait à personne en particulier et je n'avais éprouvé jusqu'alors aucun besoin de ralliement[29]. »

Sur un plan concret, DF accepte, grâce à Geneviève et *via* Jacqueline, de recevoir des fonds en provenance de Londres. Le mouvement, qui vivait jusque-là des dons substantiels de Marcel Lebon, patron de la Compagnie du gaz et de l'électricité, reçoit par exemple le 3 mai 1943 une somme de cent mille francs de la Délégation générale de Jean Moulin en France. C'est Jacqueline d'Alincourt qui apporte à bicyclette le paquet de billets enveloppé dans du papier journal à Geneviève de Gaulle rue Servandoni.

Geneviève entre donc en scène à « Défense de la France » par le biais de son incontournable nom de famille. Philippe Viannay, bien sûr, n'est pas dupe du rôle joué par la nièce du Général : « Assez vite, je perçus qu'elle se considérait en mission auprès de la Résistance et particulièrement auprès des jeunes de sa génération, en raison du nom qu'elle portait[30]... » Elle continue à diffuser la photographie du Général dont la plupart ignorent encore le visage en 1943. Rose Vincent, membre du mouvement, est encore sous le choc de ce premier contact visuel, des années après : « En 1943, quelqu'un nous a donné une photographie du général de Gaulle. Cette photo, c'est comme si on nous avait donné la photographie, je ne sais pas, moi, de Jésus en personne. Cela a été une émotion indescriptible d'avoir la photographie du Général. Et je revois cet émerveillement de voir enfin sa tête, de savoir qui il était[31]. » Geneviève constate que les pires bruits courent sur son oncle :

« On racontait que de Gaulle était un enfant naturel de Pétain, on racontait qu'il était tellement ami avec Pétain qu'il avait appelé son fils Philippe et que le Maréchal était son parrain. [...] Même mes camarades ne savaient pas grand-chose[32]. » C'est pourquoi elle choisit d'écrire une brève biographie de son oncle pour le journal du réseau, le 20 juin 1943. Un autre article suit, intitulé « De Gaulle et l'indépendance française » : « Même dans les milieux proches de la Résistance, on comprenait mal les ruades de de Gaulle sur l'indépendance française. On n'avait pas toujours compris qu'il ne représentait pas une petite fraction de l'armée qui continuait à se battre. Il était la France, et la France libre c'était la France. » Geneviève veut faire comprendre aux résistants que de Gaulle n'est pas une marionnette des Anglais, mais qu'il incarne la continuation de la France.

Pour signer ces deux articles, Geneviève de Gaulle retient un pseudonyme dont la transparence n'échappe à personne : Gallia. Gallia, c'est la Gaule en latin. Gallia représente donc la patrie dans son acception originelle ; la Gaule renvoie aussi à son éminent homonyme. Les deux articles parus dans *Défense de la France* officialisent l'appartenance de Geneviève à la Résistance gaulliste. Gaulliste, elle l'est naturellement, par son nom. Les gens, du reste, associent son patronyme à un soutien de fait au Général : « Avec mon nom, les gens se dévoilaient rapidement. Ou bien ils me disaient : "Ton oncle est un affreux personnage", ou bien la confiance s'établissait aussitôt[33]. » Gaulliste, elle l'est également par fierté, consciente de l'œuvre capitale qu'est en train d'accomplir son oncle pour le maintien de l'honneur national et le statut de la France au rang des nations victorieuses. Tout au long de sa vie, elle n'aura de cesse de défendre ses actions, avec cette fermeté aimable dont elle ne se départit jamais.

Dans son article de 1943, « De Gaulle et l'indépendance française », elle souhaite par exemple faire cesser une rumeur qui circule dans les milieux antigaullistes et qui accuse Charles de Gaulle d'être en posture de « soumission [vis-à-vis] des Anglo-Saxons » tout en étant « une espèce de créature de Moscou[34] » ! Sa fidélité sourcilleuse au Général ne sera jamais prise en défaut. Bien des années plus tard, en 1997, pour une simple question de principe, lors d'une conversation avec Germaine Tillion sur les origines du terme « résistance », elle reprend son amie qui affirme que le mot est né en octobre 1940 sur une suggestion d'Yvonne Oddon en souvenir de l'époque de Louis XIV où deux prisonnières protestantes l'avaient gravé sur la margelle du puits de leur prison. Geneviève fait doucement remarquer : « Je pense [...] que c'est quand même dans l'Appel du 18 juin que l'on trouve pour la première fois le mot "résistance" : "la flamme de la résistance ne doit pas s'éteindre et ne s'éteindra pas[35]"... »

Au sein de « Défense de la France », Geneviève de Gaulle acquiert rapidement des responsabilités : elle appartient au comité directeur du mouvement, où siègent notamment ses fondateurs, Robert Salmon, Philippe Viannay et Hélène Mordkovitch, qui a épousé ce dernier en 1942. Il fallait une certaine trempe pour s'intégrer si rapidement dans le cercle des responsables du mouvement. Le nom de Geneviève, mais surtout sa clairvoyance tranquille, lui permettent de trouver sa place au sein de l'équipe. Lors des réunions, les chefs des différentes branches de DF (faux papiers, journal, liaisons, corps francs, renseignement) échangent des informations et expriment leurs besoins. Geneviève, en collaboration avec Jacques Lusseyran[36] et Jacques Oudin, est responsable de la diffusion du journal. Si l'on en croit le témoignage de Robert Salmon, les réunions se déroulent dans un climat amical, détendu comme peuvent l'être des rencontres entre étudiants : « On discutait de tout sans ordre du jour. On discutait des événements, de De Gaulle, de Pétain. On blaguait, on parlait de tout et de rien, des études poursuivies par les uns ou par les autres. Et du mouvement, bien entendu. Mais il ne faut pas imaginer [ces réunions] comme un conseil d'administration avec un ordre du jour précis et serré[37]... » Il semble que Geneviève, comme les autres femmes du comité directeur, prenne rarement la parole. L'une d'elles, Genia Gemähling, se souvient : « Vous savez, les hommes discutaient entre eux et demander l'avis d'une femme qui est là, qui vient de vous faire un sandwich, même si on compte sur elle pour le reste du travail clandestin, ça ne leur venait pas à l'idée[38]. » Il est vrai que, la plupart du temps, les passionnés que sont Viannay, Jurgensen et Salmon monopolisent la parole !

Geneviève devient également secrétaire de rédaction, chargée de rassembler les articles rédigés par des résistants, inspirés des tracts largués par avion ou empruntés à la presse suisse, voire allemande. Cette double fonction est, somme toute, relativement traditionnelle pour une femme résistante : la féminisation des tâches est particulièrement développée en ce qui concerne la fabrication de journaux clandestins. À *Défense de la France*, par exemple, les femmes, qui ne représentent que 15 % des membres du mouvement, forment cependant un tiers des militants chargés du secrétariat, de l'impression et de la diffusion[39]. Geneviève succède ainsi à Berty Albrecht, rédactrice en chef du journal avant son arrestation en mai 1943, et côtoie Charlotte Nadel, Hélène Viannay, Marie Granet, Jacqueline Pardon. Par ailleurs, Geneviève rédige deux articles dans le journal, ce qui est exceptionnel pour une personne de son sexe : « Il est assez révélateur qu'aucune [des femmes travaillant pour *Défense de la France*] n'ait écrit d'article, à l'exception de Geneviève de

Gaulle[40] » souligne l'historienne Dominique Veillon. La rédaction des articles, la construction du discours résistant, autant dire la parole, sont laissées aux hommes, comme le confirme Hélène Viannay : « Nous en étions encore à avant la guerre de 1914, où les femmes marchaient derrière les hommes. » Il semble que la forte personnalité de Philippe Viannay et l'envergure intellectuelle des hommes du mouvement (Philippe Viannay prépare l'agrégation de philosophie, Robert Salmon sort d'hypokhâgne) entretiennent un complexe d'infériorité chez leurs collaboratrices : « J'avais commencé à écrire mes textes, explique Hélène, mais je les trouvais très insuffisants par rapport à la littérature brillante de ces agrégatifs[41]. »

Travailler dans l'ombre à la production d'un journal comme *Défense de la France* réclame une ténacité et un courage hors du commun. À une époque où les journaux de Paris ont été supprimés ou contrôlés par l'occupant, l'enjeu est important. Cette tâche improvisée jour après jour relève du défi : le papier est rationné, il est malaisé de trouver de l'encre, le mouvement clandestin ne dispose pas d'un matériel adapté pour des tirages en nombre – et pourtant cinq mille exemplaires de chaque numéro sont tirés en 1941, cent vingt mille exemplaires en 1943, quatre cent cinquante mille en janvier 1944. À *Défense de la France*, on travaille quelque temps dans l'ombre des caves de la Sorbonne, ce qui complique encore le métier d'apprenti imprimeur car la capitale est surveillée par la police allemande, et le couvre-feu rend manifestes les activités nocturnes. « Hélène Mordkovitch avait les clés du laboratoire de géographie physique et pouvait y pénétrer à toute heure. Le laboratoire communiquait avec le réseau des souterrains de la Sorbonne, caves, réduits, couloirs et les dépendances de la grande bibliothèque. Là étaient entreposés des livres destinés au pilon. On pouvait donc dissimuler facilement la machine et le papier sous les caisses ou les piles de livres. Les journaux une fois imprimés étaient mis à sécher sur les rayons. L'impression se faisait deux fois par semaine, la nuit, dans la Sorbonne déserte et silencieuse. [...] On apportait le papier et on emportait les journaux dans des sacs à dos[42]... » Entre 1941 et 1943, pistés par la police, les résistants doivent changer sept fois la localisation de leur rotative, à Paris ou en banlieue. L'achat de nouvelles machines, notamment une presse baptisée la Grosse Margot en 1944 – elle pèse six tonnes ! –, rend nécessaire la recherche de lieux sûrs. Les ennuis ne s'arrêtent pas une fois le journal imprimé : la diffusion apporte un lot encore plus grand de dangers. On a parfois recours à la voie postale. C'est un travail long, ingrat, qui consiste à recenser les adresses de personnalités à la fois influentes et sensibles au contenu de la publication : « Il fallait [...] avoir des gens pour écrire [les adresses], ne pas acheter trop de timbres à la fois pour ne pas se faire remarquer, trouver des enveloppes et répartir astucieusement nos envois dans les boîtes aux lettres de Paris[43] », se souvient Geneviève. Plus tard, avec le travail de fourmi qu'elle accomplira au profit des démunis, Geneviève retrouvera ces corvées de secrétariat et la nécessité de prendre en charge les moindres détails.

La plupart du temps, pour la distribution, les jeunes du mouvement partent à bicyclette chercher des exemplaires du journal dans les dépôts prévus à cet effet et dissociés du centre de fabrication pour des raisons de sécurité. Chargés d'enveloppes, ils distribuent la production aux quatre coins de Paris, de façon aléatoire. Geneviève fait partie de ces expéditions. Parfois, pour marquer les esprits d'une population qu'il tend à trouver trop attentiste, Philippe Viannay demande à ce que le journal soit directement distribué dans la rue. C'est le cas avec le numéro 36 du journal, diffusé le 14 juillet 1943. Réalisé sur un beau papier et illustré de nombreuses photographies, cet exemplaire en appelle directement au peuple avec le gros titre : « Français, libérez-vous de la crainte. » Geneviève ne rechigne pas devant cette tâche particulièrement dangereuse, et part distribuer le journal à la sortie de l'église Saint-Christophe de Javel, puis dans le métro, pourtant très fréquenté par les troupes allemandes. Elle est accompagnée de deux camarades qui montent la garde à la porte des voitures. « Le métro était toujours plein. [...] Et il y avait un officier allemand, qui a vu par-dessus l'épaule [...]. Il devait savoir le français parce que sa nuque est devenue rouge violette de fureur. Mais que pouvait-il faire ? Il ne pouvait rien. Tout le monde était pressé. Il ne pouvait pas sortir son revolver. Nous, on n'a pas attendu la suite. À l'arrêt suivant, on a disparu ! » Ce 14 juillet glorieux, que la radio alliée ne manque pas d'évoquer, marque hélas le début de l'épreuve pour le réseau : le 17 juillet 1943, le chef parisien de la Gestapo, Boemelburg, peut-être exaspéré par le coup de bravoure de « Défense de la France » le 14 juillet, donne l'ordre d'arrêter les membres du mouvement. Un indicateur de la Gestapo, Serge Marongin (pseudonyme : Élio), étudiant en médecine, est infiltré depuis des mois dans l'équipe chargée de distribuer le journal. Sur ses renseignements, un vaste coup de filet peut avoir lieu quelques jours plus tard, pour lequel l'agent double reçoit soixante mille ou quatre-vingt mille francs. De nombreux résistants sont pris, mais la Gestapo ne réussit pas à mettre la main sur « Simone », la rotative qui permet d'imprimer tracts et journaux, ni à arrêter les chefs du mouvement.

Le 20 juillet 1943, Geneviève quitte son « bureau de résistance », rue Servandoni, pour se rendre à la messe de 7 heures à Notre-Dame. Elle prie en contemplant la statue de la Vierge qu'elle affectionne, sur le pilier de droite, à l'entrée du chœur. Après l'office, elle se dirige vers une « boîte aux lettres » que ses chefs lui ont récemment désignée, la librairie « Au vœu de Louis XIII », 68, rue Bonaparte. Elle ne peut pas deviner que des policiers français alliés à la Gestapo ont tendu un piège à l'un des membres de « Défense de la France ». Personne n'attend Geneviève de Gaulle, que l'indicateur n'a pas repérée. Mais, une fois sur place, la jeune fille attire l'attention des collaborateurs. L'ambiance dans la librairie est étrange. Geneviève cache d'instinct sa serviette pleine de documents puis cherche à sortir. Un « policier » français l'interpelle. Il s'agit, mais Geneviève l'ignore, de l'ex-inspecteur Bonny, lié à la Cagoule, et qualifié en son temps (1934) de « premier policier de France » pour son rôle dans l'affaire Stavisky. Au début de l'Occupation, Bonny a rejoint la bande de Lafont qui s'enrichit par toutes sortes de trafics : il achète la protection des Allemands avec de l'or, des œuvres d'art ; il leur livre des résistants et des juifs. Pour ces services, Lafont reçoit le grade de capitaine SS et la nationalité allemande.

Face à ce Bonny qu'elle ne connaît pas, Geneviève n'hésite pas sur la stratégie à tenir : elle est depuis longtemps résolue à cacher sa véritable identité tant qu'aucune preuve ne pourra être avancée contre elle, afin « d'essayer de s'en sortir, puisque c'est le devoir des soldats de continuer à combattre ». En revanche, si la police trouve sur elle quoi que ce soit de compromettant, Geneviève s'est promis de révéler son nom. L'argument est simple, et témoigne encore de l'honneur que la jeune fille a placé dans son nom de famille : « Je trouvais que c'était bien qu'ils sachent qu'il y avait des gens de la famille de Gaulle qui [...] se battaient et qui se faisaient arrêter[44]. » Sa détermination s'enracine dans une conception forte de la solidarité familiale et dans un attachement viscéral à son oncle Charles. Geneviève veut faire honneur à cet homme, même si c'est au prix de sa propre liberté. Elle sait aussi que son oncle trouve une forme d'encouragement dans le soutien que lui portent les siens : « Je pense que pour le Général ce fut aussi une force. Toute sa famille, sa sœur, son fils, ses frères, ses neveux et cousins ont été persuadés que cette mission qu'il s'était donnée était celle qu'il fallait accomplir, et ils étaient honorés d'y être plus ou moins associés. Tous ceux qui avaient l'âge de se battre ou de porter des armes se sont engagés dans les Forces françaises libres ou ont été des résistants » – ainsi le propre fils du Général, Philippe, tôt engagé dans les Forces navales françaises libres ; les quatre fils de Jacques de Gaulle, frère du Général, entrent dans la Résistance ; les deux plus jeunes, Jean, dix-sept ans, et

Pierre, seize ans, menacés par la Gestapo, doivent se réfugier en Suisse. La sœur du Général, Marie-Agnès, et son mari Alfred Cailliau sont arrêtés en avril 1943 par la Gestapo. Alfred est déporté à Buchenwald, Marie-Agnès emprisonnée à Paris, puis à Godesberg en Allemagne. Leurs fils en âge de combattre participent pleinement à la guerre : en 1942, Michel Cailliau s'évade de son *stalag*, fonde le réseau « Charrette » et le mouvement de Résistance des prisonniers de guerre et déportés. Henri, parachutiste dans les FFL, deviendra officier de liaison auprès des Américains lors de la bataille de France et de la bataille d'Allemagne. Pierre Cailliau rejoint son oncle Charles de Gaulle à Alger et participe au débarquement de Provence à Cavalaire puis à la campagne de France dans la 1re DFL. Leur frère Charles a été tué, rappelons-le, près de Charleroi le 19 mai 1940... Geneviève sait aussi que son propre frère Roger a rejoint la Grande-Bretagne où il est élève-officier à l'École des cadets de la France libre. Le dernier frère du Général enfin, Pierre de Gaulle, est capturé par la Gestapo le 16 mars 1943 et envoyé en prison à Fresnes. Sa femme, Madeleine, qui avait été arrêtée le 28 novembre 1941 puis finalement relâchée, poursuit ses activités de résistante tout au long de l'Occupation.

Geneviève pense-t-elle à eux le jour de son arrestation dans la petite librairie ? Peut-être. Mais surtout, elle se concentre sur son attitude. Elle est munie d'excellents faux papiers qui la font passer pour Geneviève Garnier. Face à Bonny, retors et spécialiste des interrogatoires, elle tient bon. Mais quand un des comparses trouve, derrière un rayonnage, la serviette remplie de papiers qui ne laissent aucun doute sur ses activités, Geneviève comprend qu'il est temps d'avouer. Dans l'arrière-boutique, Bonny l'interroge :

« Soutenez-vous toujours que ces papiers sont vrais ?
– Non, effectivement.
– Quelle est votre véritable identité ?
– Geneviève de Gaulle. »

Surprise de l'ex-inspecteur, dans les yeux de qui Geneviève lit, durant une fraction de seconde, un sentiment plus proche de la préoccupation que de la victoire : arrêter la nièce du général de Gaulle pourrait se révéler, en fonction de l'évolution des événements, un acte bien peu rentable… Bonny, en 1944, paiera du reste pour ses crimes commis au service de la Gestapo : arrêté, il sera jugé et fusillé le 27 décembre 1944. Le procureur Reboul mettra en lumière le service rendu aux Allemands par cet ancien policier aux méthodes efficaces : « C'est grâce à vous que Lafont, un beau matin, a pu glisser dans la paume des Allemands un rouage précis, huilé, ciselé, qu'il n'y a plus qu'à enchâsser dans la machine policière qui broie le cœur de la patrie[45]. »

Pour Geneviève, la vie vient de prendre un tournant décisif. Ce 20 juillet 1943, dans la traction avant noire qui l'emmène, elle regarde les rues de Paris, les boulevards sans voitures, le ciel de juillet, les panneaux allemands aux carrefours. Elle pense à sa patronne, sainte Geneviève, qui au Ve siècle avait défendu Lutèce de l'invasion d'Attila. Elle franchit la Seine, et sait que ce monde qui s'éloigne derrière une vitre de voiture n'est désormais plus pour elle. Elle ignore que son cher Hubert a été arrêté le même jour, au même endroit qu'elle, comme vingt et un autres membres de DF... La voici conduite rue Lauriston, dans l'hôtel particulier réquisitionné par la « bande à Lafont », qui y mène de violents interrogatoires. Toute la journée, Geneviève de Gaulle subit les questions posées sans ménagement par les voyous français sortis de prison qui composent la sinistre équipe de cette « Gestapo française ». Soûls, ils appuient dans le dos de leur victime le canon d'une mitraillette. La jeune fille, malgré sa terreur, ne perd pas contenance, ce qui lui vaut d'être violemment passée à tabac : « Je n'ai pas été torturée. J'ai été battue. [...] Le type m'a jetée par terre, pour me faire peur surtout. [...] Il avait de grosses mains, et il donnait des claques très très fortes sur l'oreille. [...] J'ai été sourde pendant plusieurs jours[46]. » Enfermée, entre les interrogatoires, dans une petite pièce située au dernier étage de la bâtisse, Geneviève comprend ce qui lui arrive. Par une lucarne ronde comme un œil étonné, elle regarde la ville dans laquelle elle a vécu et lui fait des adieux muets : « Je regardais le haut des arbres, j'entendais les cris d'enfants qui jouaient sur la place, mais déjà je n'étais plus dans ce monde-là. On ne sait pas ce qui va arriver, mais on sait que l'on n'est plus dans le monde où il y a des enfants qui jouent et où l'on peut regarder les arbres[47]. »

Le soir, c'est avec soulagement que Geneviève quitte l'hôtel particulier, même si ses bourreaux la livrent, ainsi que ses camarades de Défense de la France[48], aux Allemands. Le groupe est emmené pour quelques heures dans un centre de la Gestapo, rue des Saussaies, avant d'être conduit en pleine nuit à la prison de Fresnes.

C'est là que Marie-Agnès Cailliau est emprisonnée depuis le mois de mai 1943 pour activités de Résistance. Est-ce par elle que la famille est avertie de l'arrestation de la fille aînée de Xavier ? Quoi qu'il en soit, à Londres, le général de Gaulle entre dans la chambre où est installé Roger de Gaulle, qui réside chez lui pendant une permission : « Ta sœur Geneviève a été arrêtée », lui annonce-t-il, bouleversé.

Lorsque l'on sort des griffes de Bonny, le monde carcéral apparaît presque comme un havre. En prison les interrogatoires sont pénibles. Mais on se trouve, au moins, dans un système qui fonctionne selon un règlement précis et suivant des horaires réguliers. La prison de Fresnes comprend, sous l'Occupation, un quartier allemand et un quartier français, le premier réservé aux politiques, l'autre aux prisonniers de droit commun. En réalité, les Allemands ont la mainmise sur l'ensemble de l'administration pénitentiaire, et interviennent comme bon leur semble d'un côté ou de l'autre. Sans être jugée ni inculpée, Geneviève est incarcérée dans le quartier allemand. Si son illustre nom de famille ne change rien à son traitement, sa qualité de femme n'est pas davantage de nature à modifier la dureté du régime carcéral : en effet, « la nature des actes amenant à l'incarcération politique bouleverse les schémas traditionnels et pousse à considérer la femme sur un pied d'égalité avec l'homme : les résistantes [qui représentent 12,35 % des condamnés politiques livrés aux Allemands] ne bénéficient d'aucune indulgence particulière[49] ». C'est ainsi que les prisonnières, pour certaines maintenues en cellule individuelle, ont interdiction de communiquer avec leurs voisines. Geneviève, elle, partage sa cellule avec deux, puis trois, puis six femmes, parmi lesquelles Mariette Grenson, résistante d'origine belge ; une prostituée parisienne torturée par ses parents pour rendement insuffisant ; Thérèse Grospiron-Verschuren, résistante au sein de l'OCM (Organisation civile et militaire) et de Défense de la France ; ou Pierrette, belle jeune femme khmère livrée à la prostitution, et dont les talents de guérisseuse médium soulagent les souffrances de ses camarades[50]... Le petit groupe organise le quotidien. On tue les puces qui dévorent la peau, notamment celle de Thérèse et de Geneviève. On joue aux cartes, on écoute les poèmes lus par Geneviève dans le petit recueil qu'elle a pu garder, on chante. Avec l'aumônier allemand, l'abbé Steinert, qui apporte la communion aux prisonnières, on essaie de donner à Pierrette, qui hésite entre le bouddhisme et le culte de sainte Rita, les rudiments de la foi chrétienne. Tous les jours à 15 heures, les prisonnières de Fresnes qui le souhaitent récitent, à l'insu des gardiens, un chapelet collectif.

Rapidement, dans l'esprit de résistance qui les animait avant d'être arrêtées, les prisonnières se sentent reliées par un fil invisible : résister encore, résister toujours, surtout en prison. La principale façon de le faire, en cet endroit, est de maintenir la parole vivante, de faire circuler les informations, de transmettre des messages. Geneviève utilise la conduite d'eau des cabinets pour communiquer avec la cellule voisine... Germaine Tillion, arrêtée le 13 août 1942 sur les indications du traître Robert Alesch et emprisonnée à Fresnes à partir du 13 octobre

1942, réussit à obtenir des nouvelles en provenance de la BBC grâce aux colis qu'elle reçoit de l'extérieur, et qui contiennent un sac de linge à double fond où sont cachées les informations. Du quatrième étage où elle se trouve, elle communique ces nouvelles à une jeune Tchèque maintenue au rez-de-chaussée en cellule d'isolement, au moyen d'un tuyau qui relie leurs deux étages. Grâce à ce tuyau, il lui arrive même d'envoyer un peu de nourriture à sa camarade. La Tchèque diffuse les informations à une résistante surnommée « Danielle », dont le vrai nom est Anise Girard, qui deviendra après-guerre l'épouse d'André Postel-Vinay, résistant, lecteur avant-guerre des écrits militaires de Charles de Gaulle – la chose est suffisamment rare pour être soulignée. Danielle répand les nouvelles à la cantonade. Germaine Tillion fera la connaissance de cette grande fille blonde sur le quai de la gare, au départ pour Ravensbrück. À Fresnes, de l'extérieur, Madeleine de Gaulle fait parvenir à sa nièce des messages codés, dissimulés dans les ourlets du linge qu'elle est autorisée à lui envoyer. C'est par ce mode de communication que Geneviève apprend la mort de sa grand-mère Geneviève Gourdon, enterrée à Chemillé dans la même tombe que sa fille Germaine. La prisonnière de Fresnes est profondément attristée par la disparition de cette femme de caractère. Dans sa cellule, elle prie. Grâce à une bible reçue par colis, elle lit des psaumes aux femmes détenues avec elle. Elle pense à ses deux grands-mères, Jeanne morte au moment où elle est entrée en Résistance, et Geneviève Gourdon à présent, disparue tandis que la petite-fille qui a hérité de son prénom est emprisonnée.

Geneviève et ses codétenues réussissent à retirer les clous qui maintiennent la fenêtre fermée. Elles profitent de la distribution matinale du café pour s'entretenir avec leurs voisines. Dès qu'une sentinelle approche, elles chantent « Il court, il court le furet, le furet du bois, mesdames », et tout le monde se tait. À la fin de septembre 1943, Geneviève de Gaulle entend une voix qui ne lui est pas étrangère et qui annonce, à l'aveuglette : « Violaine appelle Geneviève. » Elle comprend que son amie Jacqueline d'Alincourt, dont Violaine est le nom de Résistance, a été arrêtée pour ses activités au sein de la Délégation générale de Jean Moulin et vient de la rejoindre à Fresnes. Dès que les deux jeunes femmes se sont identifiées, Jacqueline lance : « L'oncle de Geneviève préfère la solution n° 1, l'oncle de Geneviève préfère la solution n° 1 ! » Avant d'être arrêtée, Jacqueline a entendu sur la BBC un message du général de Gaulle répondant à une question posée par sa nièce : Geneviève s'était inquiétée de choisir le meilleur moyen pour elle de résister. Elle était convaincue que la première solution – rester en France et lutter clandestinement – était la meilleure, mais beaucoup de gens lui conseillaient, pour des raisons de sécurité, de gagner Londres (solution n° 2) ou les autres territoires de la France libre (solution n° 3). Elle avait écrit à son oncle par le courrier clandestin de la Résistance pour obtenir une approbation de son choix. Elle l'obtient tardivement, mais cette réponse lui redonne confiance : certes elle est emprisonnée, mais au nom du devoir qu'elle et son oncle, le chef de la France libre, considèrent comme juste. Le moyen même par lequel son oncle lui communique ce message la conforte : c'est à la cantonade, de façon publique et éclatante que Charles de Gaulle confirme la mission à sa nièce.

Peu à peu, toutes les prisonnières se connaissent par leur voix et apprennent les parcours de leurs voisines. Une première solidarité naît à Fresnes, qui se perpétuera et se développera dans l'épreuve des convois et des camps. Pour le moment, ce lien crée dans la prison un véritable courant de Résistance qui se manifeste notamment quand un détenu est emmené au peloton d'exécution : averties de l'événement, les femmes entonnent *La Marseillaise* à pleins poumons, malgré la répression des Allemands. À Noël, se souvient Jacqueline d'Alincourt, « une voix ample entonne un *Minuit, chrétiens*, qui ressuscite la vie. Toute la prison écoute, muette, suspendue. […] Nos gardiens se déchaînent. Les colis seront confisqués, les livres ne seront pas distribués, le froid nous transperce, mais d'autres voix s'élèveront encore pour d'autres chants de Noël. Les vœux fusent : « "Courage, on les aura"[51] ». Cette solidarité sans visage, que Geneviève de Gaulle a finement baptisée « l'âme collective » des prisonnières, s'élève encore lorsque les Allemands déportent les femmes de Fresnes vers l'Allemagne.

Le 19 janvier 1944 au soir, après six mois passés en cellule, Geneviève et Thérèse sont conduites au rez-de-chaussée où elles se retrouvent avec d'autres femmes. Elles passent la nuit dans des cellules bondées. Au rassemblement du matin, l'abbé Steinert, bouleversé, leur donne sa bénédiction et l'absolution. Les femmes chantent *La Marseillaise* puis sont poussées dans un car qui les emmène vers Compiègne, camp de transit avant l'Allemagne. Geneviève ignore alors qu'elle suit le même chemin que le traître Marongin qui a donné Défense de la France aux occupants : les Allemands, déçus par les maigres résultats de la prise, ont fait incarcérer l'agent double à Fresnes en octobre 1943, puis le déportent en Allemagne en janvier 1944[52]... Geneviève arrive au camp de Royallieu, près de la forêt de Compiègne, où elle rejoint des centaines de femmes abritées dans des baraquements. Étrangement, ce regroupement est vécu par toutes les prisonnières comme un moment de joie : enfin on sort de prison, enfin le ciel est là, immense, et les arbres, même dénudés par l'hiver ; enfin on voit le visage de celles à qui l'on a parlé de cellule à cellule pendant des mois... Les femmes savent que leur voyage doit les conduire en Allemagne, mais nulle ne s'en inquiète vraiment, non par insouciance, mais plutôt par ignorance du système concentrationnaire inventé par les nazis : « Les camps de concentration, on ne savait pas ce que c'était, à l'époque. On voyait qu'on pouvait être déportée en Allemagne, oui, mais on ne savait pas comment serait le système concentrationnaire. [...] Nous ne savions pas du tout que Ravensbrück existait. Nous ne savions même pas où nous allions, même pas le nom[53] », explique Geneviève. Pourtant, en tant que rédactrice de *Défense de la France*, elle compte parmi les mieux informées. Elle a, pour ce journal, réussi à se procurer de terribles photographies envoyées par des prisonniers de guerre français qui montrent le sort impitoyable réservé aux Soviétiques placés en camps de représailles : « On voyait [...] des soldats russes qui étaient enterrés vivants. Mais pour nous, c'étaient les choses les pires que l'on connaissait. »

Pour le moment, Geneviève est loin, comme toutes ses camarades, de pouvoir imaginer l'entreprise de négation complète de millions d'êtres humains. Les camps de concentration (Dachau a ouvert dès mars 1933) où sont envoyés les ennemis politiques du IIIe Reich ne sont pas mentionnés par elle à cette date, pas plus que les centres de mise à mort où sont systématiquement exterminés les Juifs d'Europe et les Tsiganes. « La chambre à gaz, on ne savait pas. La Shoah, on ne savait pas[54]. » En février 1943, cinq mois avant l'arrestation de Geneviève, *Défense de la France* mentionnait bien l'utilisation de camions à gaz par les nazis. Toutefois, on imagine qu'il s'agit d'un moyen d'élimination odieux mais limité dans son usage. En septembre de la même année, un article sur Auschwitz décrit l'horreur du camp, les fours crématoires où sont brûlés les corps, mais ne parle pas de chambre à gaz. Geneviève, cependant, connaît les lois antijuives en vigueur en Allemagne depuis 1933, puis en France à partir d'août 1940 : « Moi j'étais très au courant […]. D'abord, on savait que les Juifs avaient été obligés de s'inscrire. Cela nous paraissait très inquiétant, d'ailleurs. » Geneviève fait ici référence à l'ordonnance française du 27 septembre 1940 qui définit les Juifs (une personne de religion juive ayant plus de deux grands-parents juifs) et les oblige à se faire recenser. Le but, outre de localiser précisément la population en vue de son arrestation, est de lui interdire l'exercice des professions énumérées dans les statuts des Juifs des 3 octobre 1940 et 2 juin 1941. « On a vu après qu'ils étaient obligés de porter l'étoile jaune, et puis tous les endroits qui leur étaient interdits. Et on ne pouvait pas supporter ce rejet. » Le port de l'étoile jaune, imposé par l'ordonnance du 29 mai 1942, puis les rafles effectuées par les policiers français résultent de décisions prises sous l'impulsion du gouvernement de Vichy, sans pression allemande particulière. Geneviève n'a jamais été témoin d'arrestations de Juifs à Paris, mais elle en entend parler par des proches. Un soir, le 16 juillet 1942, elle participe à un dîner chez Madeleine de Gaulle. Soudain, une amie de sa tante, infirmière à la Croix-Rouge, fait irruption dans l'appartement. Elle revient du Vélodrome d'hiver où elle a assisté au regroupement des treize mille Juifs (dont plus de quatre mille enfants) raflés ce jour-là dans la capitale et en banlieue par les policiers français sur ordre du gouvernement de Vichy. Geneviève écoute, imagine « les familles parquées, la détresse des enfants ». Émue aux larmes, elle éprouve un sentiment de honte, décuplé par la réaction de certains invités : « Il y avait un ménage assez jeune. C'étaient de bons cathos pratiquants. Ils ont dit gentiment : "Oui, c'est triste, mais ce sont des Juifs." Ils ne se rendaient pas compte, mais ils avaient déjà commis le crime[55]. » Cette prise de conscience est capitale pour elle : le fait d'être juif ou pas, riche ou pauvre, ne change rien. Aucune excuse n'est valable lorsque se trouve mis en cause le cœur de l'essentiel : l'être humain.

Tous ces drames, aussi abominables soient-ils, ne permettent cependant pas à Geneviève d'envisager l'ampleur de l'horreur organisée par les nazis. À Compiègne, les femmes résistantes et internées pensent, tout au plus, qu'elles vont être acheminées vers l'Allemagne pour y être détenues dans des camps de discipline. En réalité, de juin 1941 à août 1944, les Allemands internent quarante-cinq mille personnes à Compiègne, dont plus de la moitié mourront dans les camps de concentration ou lors du transport vers l'Allemagne…

Au moment de quitter Royallieu, ces femmes trouvent encore l'occasion de montrer leur implacable volonté de tenir tête aux circonstances. Lors de l'interminable appel des mille femmes du convoi, le nom de Geneviève de Gaulle fait se lever une acclamation, que les gardes parviennent difficilement à réprimer. Geneviève répond tranquillement « Présente », la pipe à la bouche ! « Pour mes camarades, se souvient doucement Geneviève, j'étais une sorte de De Gaulle en miniature. » Un petit de Gaulle incarnant une certaine idée de la Résistance, modeste, entêté, un petit de Gaulle envoyé dans le plus pénible des voyages, celui dont peu reviendront, vers l'Allemagne concentrationnaire.

5

Ravensbrück

L'univers concentrationnaire commence dès le départ du train en gare de Compiègne, ce 31 janvier 1944. Entassées par dizaines dans des wagons à bestiaux, serrées les unes contre les autres au point de ne pouvoir s'asseoir, les 958 déportées du convoi numéroté 27000[1] (les immatriculations des femmes qui le composent s'étalent de 27 030 à 27 988) comprennent au bout de quelques minutes que leur traitement n'a plus rien à voir avec le droit des prisonniers.

Ces femmes de toutes les générations, jeunes comme Geneviève, enfants, ou âgées comme la mère de Germaine Tillion qui fait partie du convoi, sont bringuebalées durant trois jours et deux nuits à travers la France puis l'Allemagne, sans rien à boire et avec pour seule nourriture un morceau de pain et de vieux saucisson. Parmi elles, quelques-unes sont enceintes. Un accouchement a lieu en plein voyage, dans le wagon voisin de celui de Geneviève. D'autres encore ont leurs règles et sont dans l'impossibilité de se protéger dignement. La violence du système concentrationnaire provoquera de toute façon la suspension des cycles menstruels. Dans les wagons de bois, rien pour se laver, rien pour préserver la moindre parcelle de pudeur. La négation de l'être humain a commencé. Celles qui sont placées à côté de la tinette qui a vite débordé reçoivent à chaque chaos du rail les éclaboussures nauséabondes. Toutes souffrent de la soif. Mais la résistance à cette déshumanisation d'abord physique commence elle aussi. Geneviève, dès la première minute, cherche à s'évader et dispose pour cela d'un levier que lui a remis le chauffeur du camion qui a transféré les prisonnières de Royallieu à la gare de l'Est. Les Allemands ont placé des sentinelles sur les wagons, et la seule solution consiste donc à créer une issue par le plancher. La tentative est risquée et exige que le train soit arrêté. Les femmes peinent à parvenir à leurs fins. En outre, les Allemands ont pris soin de les décourager à l'avance par un chantage pervers : un convoi d'hommes, parmi lesquels des fils et maris de détenues enfermées dans le train, est en route au même moment. À la moindre tentative d'évasion, les SS ont promis d'exécuter cinq hommes. Apeurées par cette menace, certaines femmes s'élèvent contre leurs camarades qui veulent s'échapper. Mais Geneviève considère, comme son oncle Charles quand il était prisonnier en Allemagne de 1916 à 1918, que « [son] devoir, c'est d'essayer de s'évader » – Charles de Gaulle s'est échappé à cinq reprises des geôles allemandes entre 1916 et 1918. Geneviève continue donc à s'attaquer au bois du plancher, quand le train s'arrête brutalement. Les prisonnières doivent sortir sur le ballast. Les SS ont découvert d'autres tentatives de fuite. La soumission peureuse n'est donc pas générale dans le convoi, constitué majoritairement de résistantes rompues à l'action et animées d'une farouche envie de liberté. Les Allemands organisent une fouille générale. Dans le wagon de Geneviève, ils trouvent le levier, mais les prisonnières jurent de leur innocence – « il devait y être avant, on ne l'a pas vu », s'écrie Geneviève. Le voyage reprend, épouvantable.

L'arrivée a lieu en pleine nuit, le 2 février. Il est 3 heures du matin, près de la petite ville de Fürstenberg, c'est-à-dire au milieu de nulle part, dans un univers effrayant. Les femmes sont jetées à terre, sous les aboiements des chiens. Les plus valides relèvent celles qui sont restées sans forces dans les wagons. Fouettées par un vent glacial, les prisonnières exténuées aperçoivent une grande forêt de pins, fantomatique. Le froid les mord, dans cette partie de l'Allemagne baptisée « la petite Sibérie mecklembourgeoise », située à mi-chemin entre Berlin au sud et la mer baltique au nord, où l'hiver offre des cieux limpides à – 30 °C, et l'été des journées torrides à plus de 35 °C. Les SS font mettre les femmes par rang de cinq. « *Zu fünf, zu fünf* : on a appris ce que ça voulait dire. C'était tout de suite la bonne discipline des SS ! » ironisera beaucoup plus tard Geneviève de Gaulle. Dans la nuit immobile, les prisonnières marchent longtemps sur un sol sablonneux, sous les cris des gardiens qui les traitent de « *Saubande* » (« bande de truies »). Geneviève trouve que le paysage est assez beau. Plus tard, toutefois, elle retiendra surtout que « les sapins du Mecklembourg n'apportent pas d'espérance[2] ».

L'arrivée devant le camp est brutale : portes immenses, hauts grillages. Des projecteurs éblouissants balaient la nuit de Ravensbrück – littéralement « le pont aux corbeaux ». Une fois à l'intérieur de l'enceinte, les détenues sont immobilisées en rang sur une vaste place dont le sol est noir, couvert de scories de charbon. Tout autour, une trentaine de baraques en bois vert foncé appelées « blocs ». Les nouvelles venues découvrent horrifiées la population qui erre autour d'elles dans la lueur d'outre-tombe de la fin de la nuit. Des femmes, des centaines de femmes, la tête rasée, hagardes, squelettiques, à demi couvertes d'un haillon rayé, qui tirent derrière elles d'énormes bidons dans un effort herculéen, les pieds traînants. Geneviève est « bouleversée par leur regard » et se demande « ce qui avait pu leur arriver pour qu'elles aient les yeux aussi dénués de vie[3] ». Mais les SS ne lui laissent pas le temps de réfléchir. Une alerte au bombardement déclenche un branle-bas : les prisonnières sont poussées dans une baraque en construction, entassées, comprimées, au point que celles que le manque d'air fait s'évanouir restent debout, inertes, serrées entre les corps de leurs camarades. C'est le sort de Geneviève, épuisée par le traitement des derniers jours.

L'intégration au camp se déroule ensuite selon un certain nombre d'étapes bien rodées, qui, l'une après l'autre, dépouillent la nouvelle venue de sa singularité, de son amour-propre, de son identité, et finalement de sa dignité. Le passage aux douches constitue le premier rituel. Contrairement au baptême, qui donne l'Esprit Saint, l'eau des douches de Ravensbrück retire à chacune des femmes ce qui lui restait en propre : on leur arrache le peu de bagages que les diverses étapes du voyage leur ont laissés. Rien n'échappe à l'œil exercé des gardiens, ni les prothèses, ni les lunettes, ni les alliances.

À Geneviève, les SS confisquent la bague en topaze qu'elle avait reçue pour ses vingt ans de sa tante Madeleine, ainsi que la montre en or, cadeau de sa marraine. Jacqueline d'Alincourt, qui est déportée à Ravensbrück quelques mois plus tard, se verra voler son alliance à son arrivée au camp – on lui avait déjà retiré sa bague de fiançailles et ses médailles de baptême à Fresnes. Seules quelques détenues réussissent, par extraordinaire, à sauver un bijou ou un livre. Complètement déshabillées, les femmes passent sous le jet d'eau (précaution d'autant plus cynique que, par la suite, dans la vie quotidienne du camp, la toilette est rendue impossible : les quelques robinets des blocs sont pris d'assaut par des centaines de détenues et l'hygiène, même minimale, n'existe pas). Suivent un examen médical effectué sans douceur puis une inspection des dents et des ongles pour vérifier que nulle n'est atteinte de la gale.

Le dépouillement forcé ne s'arrête pas là : après les objets familiers, c'est aux attributs féminins que les gardiennes s'en prennent. Les femmes sont entièrement tondues, des cheveux jusqu'au système pileux, avec une brutalité qui n'a d'égale que la violence de l'acte. Étrangement, et sans que l'on puisse clairement l'expliquer, certaines détenues échappent à la tonte. Geneviève, ainsi, ne subit pas cette mesure, peut-être parce qu'elle avait déjà beaucoup raccourci ses cheveux à Compiègne. Plus tard, Jacqueline d'Alincourt, qui porte une magnifique chevelure blonde, évitera également les tondeuses de Ravensbrück. Une fois dépouillées de ce qui fait leur personnalité et leur histoire, les femmes sont dirigées vers une nouvelle étape de leur négation : la remise d'un uniforme commun, constitué de loques rayées et de semelles de bois tenues par une bande de tissu. Qu'importent les tailles, qu'importent les pointures ! Les déportées ne sont que des « *Stücke* » (« morceaux »), interchangeables, pour lesquels toute guenille – restes de vêtements récupérés sur d'anciennes déportés ou sur des victimes de rafle – fait l'affaire.

La dernière étape de l'intégration au camp le leur rappelle clairement : elles n'ont plus de nom, mais un numéro. Geneviève de Gaulle devient, le 3 février 1944, le matricule 27 372. Sur sa tenue est cousu un triangle rouge, qui la classe parmi les internées « politiques ». Avec les nouvelles venues, elle est alors conduite au bloc numéro 26. Germaine Tillion, surnommée « Kouri » depuis la prison, enfermée à Ravensbrück à partir de la fin du mois d'octobre 1943, apprend après l'arrivée du convoi des vingt-sept mille que sa mère fait partie des voyageuses : « Le message circula de bouche-à-oreille, dans les files silencieuses des dix-huit mille ou dix-neuf mille femmes immobiles sous les projecteurs », à l'appel[4]. Elle sait aussi que Geneviève de Gaulle vient d'arriver. Avec sa camarade Anise Girard, elle se dirige vers le bloc et attend. Les femmes du bloc 26 ne disposent que d'un petit interstice comme fenêtre. Au bout d'un moment, Kouri voit le visage de sa mère apparaître entre les planches, pétillant de malice : « Voyage exaltant, crie la résistante à sa fille. Cologne, Düsseldorf, Elberfeld, en ruine ! La fin de la guerre est proche[5] ! »

Les nouvelles détenues font véritablement leur entrée au camp par un séjour de quarantaine dans la baraque numéro 13. C'est dans ce bâtiment, où elle réussit à se faufiler, que Germaine Tillion retrouve sa mère et fait la connaissance de la nièce du général de Gaulle... De quinze ans l'aînée de Geneviève, mais aussi d'Anise, Germaine a derrière elle une autre expérience de la vie. Elle devient, pour les deux jeunes femmes, ce que les déportées allemandes ont baptisé « *Lagermutter* » (mère de camp), dont le rôle protecteur et initiateur n'a pas de prix.

Une fois écoulée la quarantaine, les nouvelles déportées rejoignent les hordes de femmes hagardes et affamées qu'elles ont vues au matin de leur arrivée. Pour les prisonnières qui sont là depuis longtemps, et notamment pour les Françaises, l'arrivée de ce nouveau convoi fait l'effet d'un souffle d'oxygène : « Le convoi des vingt-sept mille était composé de résistantes plus jeunes, et extrêmement gaies. Cela nous a fait du bien, c'était détonnant dans ce camp peuplé surtout de Slaves et de Polonaises[6] », se rappelle Anise Postel-Vinay. Pour les nouvelles venues, en revanche, le calvaire commence. Les plus faibles tombent d'épuisement, ou sous les coups des SS. La maladie emporte les autres, le désespoir aussi. Les sélections arbitraires pour la chambre à gaz déciment un peu plus les rangs. Finalement, la survie tient du miracle, mais relève également du hasard et de la personnalité. Geneviève sait que la mort, et plus encore l'assassinat d'un être humain, contribuent à tuer un peu tous les autres. Dès lors, à ses yeux, seule la solidarité avec les victimes permet de survivre face à l'horreur. Cette intuition acquise précocement explique en grande partie sa résistance à l'horreur du camp, même quand la mort menace de la rattraper à plusieurs reprises.

Réservé aux femmes, le camp de Ravensbrück fonctionne depuis le 15 mai 1939. Il est construit sur des marécages que les prisonnières successives ont asséchés, comblés, remblayés, au prix d'un travail sans repos, de nuit comme de jour, sans aucun droit de protester. Seul le dimanche est férié, non par générosité de l'administration, mais parce que les SS qui surveillent les prisonnières ont droit à un jour de repos. Le reste de la semaine, la journée commence en pleine nuit par un appel numérique : « Les prisonnières, rangées par dix devant le Block auquel elles appartenaient, étaient comptées et recomptées interminablement[7]. » L'énumération pointilleuse dure entre deux et cinq heures, puisque chaque matin des noms manquent à l'appel, ceux des femmes mortes au cours de la nuit et dont il faut, à titre de preuve, retrouver le cadavre. Pendant tout ce temps, les prisonnières sont debout, avec interdiction de parler, de bouger. L'hiver, le vent est un supplice pour les corps décharnés, couverts d'une guenille. Après cette première épreuve vient un autre appel, celui du travail, qui se déroule sur la *Lagerstrasse*, la principale avenue du camp. Chaque détenue doit rejoindre sa colonne de travail. Avant le départ au chantier, on reçoit pour tout aliment un quart de liquide infâme.

Au début, Geneviève est employée à poursuivre le nivellement des dunes de sable qui entourent le camp. Affamées, transies, ses camarades et elle peinent à déblayer un sol que le froid a gelé en profondeur. Sur les parties marécageuses, il faut combler les zones humides en déversant des wagonnets des pelletées et des pelletées de tourbe. Les gardes, la schlague à la main, veillent à ce que l'œuvre avance. À midi, un nouvel appel a lieu, puis un morceau de pain est distribué. Durant les premières semaines, Geneviève éprouve un sentiment de faim irrépressible. Puis, peu à peu, son estomac s'habitue et elle parvient à manger son croûton en plusieurs fois au cours de la journée. Après son affectation aux travaux de terrassement pendant de longs mois, Geneviève est désignée pour vider des wagons de charbon. Elle juge cette tâche plus éreintante encore : « Il faut jeter le charbon par-dessus le wagon, faire le geste, et [...] on est tout noir, on est plein de poussière, on ne pouvait pas se laver. » Plus tard, elle chargera des péniches avec des pavés, elle construira des routes...

Le soir, de retour au camp, les prisonnières ne tiennent plus debout, mais doivent supporter un nouvel appel qui permet aux SS de vérifier leurs listes. La surveillante en second, la SS Dorothea Binz, passe entre les rangs, la cravache à la main. « Un vent de terreur » l'accompagnait, se souvient Germaine Tillion. Un morceau de pain est ensuite distribué, et les prisonnières attendent le couvre-feu de 21 heures.

La nuit n'est pas pour autant synonyme de repos : « La nuit à Ravensbrück était une épreuve comparable à celle du jour. » Une semaine sur deux, les détenues doivent travailler de 19 heures à 7 heures du matin. Les autres semaines, après le coucher du soleil, elles ont du mal à trouver le repos, le ventre creux, frappées de stupeur, envahies par les images des mauvais traitements, des brimades, de la mort, et minées par l'absence de nouvelles de leur famille. Geneviève, pour sa part, évite de songer aux siens ainsi qu'à sa vie antérieure de jeune femme soignée et cultivée pour ne pas sombrer dans le désespoir. Mais quand elle essaie de dormir, elle songe presque à regret à la prison de Fresnes. « On se disait : "Quand même, on était bien en prison, par rapport à ça"[8]… »

Les conditions d'hébergement du camp sont terribles : les grands blocs, prévus pour contenir chacun cinq cents prisonnières sur des claies en bois superposées, en abritent deux fois plus. La nuit, des femmes s'étendent à même le sol, dans les travées, dans les couloirs qui mènent aux toilettes, et même jusque sous les robinets. Cet entassement, cette promiscuité restent pour Geneviève de Gaulle « une des épreuves physiques les plus pénibles du camp de concentration[9] », qui culmine aux températures élevées de l'été. En comparaison, les paillasses apparaissent comme un luxe. Mais, larges de soixante-quinze centimètres, elles accueillent deux prisonnières, voire trois. Quand Jacqueline d'Alincourt arrive à Ravensbrück, Geneviève partage sa couche avec elle. Les deux amies, dont le mari de l'une et le père de l'autre étaient emprisonnés ensemble dans le camp de Nuremberg, se trouvent à leur tour détenues côte à côte. La symétrie des destins est frappante. Les deux femmes ont derrière elles un long chemin de deuil : alors que Geneviève est orpheline de mère, Jacqueline a perdu son père à l'âge de douze ans, en 1932. La première a perdu sa sœur en 1938, tandis que la seconde est veuve en 1941… Leur parcours de résistante s'achève de la même façon : Jacqueline, arrêtée le 24 septembre 1943, interrogée violemment par la Gestapo puis internée à Fresnes, arrive à Ravensbrück par le convoi des 35 000 quelques mois après son amie, en avril 1944. Geneviève l'apprend et réussit à lui faire intégrer son bloc, le numéro 31. L'expérience extrême du camp donne à leur amitié une intensité bouleversante. Parce qu'elles se sont rencontrées avant leur déportation, et qu'elles s'apprécient mutuellement, les deux amies deviennent inséparables. « C'était capital d'avoir quelqu'un de très proche comme ça, avec soi. Cela changeait tout », confie Jacqueline[10]. Geneviève confirme : « Tout était tellement dur, vous savez. La seule petite chose douce qu'on pouvait avoir... Il n'y en avait pas d'autre... » En 1997, devant la caméra de la réalisatrice américaine Maia Wechsler, Geneviève et Jacqueline tentent de préciser la nature du sentiment qui les lie pour la vie. La dérobade même des mots indique la force incommunicable qui unit les deux femmes.

« Je ne sais pas si [notre] amitié peut se décrire, confie Geneviève de Gaulle.

– Je dis toujours : c'est ma sœur...

– Oui, oui...

– C'est comme ça.

– Oui, c'est vrai, c'est comme ça. C'est parce qu'on a été ensemble dans cette épreuve, qu'on l'a surmontée ensemble. Je ne sais pas, il y a quelque chose qui est plus fort peut-être même que les liens du sang.

– Oui, oui.

– En tout cas aussi fort.

– Oui, quelque chose d'intangible que nous partageons[11]. » Ce lien fraternel, et comme supérieur au lien du sang, entre en résonance avec celui qui unissait, dans le drame de la perte de leur mère, Geneviève et sa petite sœur Jacqueline. La sœur décédée en 1938 et la compagne de douleur à Ravensbrück portent le même prénom et, de toute évidence, éveillent dans le cœur de Geneviève un amour de la même tonalité. D'ailleurs, lorsque Geneviève est séparée de sa compagne d'infortune pour être placée en isolement, Jacqueline note : « Ainsi ai-je perdu une sœur jumelle[12]. » Cette relation unique symbolise ce qui unit toutes les camarades du camp. Pour Geneviève, ce peuple de femmes mortes ou vouées à mourir devient, en quelque sorte, sa nouvelle famille.

Sur leur paillasse, Jacqueline et Geneviève s'endorment ensemble. La nuit, il leur faut se retourner d'un même mouvement tant la couche est étroite. Lorsque l'une travaille de jour et l'autre de nuit, elles se croisent le matin et le soir : « Alors on était comme un vieux ménage, toutes les deux, mais qui ne se retrouvait que le matin à l'appel, très tôt, et puis [...] le soir avec l'idée fixe d'essayer d'arriver à se laver, ce qui était très difficile[13]. » La surpopulation devient la règle à Ravensbrück ; Geneviève et Jacqueline doivent bientôt partager leur couche avec une troisième détenue. Il devient impossible de fermer l'œil.

Au bout de quelques mois, les détenues prennent conscience que les conditions de vie au camp, si cela est encore possible, se dégradent sensiblement : « Il y avait trop de monde et plus assez de surveillantes et de SS. La discipline devint moins stricte et moins observée. En revanche, les conditions d'existence furent plus précaires[14]. » La machine nazie, incapable de suivre son propre rythme de croissance, s'enraye : au début de 1945, le camp compte quarante-cinq mille détenues pour une capacité de vingt-deux mille. Les évacuations des camps situés à l'Est ont en effet commencé devant l'avance soviétique. Des Juives hongroises, des femmes épuisées arrivent par centaines à Ravensbrück. Les SS ont dû dresser une tente pour les dernières venues. Évacuée en janvier 1945 de Birkenau, la résistante Yvette Bernard-Farnoux se souvient de son arrivée à Ravensbrück : « On nous a mises sur la place d'appel, il commençait à faire nuit. [...] Cette place d'appel était blanche de neige, le lendemain elle était marron de merde : chacun avait mangé la neige et fait ses besoins. [...] Dans la journée, on nous a mises sous une immense tente, je crois que nous étions quatre mille, c'était l'ordure totale[15]. » Le taux de mortalité atteint des records au cours des mois d'hiver. Il devient impossible de fournir aux nouvelles venues des uniformes de camp, même vieux ou usés. Les femmes de l'atelier de couture doivent donc récupérer des tenues civiles, n'importe lesquelles, y coudre de larges bandes d'étoffe en guise de rayures, puis y peindre un numéro matricule. Certaines nouvelles venues portent des déguisements surréalistes : « J'ai une pauvre camarade qui a eu une robe de bal à ce moment-là, explique Geneviève. Que pouvait-elle faire dans un camp de concentration avec une robe de bal ? » Dans le même temps, les horaires de travail s'intensifient : les détenues abattent des journées de douze heures.

Dans cette ambiance morbide où la faim et la fatigue exacerbent les tensions, il peut sembler miraculeux que s'établisse une vraie solidarité entre les prisonnières.

Certes, les relations sont loin d'être cordiales entre toutes les détenues. Geneviève de Gaulle reconnaît, même si elle ne développe pas cet aspect dans ses témoignages, que « la cruauté, la méchanceté humaines n'étaient pas seulement le fait des SS et des surveillantes, mais aussi des prisonnières entre elles ». Marie-Jo Chombart de Lauwe, résistante déportée avec sa mère à Ravensbrück en juillet 1943, retient par exemple que les relations entre les résistantes et les femmes parties travailler volontairement en Allemagne puis déportées pour y avoir commis des fautes de droit commun sont extrêmement mauvaises. De plus, le système concentrationnaire, en érigeant une hiérarchie entre les détenues, encourage volontairement la naissance d'une sourde méchanceté : certaines déportées ont un pouvoir sur les autres, ainsi celles qui commandent les baraques *(Blockova)*, les chambres *(Stubova)*, les ateliers, les commandos de travail. Les *Kapo* ou *Lagerpolizei* chargées de maintenir l'ordre dans le camp en échange d'un traitement de faveur, de même que les prisonnières chefs de travaux reconnaissables à leur bande rouge, se montrent rarement solidaires de leurs congénères et profitent de leur petit pouvoir pour faire régner la terreur : « Je puis assurer, témoigne Germaine Tillion, que la différence qui existait entre les conditions de vie d'une *Blockova* ou d'une *Lagerpolizei* polonaise et celles d'une misérable *Verfügbar* [disponible au travail] française ou russe était plus grande que celle qu'il peut y avoir entre la reine d'Angleterre et la plus minable des habituées des asiles de nuit[16]. » En outre, les « droit commun », de même que les femmes arrêtées pour prostitution, ne partagent pas les aspirations des détenues arrêtées pour Résistance. La répartition dans les blocs reflète cette volonté de distinguer les prisonnières entre elles. Il existe ainsi quelques « bonnes » baraques, où vivent celles qui travaillent en contact direct avec les SS. Là, pas ou peu de vermine, une ration complète de soupe, une paillasse individuelle, un édredon, un accès à des robinets, des serviettes de toilette personnelles. Les autres baraques, en revanche, se caractérisent par leur insalubrité. Geneviève décrit elle-même son bloc, le numéro 31, comme « très mauvais, [car il abrite] tous les pouilleux, le tiers-monde du camp[17] ». La misère possède aussi ses strates, ce que Geneviève vérifiera à Noisy-le-Grand, des années plus tard. Ces conditions de vie effroyables exacerbent les esprits : « Si on vous vole ce qui est plus précieux que tout, votre morceau de pain de la journée, vous vous sentez méchant. Et si on ne dépasse pas ça, on ne peut pas s'en sortir[18] », souligne Geneviève.

Mais cette agressivité due au contexte délétère n'est rien, à ses yeux, à côté de l'extraordinaire élan jailli de la misère des camps : « J'ai connu le pire dans le camp de Ravensbrück, j'ai aussi connu le meilleur, la fraternité absolue et la solidarité[19]. » Car les amitiés qui naissent dans cet enfer sont d'une nature remarquable. À Ravensbrück, de petits groupes solidaires se forment au hasard. Des femmes originaires d'un même village, ou d'une même prison ; des femmes issues d'un même mouvement de Résistance ; des jeunes qui se regroupent avec celles de leur âge ; d'autres qui travaillent dans le même atelier. Les Françaises qui appartiennent au commando principalement composé d'Allemandes, chargé de repeindre les bâtiments du camp, forment par exemple un « club » très soudé. Geneviève, en dehors de sa relation privilégiée avec Jacqueline, se lie d'amitié avec de nombreuses femmes, arrêtées comme elle pour fait de Résistance, et animées par cette même flamme qui permet de lutter toujours. Elle voue notamment une « admiration profonde » à Émilie Tillion, la mère de Germaine, « une femme admirable, intelligente et cultivée », avec laquelle elle aime converser. Mais le 2 mars 1945, âgée de soixante-neuf ans, Émilie est emmenée vers la chambre à gaz parmi un groupe de femmes jugées trop vieilles ou trop faibles. Les tentatives de « Danielle » pour la faire échapper à la sélection sont vaines : « Nous tapons les joues de Mme Tillion – et les nôtres – jusqu'à ce qu'elles deviennent roses. Nous la faisons marcher le plus vite possible, en souplesse. Nous cachons ses cheveux blancs sous son foulard violet. [...] Winkelmann [médecin sélectionneur] se glisse devant moi et désigne Mme Tillion de son gros doigt bouffi de la main gauche. [...] Je tire Mme Tillion derrière moi. On me l'arrache. Mon cœur s'arrête de battre. [...] J'aperçois Mme Tillion dans cette colonne de la mort, bien gardée par les SS et les policières du camp. Elle me fait un joli signe de la main[20]... »

La fraternité se manifeste humblement, par un soutien constant aux plus faibles. Quand une jeune prisonnière s'écroule, il arrive qu'une plus âgée lui offre un peu de son maigre et inestimable morceau de pain. Geneviève partage un jour en huit un morceau de sucre qui lui avait été donné, et un autre jour un citron en douze rondelles. Elle souligne que « si cette solidarité n'avait pas existé, personne n'aurait survécu ».

Cette fraternité déborde largement le cadre des besoins élémentaires pour toucher aux domaines spirituels et politiques. Elle demande un vrai engagement, étant donné les interdictions qui pèsent de toutes parts. Le moindre geste de désobéissance à l'encontre des consignes nazies fait courir un risque de mort, mais démultiplie le sentiment d'exister. Or l'enjeu est là, dans l'affirmation de son droit à vivre. L'horreur du camp fédère les détenues et crée le besoin et la volonté inaliénable de se soutenir pour, toutes, rester debout.

Interdiction d'avoir des livres ? Les détenues conservent précieusement quelques exemplaires réchappés des fouilles successives, notamment des bibles, et organisent des séances de lecture. Une des grandes occupations, au camp, consiste à fabriquer de petits livres à partir de papier et de crayons volés par les détenues qui travaillent dans les bureaux des administrateurs. Toute sa vie, Geneviève a conservé celui que lui a dédicacé en mai 1945 une de ses camarades tchèques. Il s'agit d'un recueil de chansons populaires françaises traduites en tchèque et illustrées de dessins naïfs. Les livres circulent beaucoup entre les détenues, avides de lecture. Les garder quelques heures est un rare privilège, sauf pour les œuvres écrites en allemand qui restent inaccessibles à beaucoup de femmes. C'est pourquoi Geneviève choisit parfois ces livres, afin de les conserver plus longtemps, comme un *Moby Dick* qu'elle cache dans sa paillasse pendant quelques jours. Quand les prisonnières n'ont pas de livre, elles se récitent des poèmes, en murmurant, dans l'ombre des blocs. Une des camarades de Geneviève connaît de nombreux textes de Paul Valéry. Tout bas leur reviennent ainsi des bribes de la vie d'avant, des réminiscences de l'école, des séances de récitation, tout bas surgit un monde englouti où la délicatesse et la beauté étaient des vertus recherchées, tout bas.

L'entretien de cette partie de soi ancrée dans l'idée et dans le rêve est un des recours les plus efficaces contre la tentative d'anéantissement dont les détenues sont à chaque instant victimes. Comme le note Geneviève avec une superbe simplicité, « il fallait aussi garder notre capacité de nous émerveiller pour rester nous-mêmes ». S'émerveiller à Ravensbrück ? Mais comment ? « Il n'y avait pas beaucoup de beauté à l'intérieur du camp, sauf que l'on pouvait apercevoir par-dessus les murailles le ciel. [...] Pendant les appels, je regardais beaucoup le ciel. Le ciel était beau très souvent. Le ciel de la Baltique. Nous étions au moment où le soleil commençait à se lever [...]. On assistait à ce moment avant même le lever du soleil, où tout devient un peu nacré. Cela non plus, on ne pouvait pas nous l'enlever[21]... »

Interdiction de se réunir pour parler ? Les femmes se regroupent sous la surveillance d'une camarade qui fait le guet et prononcent des conférences, qui sur la résistance, qui sur le système concentrationnaire. Un groupe informel réunit des militantes communistes de toutes nationalités autour de Marie-Claude Vaillant-Couturier, femme du cofondateur du PCF. Les catholiques se retrouvent également. Germaine Tillion, avec sa perspicacité d'ethnologue, attire à elle une petite galaxie à laquelle « Danielle », Jacqueline d'Alincourt, Geneviève de Gaulle appartiennent, de même que Marie-Jo Chombart de Lauwe. Exercée à décortiquer le fonctionnement des sociétés humaines, Germaine se fait un devoir d'informer ses camarades de ses conclusions : alors que Geneviève et les autres Françaises sont encore détenues au bloc de quarantaine, elle leur explique par la fenêtre que le système du camp, absurde par bien des aspects, répond en réalité à une logique bien précise. Ravensbrück est, selon les informations qu'elle a pu recueillir depuis son arrivée, une véritable société, financée par des actionnaires. Heinrich Himmler, chef des Waffen SS et de la police allemande, y compris de la Gestapo, ministre de l'Intérieur à partir de 1943, en est le directeur. Il entend faire de Ravensbrück un investissement rentable en gérant au plus serré la détérioration des prisonnières, comme un chef d'entreprise de transport prendrait en compte dans ses prévisions l'inévitable usure des pneus. Ce critère distingue le camp de concentration du camp d'extermination, où il n'y a pas recherche de gain, mais élimination des déportés.

En 1944, une vieille prisonnière employée au secrétariat du camp confirme à Germaine Tillion que Himmler « n'était pas seulement, comme chef de la police et des SS, le supérieur administratif de notre personnel, mais qu'il était en même temps ou propriétaire du terrain, ou principal actionnaire d'une société anonyme d'exploitation du camp. Ce qui est sûr, c'est qu'il était, à titre privé, financièrement intéressé et participant aux bénéfices[22] ». En effet, les secrétaires chargées de la comptabilité inscrivent régulièrement dans les livres de compte les parts de bénéfices revenant nominalement aux différents actionnaires. Himmler aurait également des intérêts financiers dans les camps de Mauthausen, Dachau, Treblinka, Bergen-Belsen, Sachsenhausen et Auschwitz[23]. Malheureusement, à la Libération, à part les témoignages des secrétaires, Germaine Tillion ne trouve guère de preuves écrites pour étayer sa thèse : les documents relatifs à la macabre comptabilité semblent avoir été détruits en priorité par les nazis. Toutefois, l'historien de Buchenwald, Eugen Kogon, a pu établir à partir des documents administratifs du camp qu'un détenu avait un coût d'entretien mensuel de soixante-dix pfennigs, mais que sa location par une entreprise rapportait 5,30 marks par mois à l'administration du camp.

La production, à Ravensbrück, est diversifiée, mais toute entière tournée vers la guerre : uniformes, pelisses, armement, construction de routes, d'aérodromes... Dans le camp même, une cité manufacturière fonctionne nuit et jour, dirigée par un dénommé Opitz. Contigus au camp, les ateliers Siemens font sous-traiter leurs activités aux prisonnières, véritables esclaves sous-prolétaires. D'autres détenues sont envoyées en « commando » pour réaliser des travaux à l'extérieur, parfois à l'étranger : leurs services sont sous-loués par Himmler à des entreprises. Les bénéfices sont réinjectés à Ravensbrück.

À partir du moment où les détenues saisissent la logique du fonctionnement du camp, elles trouvent une force nouvelle. Elles devinent le visage de leur ennemi et savent contre quel monstre elles ont à se battre. Pour Geneviève, les explications fournies par Germaine sont « la planche de salut, parce que, quand on comprend quelque chose, [...] on peut lutter. Quand on ne comprend pas, il n'y a rien de pire que d'être jeté comme ça dans l'absurdité. Cela détruit un être humain[24] ». Cette expérience est significative pour Geneviève et détermine la façon dont elle luttera contre la pauvreté : son obstination à lever le voile sur le phénomène de la misère sera le préalable à la recherche des moyens concrets de lutte.

Geneviève de Gaulle, à Ravensbrück, est sollicitée au bout de trois semaines pour livrer son témoignage sur la Résistance féminine en France. Dans le *Waschraum* (sanitaires) du bloc numéro 26, debout sur un tabouret, devant une foule de femmes aux crânes rasés, elle prend la parole : « Que pouvais-je leur dire ? Il ne s'agissait pas d'évoquer avec sang-froid, en historienne, cette Résistance qui bouillonnait dans nos veines, à laquelle nous participions avec notre misère même, et nos souffrances[25]... » Anise Postel-Vinay n'a pas oublié, plus de cinquante ans après, cette scène inoubliable : « J'aperçus alors, par-dessus la marée des têtes, juchée sur un tabouret, une petite silhouette très maigre, au visage déjà gris des prisonnières de Ravensbrück. Voix assurée, exposé d'une clarté parfaite prononcé dans une langue française pleine d'aisance. Dieu ! comme cette camarade nous a fait du bien[26] ! » Dès la première rencontre, elle comprend que Geneviève est du même sang qu'elle : une éducation exigeante et des principes moraux intangibles ont forgé chez ces deux femmes catholiques un même idéal, qui réside dans le respect sacré de la personne humaine. Cette affinité, ressentie immédiatement, fera d'Anise une amie intime de Geneviève pour le reste de la vie. Il semble en fait que la nièce de Charles de Gaulle n'ait laissé indifférente aucune des Françaises du camp. Son nom et sa ténacité font d'elle une personnalité, sollicitée par les moins armées, et autour de qui rayonne une véritable aura.

Les femmes se réunissent aussi à l'occasion de fêtes particulières, comme les anniversaires. Le 25 octobre 1944, les prisonnières confectionnent un gâteau en mie de pain, pétri de mélasse, et posent dessus vingt-quatre brindilles en guise de bougies : Geneviève de Gaulle, émue aux larmes, fait mine de les souffler.

Interdiction de prier ? Les nazis ont pu dépouiller les prisonnières de tous leurs biens, la richesse intérieure est la seule qu'ils ne peuvent arracher. Rien n'empêche les croyantes de prier dans leur cœur. Les plus pratiquantes se retrouvent le dimanche et lisent les prières dans un vieux missel, tandis qu'une camarade monte la garde. Geneviève, chaque soir, sur sa demi-paillasse, grelottante, essaie de prier. Dieu, dans le camp de concentration, est à la fois immédiat et infiniment lointain, « il ne pénètre là qu'extérieurement, comme en enfer », note en 1946 la rescapée : « Quelques-unes disaient leur chapelet dans un coin de dortoir, comme des enfants perdus qui crient maman dans le noir et rien ne répond. Ils sont seuls. [...] Prier ? Et où trouver des mots pour Dieu dans cette misère ? Que prient ceux qui ont le temps, dans le silence. J'ai les oreilles et la bouche pleines d'une clameur de désespoir. [...] Où est-ce, Seigneur ? Où passe-t-elle pour aller jusqu'à vous, cette voie issue de la plus immense misère ? Sommes-nous exclus du monde des saints, nous qui luttons dans la faim et la vermine, la crasse et la fatigue, nous les déchus, nous les pauvres gens[27] ? »

À Ravensbrück, Geneviève n'est pas seule à se montrer sans concession dans sa foi. Des religieuses remarquables continuent d'affirmer leur confiance en Dieu. Geneviève aime écouter Mère Marie, une ancienne révolutionnaire russe convertie à la religion orthodoxe et fondatrice d'un ordre religieux, arrêtée pour avoir soutenu des Juifs et des résistants. Elle fait aussi connaissance avec Mère Élisabeth, de l'ordre des Sœurs de la compassion de Lyon, dont le souvenir bouleversant ne la quittera plus. Quand elle la voit pour la première fois, à Ravensbrück, celle-ci attend dignement son contrôle sanitaire, dans la cour, complètement nue. « Je ne m'en étais même pas aperçue... on avait tellement l'habitude. Je sentais que quelque chose clochait, mais je ne voyais pas quoi. Je l'appelais "ma révérende mère" long comme le bras[28]. » Cette femme pieuse, que Geneviève admire, mourra un vendredi saint, en remplaçant volontairement une femme dans un camion en partance pour la chambre à gaz[29].

Interdiction de chanter ? Tous les matins à 3 h 30, alors que la sirène arrache les prisonnières à leur demi-sommeil, Jacqueline d'Alincourt éveille ses camarades de sa voix claire et mélodieuse par un chant de la Renaissance : « Réveillez-vous cœurs endormis, le Seigneur vous appelle. »

Interdiction de se singulariser ? Les prisonnières n'oublient pas leurs origines, même si les nazis prennent soin de disperser les compatriotes dans des blocs différents : au bloc 31, Geneviève et Jacqueline sont les seules

Françaises. Malgré les tentatives nazies de briser toute conscience nationale chez les déportées, elles conservent une identité patriotique, particulièrement vivace chez les Françaises issues de la Résistance : « Nous étions très profondément attachées à notre pays, mais en même temps très attachées à l'idée de l'humanité. Et quand nous avons été dans un camp de concentration, nous avons encore mieux compris combien nous avions eu raison de nous battre contre les nazis[30] », souligne la nièce du Général.

Dès qu'un convoi arrive au camp, les Françaises déjà présentes prennent contact avec leurs compatriotes, bien que cela soit interdit. La solidarité nationale passe avant tout par la pratique d'une langue qui permet aux détenues de se retrouver très rapidement. C'est d'autant plus facile pour les Françaises arrivées entre janvier et décembre 1944, que leur proportion dans la population de Ravensbrück passe de 6 % à 12 %. Au sein de chaque groupe renaît la culture du pays, ses références implicites, son état d'esprit particulier, difficilement communicable aux autres. Les Françaises de Ravensbrück par exemple se distinguent selon Jacqueline d'Alincourt par leur sens de l'humour corrosif, « qui n'était pas partagé par tous dans le camp[31] ». Les Polonaises, selon Geneviève, ont plutôt tendance « à parler des choses de manière tragique ». Lorsqu'à leur arrivée, on remet aux détenues un petit savon, les Polonaises expliquent qu'il est fabriqué à partir de la graisse de leurs compatriotes brûlées au crématoire. Geneviève rapporte que l'une des Françaises, Bella, « qui était très caustique, [...] se frottait avec ce petit bout de savon, là, sous l'eau froide, et elle disait : "Avec qui s'lave-t-on aujourd'hui ?" Et nous, ça nous faisait beaucoup rire ! » L'humour noir est aussi un moyen de survie, la dernière liberté, celle qui consiste à redoubler dans l'horreur pour mieux la conjurer... Germaine Tillion se souvient que les Françaises de son bloc s'amusaient de l'angoisse que suscitait chez les autres femmes la visite de Himmler à Ravensbrück. Les Françaises s'en moquaient en lançant à la moindre occasion : « Fais attention ! Le Reichsführer Himmler ! » La chef de chambrée, une Polonaise du nom d'Anka, s'indignait systématiquement que les Françaises trouvent matière à rire de ce qui terrorise les autres détenues...

Les nazis tentent insidieusement d'encourager la distinction entre nationalités par l'élaboration d'une véritable hiérarchie entre les groupes nationaux, conforme à leurs critères raciaux. Les Allemandes, qui ont été les premières prisonnières de Ravensbrück et qui constituent 28 % de sa population, peuvent espérer obtenir des fonctions avantageuses – ainsi Maria Wittmeyer, qui règne sur les ateliers textiles. Selon Germaine Tillion, les Polonaises (30 %) et les Tchèques viennent juste après les Allemandes dans la façon d'être traitées : « Plus anciennes dans le camp et parlant souvent allemand, elles avaient toutes les "bonnes places", elles travaillaient à la cuisine, elles étaient contremaîtresses, chefs de bloc. En outre, elles recevaient des colis de leur famille[32]. »

Il semble qu'au début, Tchèques et Polonaises éprouvent une certaine agressivité envers les Françaises, coupables d'appartenir à un peuple qui a abandonné leur pays à l'Allemagne... Les Polonaises sont numériquement majoritaires dans le camp, ce qui leur octroie une puissance particulière – c'est pourtant parmi elles que sont prélevés la plupart des cobayes humains destinés aux expériences « médicales » des nazis. Les Norvégiennes aussi paraissent « bien » traitées. Jusqu'à la libération du camp, elles sont autorisées à recevoir des colis, ce qui n'est pas le cas des Françaises. Celles-ci, d'après Geneviève, souffrent de conditions de vie « encore plus mauvaises que celles des autres déportées[33] ». Mais les Soviétiques (20 % de la population[34]) sont extrêmement mal traitées par les nazis. Les Juives et les Tsiganes (10 et 15 %) sont considérées comme encore inférieures. Au sein du bloc 31, Geneviève et Jacqueline perçoivent cette hiérarchie latente entre nationalités : seules Françaises parmi cinq cents personnes, elles sont systématiquement servies les dernières à la soupe – « les Russes étaient encore plus considérées que nous[35]... », constate Geneviève de Gaulle.

Il semble cependant que la plupart des prisonnières ne soient pas entrées dans ce jeu des nazis. Si elles préservent leur identité, les exemples de solidarité entre nationalités différentes sont suffisamment nombreux pour montrer que la considération l'emporte sur la rivalité. Les détenues célèbrent les fêtes nationales car elles deviennent une forme de résistance aux nazis qui prétendent régenter l'Europe. Mais il arrive que les autres communautés participent aux célébrations : le jour du 14 juillet 1944, des Polonaises offrent à Geneviève de Gaulle un mouchoir sur lequel elles ont brodé, grâce à des aiguilles et des fils dérobés à l'atelier, un drapeau tricolore et une aigle polonaise. De même, les Tchèques, plus anciennes dans le camp, maîtrisant la langue allemande, sont mieux organisées et se montrent globalement solidaires des Françaises.

La fraternité réside aussi dans le rétablissement, coûte que coûte, de ce que les nazis cherchent quotidiennement à détruire, la dignité. Pour aider les autres, il faut d'abord prendre soin de soi, ne jamais se laisser aller. Geneviève, par exemple, se préoccupe chaque jour sans exception de se laver. Le plus grand ennemi dans la vie quotidienne du camp n'est pour elle ni le froid, ni la faim, mais l'humiliation : « Le pire, c'est de s'apercevoir que malgré tous les efforts que l'on peut faire, [...] on a quand même des poux, on est quand même sale, que l'on sent mauvais[36]. » C'est pourquoi elle admire particulièrement certaines femmes qui savent, au fil des jours, rester dignes. Anise (« Danielle ») est de celles qui gardent une allure irréprochable : « Elle était magnifique, c'était une grande femme, [...] avec un air très noble, très fier. C'était le contraire de ce qu'on voulait fabriquer avec nous, c'est-à-dire des loques humaines[37]. »

Au bout de quelques mois, Geneviève est retirée du chantier pour être placée dans un atelier de couture (*Bekleidungs-werk* II). Il s'agit de trier des uniformes venus du front russe, déchirés, ensanglantés, grouillants de vermine, pour réparer les moins abîmés et récupérer les pièces des autres. L'Allemagne connaît une pénurie d'habits... Si le travail est moins pénible que sur le chantier, les conditions ne sont pas plus faciles : le SS qui surveille l'atelier, un Hongrois nommé Syllinka, se montre d'une violence inouïe, de même que la surveillante qui le seconde dans sa tâche. Geneviève les qualifie d'« assassins déterminés ». Sous ses yeux, Syllinka assassine à coups de battoir une femme coupable d'avoir lavé un petit peu de son linge au robinet de l'atelier : « Il l'a tuée pour ça. Et c'était long. Il ne l'a pas tuée d'un seul coup. C'était long[38]. » Profondément choquée par cette « méchanceté absolue accompagnée d'un pouvoir absolu », Geneviève a une fois de plus la preuve que les prisonnières n'ont, aux yeux des SS, aucune valeur humaine : « Nous étions un numéro matricule. Si un SS tuait une prisonnière, ça ne faisait rien. Ce n'était pas considéré comme vilain de sa part. Pas du tout[39]. » Jacqueline d'Alincourt qui travaille dans le même atelier n'oublie pas non plus, cinquante ans après, comment le SS Gustav Binder a tué pour les mêmes raisons une malheureuse Hongroise en la frappant pendant deux heures. À l'atelier, Syllinka est particulièrement dur envers le matricule 27372. Geneviève, victime d'avitaminose, est atteinte d'ulcérations de la cornée qui la rendent presque aveugle. Sa peau est couverte de plaies en raison du scorbut.

Dans la bâtisse humide et mal éclairée, son travail de couture s'en ressent, surtout lors des semaines de travail de nuit : les doublures ne sont pas droites, les poches sont décousues trop lentement. Cette maladresse, que le SS prend pour de la mauvaise volonté, le met dans des rages noires. Armé d'une matraque, il frappe la jeune détenue de façon horriblement violente, sur la tête, partout, avec une sauvagerie qui « n'avait rien à voir avec les gifles et les grosses claques de la Gestapo » : « Pendant une semaine, j'ai été battue plus que pendant tout mon séjour au camp. » Les autres détenues, conscientes que Geneviève risque la mort, décident de l'aider. Proche des déportées tchèques, elle bénéficie de leur protection : Milena Seborova, avertie par ses compatriotes de l'atelier de couture, accepte d'intervenir au début de l'été 1944. Contremaître d'un atelier de fourrure où sont fabriquées les pelisses destinées aux soldats allemands envoyés en Russie, elle a un certain ascendant sur le responsable de l'atelier, Herr Schmidt. Catholique, enrôlé contre son gré chez les SS, il a accepté à plusieurs reprises le transfert dans son unité de prisonnières épuisées, par sollicitude ou par peur des conséquences d'une défaite allemande. Au sujet de Geneviève, Milena lui dit : « Herr Schmidt, nul ne sait comment peut finir cette guerre, mais il n'est pas exclu qu'un acte de charité que vous accompliriez aujourd'hui vous soit compté plus tard... » La demande concernant le matricule 27372 est validée.

Geneviève est sauvée. À l'atelier de fourrure, elle est placée sous la responsabilité d'une très ancienne prisonnière politique allemande, Maria Wittmeyer, chargée du magasin des fournitures. La femme la reçoit sans amabilité : « Je n'ai jusqu'ici jamais pris avec moi que des communistes. Mais le comité international m'a demandé de t'aider à survivre. Reste là[40]. » Ce traitement exceptionnel résulte vraisemblablement des liens de Geneviève avec le Général, chef d'une Résistance française où les communistes jouent un rôle de premier plan. Geneviève est hors de danger, mais terrassée de fatigue. Elle passe ses premiers jours à l'atelier de fourrure cachée sous des peaux de lapin, à dormir longuement. Peu à peu, elle reprend des forces, une fois encore aidée des autres prisonnières. Elle observe en frémissant les cargaisons de fourrure venues d'Auschwitz et débarquées à même le sol, magnifiques manteaux en vison, toques de zibeline et de renard blanc, vestes d'enfant, vieilles loques sales. Chaque vêtement porte une histoire, un prénom. Chaque vêtement est l'ombre d'un être disparu. Dans certaines doublures, les nazis trouvent des diamants, qu'ils récupèrent pour les offrir à leur femme.

Le camp est un univers où l'entassement et le besoin d'informations font courir très vite les rumeurs et les nouvelles. Quelques jours après l'arrivée du convoi des 27 000 mille, les détenues savent que la nièce du général de Gaulle se trouve parmi elles. Il est difficile d'établir si cette parenté la fait bénéficier d'un traitement de faveur de la part de ses camarades. Il est vrai qu'à plusieurs reprises, elle est sauvée de la mort par des détenues qui la cachent et la nourrissent. Mais sans doute cette attitude est-elle le fruit d'une solidarité assez générale et la conséquence du comportement remarquable de Geneviève vis-à-vis des autres femmes du camp. En revanche, elle jouit indiscutablement d'une aura historique grâce à son nom. Germaine Tillion en témoigne, lorsqu'elle explique comment elle a connu Geneviève dans le convoi de sa mère : « J'ai tout de suite su qu'elle était la nièce du général de Gaulle. […] C'était une raison majeure pour moi de m'approcher d'elle[41]. » Un épisode plus anecdotique encore permet de mesurer l'importance de ce lien de parenté : un jour, quelques camarades s'amusent à faire circuler le bruit que Geneviève n'est pas du tout la nièce du général de Gaulle, mais une petite communiste du nom de Golotov (le surnom vient de la période où Geneviève, étudiante, portait un turban rouge qui lui avait valu d'être appelée

par ses camarades « La Carmagnole » ou « Golotov ») !
La blague montre *a contrario* combien Geneviève est
célèbre, au point de susciter une rumeur sur une éventuelle imposture.

Aux yeux de toutes les femmes du camp, elle représente « l'officiel français », pour reprendre une expression de Germaine Tillion : « Elle a été la première gaulliste du camp, même si avant nous l'étions aussi. Nous avons considéré le général de Gaulle, dès le 18 juin 1940, comme "l'homme qui avait raison", ou plutôt comme "l'homme qui était du même avis que nous"[42]. » Aussi l'arrivée à Ravensbrück de la nièce du chef de la France libre devient pour elle et les résistantes qui partagent son analyse un événement extraordinaire : « Il y a eu comme une jubilation d'investir Geneviève dans ce rôle de petit de Gaulle[43]... » Du côté des résistantes non gaullistes, c'est-à-dire essentiellement communistes, Geneviève reçoit un accueil également chaleureux en raison de sa gentillesse naturelle, et de son refus viscéral de tout sectarisme politique : l'idéal résistant transcende à ses yeux l'appartenance à tel ou tel clan. « L'homme compte plus que les idées ».

Rendue légitime par un nom glorieux et par un parcours personnel de résistante, la voici chargée par ses camarades de faire des communications clandestines sur les événements en cours ou de donner son avis sur l'évolution de la guerre. Germaine Tillion, qui en 1944 sait peu de chose sur le Général, est heureuse de compléter le portrait de celui-ci : « Ce n'est qu'en captivité que j'ai connu au sujet du général de Gaulle des détails vivants : je les ai accueillis avec une gratitude infinie[44]. »

Pour elle, comme pour beaucoup de Françaises, la présence de De Gaulle à la tête de la France libre permet de tenir bon : « Quel immense réconfort de se dire que tant de souffrances n'étaient pas vaines, qu'elles étaient coordonnées quelque part, en vue d'une finalité raisonnable, par un homme lucide, intègre et inflexible, à la mesure des énormes exigences de notre confiance ! »

La "finalité raisonnable" approche. Le 6 juin 1944, Geneviève apprend quasiment en direct le débarquement allié en Normandie par une camarade qui a dérobé dans les bureaux de l'administration du camp le journal nazi *Der Völkischer Beobachter*. Par le même biais, elle suit l'avancée des troupes alliées sur le territoire français. Anise, qui parle couramment allemand, réussit également à se procurer des nouvelles fraîches et aide ses compagnes à traduire les journaux. Le 25 août 1944, Wlasta Stachova, une détenue tchèque qui a toujours aidé les déportées françaises, accourt bouleversée vers le bloc de Geneviève. Par une chance incroyable, elle vient d'entendre dans les bureaux de l'architecte du camp où elle travaille la retransmission de la descente des Champs-Élysées par le général de Gaulle ! L'architecte s'est en effet éloigné de son bureau quelques minutes tandis que la radio fonctionnait. Les détenues employées dans les locaux en ont profité pour écouter les informations diffusées à ce moment-là. Comme le 18 juin quatre ans auparavant, Geneviève apprend indirectement, à quelques heures près, le tournant majeur que son oncle imprime à l'histoire de France. Comme le 18 juin, plus fort peut-être encore, elle sent son cœur bondir parce qu'elle sait que ce qu'elle subit depuis des mois dans l'enfer du camp n'a pas été vécu pour rien, et que les nazis contre lesquels elle n'a pas cessé de se battre connaissent la défaite.

Le dimanche qui suit, elle se charge d'annoncer l'information à toutes les Françaises de Ravensbrück. Pour l'occasion, elle se fabrique un insigne tricolore qui la désigne pour quelques heures représentante de son pays : avec trois glands qui ornaient à l'origine les épées de parade des officiers SS, un blanc, un bleu, un rouge, dérobés à son atelier, elle se décore en Marianne des pauvres et part de bloc en bloc avertir ses compatriotes de la bonne nouvelle. C'est à cette occasion qu'elle rencontre Jacqueline Fleury qui lui succédera bien plus tard, en 2001, à la présidence de l'Association des déportées et internées de la Résistance.

La Libération de Paris ne signifie pas la fin du martyre des femmes de Ravensbrück. Au contraire, leurs défaites poussent les nazis à accélérer les productions militaires issues des camps. Pour gagner en rentabilité, ils décident d'éliminer les femmes improductives, c'est-à-dire âgées ou malades. Rapidement, le recours aux exécutions classiques ou au gaz d'échappement est jugé trop inefficace. En janvier 1945, un petit camp d'extermination appelé *Uckermarck* ou *Jugendlager* ouvre ses portes juste à côté de Ravensbrück. Selon Germaine Tillion, les SS tentent de dissimuler l'utilité macabre de ce camp, afin de ne pas provoquer la révolte des déportées et de maintenir la main-d'œuvre en état de travailler : ils présentent le *Jugendlager* comme un camp de repos où les détenues n'auront plus à travailler... Des centaines de femmes s'y inscrivent spontanément... À la même période, un second four crématoire est mis en marche. Il fonctionne vingt-quatre heures sur vingt-quatre. En février 1945, une chambre à gaz est construite. Jusqu'à son arrêt en avril, elle assure le gazage de deux mille quatre cents prisonnières. Cette année-là, la mortalité frappe 60 % de la population entassée à Ravensbrück, ce qu'une circulaire nazie juge malgré tout insuffisant[45].

Un camp de femmes donne lieu a des atrocités spécifiques, qui touchent le cœur de l'identité féminine. Les stérilisations forcées de jeunes Tsiganes en sont un exemple éloquent. Le traitement infligé aux enfants, insupportable en lui-même, détruit simultanément et de façon irréversible les mères qui y assistent impuissantes. Geneviève de Gaulle, sans doute comme toutes ses compagnes, en est marquée à vie. Déjà, à Fresnes, elle avait assisté à des séparations forcées, tout comme Germaine Tillion : « À Fresnes, j'ai entendu hurler une femme toute la nuit. Elle avait été séparée de son bébé, de son bébé qu'elle allaitait encore. Elle était dans la cellule en dessous de la mienne. Je l'ai entendue gémir et pleurer toute la nuit[46]. » Dans le camp de concentration, l'horreur gagne en degrés. Les femmes enceintes sont contraintes à l'avortement. Pourtant, près de huit cents bébés voient le jour à Ravensbrück. La plupart de ces nouveau-nés sont noyés sous les yeux de leur mère dans un seau d'eau, et meurent au terme d'une agonie qui dure de vingt à trente minutes en raison de leur système respiratoire encore immature. À partir de septembre 1944, toutefois, une *Kinderzimmer* (pièce pour enfants) est affectée aux naissances. Les nourrissons les plus forts parviennent à y survivre trois mois au plus.

Au début de 1945, les conditions du camp se dégradent et la *Kinderzimmer* est fermée. Assignées dans le bloc des Tsiganes, les mères non allemandes et leur nourrisson sont envoyés vers Bergen-Belsen. Pourtant, comme toujours, la terreur qui s'abat sur les baraques laisse intacts quelques îlots d'humanité. Certains enfants nés à Ravensbrück survivent, cachés par leur mère et les femmes qui l'entourent, nourris tant bien que mal, protégés. Deux petits garçons et une petite fille sont ainsi dissimulés par les Françaises. Ils sortiront vivants du camp.

Pendant les huit premiers mois passés à Ravensbrück, le matricule 27372 est traité par l'administration du camp à l'égal de ses congénères. Seule l'infirmière en chef, l'*Oberschwester* (« Sœur », mais elle n'est pas religieuse) Élisabeth Marschall, francophone, a remarqué cette Geneviève de Gaulle venue plusieurs fois se faire soigner dans ses locaux. Elle l'a régulièrement mise à la porte en lui tenant des propos désagréables sur le chef des Français libres. Mais le 3 octobre 1944, un retournement complet se produit de la part de l'administration. Une surveillante vient chercher Geneviève pour l'emmener devant Fritz Suhren, le SS qui commande le camp depuis octobre 1942. Après l'interminable période qu'elle vient de vivre hors du monde d'avant, Geneviève découvre un bureau confortable, meublé de bibliothèques bien garnies. Elle ignore les raisons de sa convocation à la *Kommandantur*. La première question de Suhren, posée en allemand, la laisse interloquée :

« Comment allez-vous ? »

Geneviève accepte de ne pas voir dans cette interrogation une forme élaborée d'humour noir, et répond avec franchise que son état est déplorable, que ses yeux notamment sont très abîmés. Après une brève conversation, le SS conclut que les conditions de détention de la Française sont insatisfaisantes. Il ordonne qu'elle change de bloc et de travail. Geneviève refuse, ce qui peut paraître surprenant – pourquoi renoncer à une amélioration de ses conditions de vie ? –, mais s'explique par l'intégrité de la jeune fille. Elle ne veut pas recevoir un traitement particulier qui la désolidariserait de ses compagnes, ni quitter le bloc où la présence de Jacqueline est son unique joie. Cette solidarité inspirée par sa foi chrétienne est son socle, comme elle le répète avec force en 1946 : « Il n'y a pas de salut sans mes frères. La prostituée à côté de moi, et l'autre qui a volé mon pain hier, et ces vieilles femmes au teint terreux : elles sont à moi, elles sont miennes. J'y tiens, je ne m'en séparerai jamais[47]… » Auprès de Suhren, elle plaide en faveur de ses camarades françaises, qui auraient bien besoin elles aussi de voir leur existence améliorée, et ose suggérer de regrouper les prisonnières par nationalités afin d'adoucir leur sort. Suhren ne veut rien savoir. Il renvoie le matricule 27372 après avoir donné l'ordre de l'installer le soir même au bloc numéro 2 et de lui affecter un poste à l'infirmerie. C'est bientôt chose faite. L'infirmière en chef accueille froidement la nouvelle venue, mais le médecin-chef SS, le docteur Percival Treite, se montre d'une grande courtoisie. Il confie à Geneviève un poste au bureau des écritures. Dans son nouveau bloc, Geneviève trouve une seule Française, Baty, coiffeuse des surveillantes.

Geneviève, cependant, est au bord de l'épuisement. Le 7 octobre, elle s'évanouit durant l'appel. Cette fois, pas de coups de schlague, mais un séjour à l'infirmerie qui dure jusqu'au 27 octobre. Le lendemain, en pleine nuit, une patrouille de SS fait irruption dans le bloc numéro 2 et emmène la Française. Encore engourdie de sommeil, Geneviève reprend vite ses esprits en songeant que les SS l'emmènent au peloton d'exécution. Elle a certainement énervé Suhren par les revendications énoncées dans son bureau, puis confirmées, quel culot, par une lettre... Mais le commandant du camp, qui l'attend, lui annonce contre toute attente qu'elle est transférée au cachot, tout en précisant qu'il ne s'agit pas d'une mesure punitive. Ce n'est que bien plus tard, après sa libération, que Geneviève saisit les raisons de son enfermement du 28 octobre 1944 à la fin de février 1945 : Himmler, assez lucide pour comprendre que l'issue de la guerre tourne au détriment de l'Axe, cherche à garantir son avenir. Or quatre membres de la famille de Gaulle sont, à cette époque, prisonniers des camps allemands – Pierre de Gaulle, le frère du Général, Marie-Agnès et Alfred Cailliau, sa sœur et son beau-frère, et Geneviève. Himmler croit tenir là une monnaie d'échange. Au début du mois d'octobre 1944, il fait parvenir au chef de la France libre une proposition qui consiste à libérer ses proches en échange de prisonniers allemands retenus par les Alliés. Une deuxième demande suit, vers le mois de décembre. La troisième date de février 1945 et parvient sous forme de lettre au général de Gaulle : « On doit, général de Gaulle, vous tirer très bas son chapeau, mais [...] le seul chemin qui puisse mener votre peuple à la grandeur et à l'indépendance, c'est celui de l'entente avec l'Allemagne vaincue [...]. Entrez en rapport, sans délai, avec les hommes qui, dans le Reich, disposent encore d'un pouvoir de fait et veulent conduire leur pays dans une direction nouvelle. […] Si vous dominez l'esprit de vengeance, si vous saisissez l'occasion que l'histoire vous offre aujourd'hui, vous serez le plus grand homme de tous les temps[48]. »

Le Général, bien entendu, refuse tout net de répondre à Himmler, parce qu'il considère comme inconcevable l'idée de traiter avec les nazis. Mais ce n'est pas sans douleur qu'il laisse les membres de sa famille entre les mains de leurs bourreaux. Sa secrétaire, Élisabeth de Miribel, en témoigne : « Un soir où il m'a parlé de Geneviève à Alger, il avait les larmes aux yeux[49]. » Himmler, toutefois, désireux de conserver toutes ses chances, se préoccupe soudain de l'état de ses otages. Informé par Suhren de la très mauvaise santé de Geneviève, il demande le 3 octobre 1944 à ce qu'elle soit mise en isolement au Bunker. Il sait que la jeune femme peut être tuée à chaque instant dans le camp par un SS impatient. Geneviève a souvent expliqué que les prisonnières étaient perpétuellement « à la merci de quelqu'un qui pouvait les tuer : j'ai vu tout près de moi, sur un chantier, une femme qui a eu la carotide tranchée par un coup de bêche asséné par une surveillante allemande. J'en ai vu d'autres, bien d'autres… Mais c'était presque banal. On n'avait pas plus le droit à la vie qu'on avait le droit à autre chose[50] ». Sans l'intervention d'Himmler, motivée par le lien de parenté de Geneviève avec le chef du gouvernement provisoire de la République française, il y a fort à parier que la déportée 27 372 n'aurait pas survécu à Ravensbrück.

En octobre 1944, Geneviève ignore tout des tractations de Himmler. Elle reste persuadée que sa fin est proche. Le Bunker – bâtiment cellulaire – inspire en effet la terreur aux prisonnières, puisque c'est entre ses murs de pierre que sont incarcérées les femmes en attente de punition ou d'exécution, ainsi que les cobayes. Enfermées dans l'obscurité complète, nourries de pain tous les trois jours, de soupe tous les cinq jours, elles ne sortent pas du cachot. Après 1945, les déportées apprendront que certains officiers allemands, notamment ceux qui ont été impliqués dans le complot contre Hitler en 1944, ont été détenus au Bunker de Ravensbrück avant leur exécution.

Geneviève est emmenée dans un cachot situé au sous-sol, où l'humidité suinte. Toutefois, luxe immense, elle dispose d'une paillasse, d'une couverture, d'un robinet, de WC et même d'une table et d'une chaise en bois. Le volet du soupirail a été retiré. Mais pendant trois jours, la porte ne s'ouvre pas. La faim ronge la prisonnière. Au bout de ces heures interminables, une gardienne jette enfin un coup d'œil dans la pièce et découvre Geneviève, totalement oubliée par les SS. À partir de ce moment-là, une ration de nourriture est servie une fois par jour à la jeune femme, qui ne mange guère cependant, puisque son estomac n'est plus habitué à tant d'abondance et qu'elle est frappée d'une rechute de pleurésie.

De surcroît, l'isolement pèse rapidement sur le moral de Geneviève. Enfermée dans ce Bunker comme dans une tombe, seule au fond de sa cellule humide, loin de sa nouvelle famille de camarades, elle connaît une déréliction radicale. En quatre mois, elle ne sort que trois fois pour un tour solitaire dans la cour de la prison. Les seuls visages qu'elle voit sont, de temps à autre, celui de sa gardienne, et chaque jour celui d'une vieille femme témoin de Jéhovah qui lui pousse sa ration par un guichet – les nazis ont interdit les témoins de Jéhovah et emprisonnent les adeptes récalcitrants. Coupée du monde entier, Geneviève se surprend pour la première fois à douter. « Dieu était étrangement absent. Je ne peux pas dire que j'ai douté de son existence, mais il n'était pas là dans ce Bunker[51]. » Elle essaie de prier, entame le *Notre Père*, le *Je vous salue Marie*. « J'essaie de me remettre à la miséricorde du Père, de m'unir à l'angoisse de Jésus au jardin des Oliviers. » En vain : « Ce n'est même pas un silence qui me répond, mais la misérable rumeur de ma détresse[52]. »

Dans sa cellule où un froid glacial s'est installé avec l'hiver, Geneviève tente de ne pas mourir et pense à ses camarades, Jacqueline, Danielle, Kouri, Milena, Grete. Tiennent-elles toujours bon ? « Je ne savais pas ce qu'elles devenaient, si leur sort était affreux, si on les avait tuées […]. Je ne savais rien du tout. Je ne savais pas les nouvelles de la guerre, je ne savais rien[53]. » De son côté, Jacqueline garde un souvenir horrible des mois qui s'écoulent dans l'absence de Geneviève, ainsi qu'elle le confie à son amie dans une conversation de 1997 : « Quand tu es partie, c'était une espèce de chaos, toute cette période où j'ai été privée de ta présence[54]. »

Alors que Noël approche, ce silence devient insupportable à Geneviève et elle tente de communiquer coûte que coûte, avec n'importe qui. De sa robe, elle sort une aiguille cachée et brode un petit carré de tissu qu'elle orne du numéro matricule de la vieille femme qui lui sert à manger. La veillée de Noël commence. Peu à peu, la nuit se remplit de cris, puis de plaintes et de gémissements. Suhren a choisi le jour de la naissance du Christ pour administrer la bastonnade aux prisonnières du cachot. Les coups de schlague sont donnés par série de vingt-cinq. À cinquante coups, les femmes ne peuvent plus faire un mouvement et mettent des semaines à se relever. « À soixante-quinze, commente Geneviève, on survivait rarement, en général on était tué[55]. » Ce 24 décembre, rouées de coups, les survivantes rentrent dans leurs cellules en pleurant de douleur. « Je ne comprenais pas tous ces gémissements qui remplissaient la nuit de Noël[56] », dit Geneviève. Le matin, les plaintes se taisent. Le temps est suspendu. Une voix se lève. « Je ne sais pas du tout d'où elle venait [...]. Elle a chanté en allemand un cantique qui, traduit en français, s'appelle *Douce nuit. Stille Nacht, heilige Nacht...* » Quand la vieille femme lui apporte à manger, Geneviève lui tend le petit présent brodé en murmurant : « *Fröhliche Weihnachten* » (joyeux Noël). Le lendemain, la témoin de Jéhovah ouvre la porte de la cellule grâce à une clé dérobée aux SS ivres morts, et apporte un colis que les camarades de Geneviève ont confectionné pour elle. Sur le paquet, « Joyeux Noël », et le dessin d'une feuille de houx. À l'intérieur, de véritables trésors dont Geneviève avait oublié jusqu'au souvenir : un petit bout de lard, un gâteau en forme d'étoile, une pomme et une grande étoffe de laine.

Les femmes tchèques qui sont à l'origine du cadeau ont glissé un petit livret avec leur signature. Au fond du carton, une dernière surprise attend la prisonnière : une petite poupée de tissu, dont elle comprend aussitôt qu'elle lui vient de Jacqueline. Geneviève tourne et retourne la poupée, cherche un quelconque signe et finit par trouver, en dessous, les initiales de Jacqueline – J. A. De ce Noël inoubliable, Geneviève reste profondément émue : « C'est vraiment un très très précieux trésor. [...] Je ne peux pas vous donner un plus bel exemple de la fraternité du camp parce qu'il faut imaginer ce que vivaient nos camarades. Elles ont passé le pire hiver à ce moment-là. [...] Passer tout ça, faire tout ça, dans des conditions inimaginables, [...] tout ça était particulièrement risqué. Eh bien, même dans ce cachot où j'étais, elles arrivaient à me toucher, elles arrivaient à me rejoindre. C'est quand même extraordinaire. » Le geste la bouleverse... Elle se sent reconnue et chérie en cet instant où, mise au secret, elle ne devrait être plus rien pour personne. Bien longtemps après la guerre, un jour où Jacqueline et sa petite-fille Aline lui rendent visite, Geneviève leur montre au milieu de son salon une grande boîte qu'elle appelle son coffre à trésor et où sont rangés des objets qui ont marqué sa vie. Parmi ceux-ci repose la petite poupée de Ravensbrück, avec sa robe de soie, son volant en dentelle, tous ces tissus péniblement trouvés par Jacqueline grâce aux camarades qui travaillaient à trier les pillages de guerre nazis.

Au fond du Bunker, Geneviève rêve aux nymphéas de Monet que son père l'emmenait admirer à Paris. Elle prie ses saints préférés, les Saints Innocents, les premiers martyrs de l'histoire chrétienne qui furent des enfants, et le bon larron, pas innocent du tout, mais sauvé par la grâce au tout dernier moment... En dehors de la prière et de la réflexion, la course de cancrelats constitue l'unique et inlassable distraction de la prisonnière. Les joies sont rares, mais leur rareté les décuple. Un jour, Geneviève reçoit une lettre, sa seule lettre à Ravensbrück. Elle reconnaît sur l'enveloppe l'écriture de son père : « Joie, pleurs de joie. Ses phrases sont simples et courtes, pleines d'une immense tendresse, et il nomme chacun des miens, y compris mon frère Roger, le combattant de la France libre. [...] Je chante les *Lieder* que papa m'a appris en s'accompagnant au piano : *La Truite, La Lorelei, Le Vieux Tilleul, Le Roi des aulnes.* » À cause du contrôle postal, son père a dû rédiger sa lettre en allemand. Son texte est « plein d'une immense tendresse ». Étonnant rapport à l'Allemagne ! Au fond du Bunker, c'est par la langue allemande que Geneviève retrouve son père et qu'elle a envie de chanter sa joie, par des chants inspirés de l'Allemagne rieuse, celle de son enfance, celle d'avant le IIIe Reich.

Suhren rend visite à la détenue à la mi-janvier 1945 pour s'informer de son état de santé. Peu rassuré, puisque Geneviève vient de faire une rechute de pleurésie, il la fait transférer au premier étage de la prison. Par la fenêtre, la Française passe des heures à contempler le mur d'enceinte du camp. Plus loin, par-dessus le toit des bâtiments, elle aperçoit des cheminées, dont l'une laisse échapper tout au fil du jour une fumée âcre. Geneviève comprendra, à son retour en France, qu'il s'agit du four crématoire, construit tandis qu'elle se trouvait au cachot. Les grandes sélections pour la chambre à gaz ont lieu à Ravensbrück au cours de l'hiver 1944-1945.

Les jours s'écoulent. Un infirmier interrompt soudain leur monotonie en pénétrant dans la chambre muni d'une seringue. Geneviève est persuadée qu'un poison mortel va lui être injecté : les nazis n'ont-ils pas pour principe d'éliminer les impotents ? En réalité, il s'agit vraisemblablement d'un vaccin contre le typhus. Les bons traitements continuent : quelque temps plus tard, une cure de calcium lui est administrée. À la fin du mois de février, Suhren revient voir sa célèbre prisonnière, accompagné de deux visiteurs qu'il présente comme des personnalités importantes. Le commandant de Ravensbrück est dans ses petits souliers. Il disparaît quand ses mystérieux hôtes lui demandent de sortir de la cellule de Geneviève. Là, les deux hommes, un médecin militaire et un civil allemand, l'interrogent sur son parcours depuis son arrestation. Finalement, ils accompagnent Geneviève à la *Kommandantur*, dans l'infirmerie des SS, mieux équipée, et lui font passer une radio. Ils constatent une pleurésie avec rechute et s'indignent qu'aucun dossier médical n'ait été constitué. Geneviève est ensuite reconduite dans sa cellule, stupéfaite par ces événements, ne sachant comment les interpréter.

Une semaine plus tard, on l'extrait de nouveau de sa cellule. Elle accomplit de singulières formalités à la prison, puis est conduite au bureau de la Gestapo situé dans le camp. Là, contre toute attente, l'interprète lui sourit et lui dit beaucoup de bien de la France. Elle lui demande même de lui écrire quelques mots en français. Geneviève abasourdie laisse aller sa mémoire et note le refrain d'une chanson de Lucienne Boyer : « Parlez-moi d'amour, redites-moi des choses tendres... » Le responsable l'appelle par son prénom, et non plus par son numéro, ce qui la fait « presque défaillir[57] ». À la fin de l'entretien, elle apprend qu'elle va quitter le camp.

On lui remet des vêtements et des chaussures de tennis blanches, peu adaptées il est vrai au sol encore couvert de neige. Une autre prisonnière est du voyage. Il s'agit d'une Américaine, Virginia d'Albert-Lake, dont Geneviève estime l'âge à soixante-dix ans. En réalité, la femme n'en a que trente mais elle a contracté le typhus et sa maigreur est terrifiante. Deux SS et une surveillante originaire de Sarrebrück, de cette Sarre où Geneviève a grandi, sont chargés d'accompagner ces prisonnières particulières vers une destination que nul ne semble connaître.

Le convoi va vivre un périple chaotique dans une Allemagne de fin de règne, où les moyens de transport ne fonctionnent plus que de façon irrégulière, au hasard des destructions, des bombardements. Les SS ont-ils reçu des instructions précises ? Les hésitations qui ponctuent leur parcours semblent indiquer que non. Geneviève de Gaulle a l'interdiction de révéler son nom à qui que ce soit. Pour les deux prisonnières épuisées par des mois de camp, le voyage s'avère une dernière épreuve pénible. Parti de Fürstenberg, gare la plus proche de Ravensbrück, le petit groupe prend un train jusqu'à Berlin où les Alliés intensifient leurs bombardements, entamés depuis 1941. Geneviève découvre la capitale du Reich transformée en ville fantôme, peuplée de spectres errant dans les champs de ruines. L'écrivain Helga Schneider a décrit ce Berlin incendié où « de chétifs moyens de transport se traînent avec circonspection comme des bêtes résignées à recevoir le coup de grâce, où les écoles sont sans élèves, les magasins sans marchandises, les théâtres sans comédiens et les églises sans fidèles […] parce que les nefs immenses servent de morgue et où, dans les rares hôpitaux qui restent debout, manquent l'eau, l'électricité, les médicaments et les médecins. Une ville où plus rien ne fonctionne, sauf les téléphones, qu'on entend parfois sonner, lugubres, sous un tas de gravats[58] ».

Après Berlin, le trajet reprend vers le sud en train militaire. Rien à voir avec l'entassement du train à bestiaux du voyage aller Paris-Ravensbrück : cette fois, un compartiment de première classe a été réquisitionné. Le voyage dure des dizaines d'heures. Malgré les consignes, les gardiens laissent entrer dans le compartiment des deux rescapées un jeune officier d'aviation de la Luftwaffe à la poitrine très décorée. Lorsqu'il entame une conversation avec les deux jeunes femmes, les SS n'osent pas l'en empêcher.

L'intrépidité de Geneviève n'a pas été entamée par les mois passés au laminoir de Ravensbrück. C'est avec le plus grand calme que la femme amaigrie, usée, décrit les horreurs du camp à l'as de l'aviation qui lui fait face. « Très fier de son pays, il chercha en vain à me persuader que les Allemands avaient, en dépit des apparences, gagné la guerre. N'étaient-ils pas entrés en vainqueurs dans toutes les capitales d'Europe ? Je lui rétorquai que les Alliés, eux, auraient certainement à leur actif deux capitales de plus, les Allemands n'ayant jamais pénétré à Londres et les Alliés allant bientôt prendre Berlin[59]. » Le train arrive péniblement jusque dans la banlieue de Munich. La voie ferrée ne va pas plus loin et c'est tard dans la nuit que les prisonnières pénètrent dans la ville, sous un clair de lune étincelant. Munich n'est plus qu'un champ de ruines. La Marien Kirche ne dresse plus qu'une seule de ses deux flèches vers le ciel limpide. La prison, en revanche, est encore debout. Les deux femmes y passent la nuit, après un énième interrogatoire. Puis la pérégrination reprend, vers Ulm cette fois. Mais la ville, qui vient de subir un bombardement au phosphore, est en feu. Les SS doivent installer leurs prisonnières dans l'auberge d'un petit village. Pour Geneviève, c'est « la première reprise de contact avec la vie "normale" », avec un lit, un édredon épais, tandis que l'un des SS dort à même le sol en travers de la porte, et l'autre sur une table de la salle de restaurant. Quelques jours plus tard, à Stuttgart, c'est-à-dire à une centaine de kilomètres de la frontière française, un fonctionnaire du ministère de l'Intérieur leur annonce qu'elles vont être intégrées à un camp d'Anglo-Américaines. Geneviève et Virginia repartent vers Ulm. Mais, traumatisée d'avoir été quelques mois auparavant la seule survivante d'un bombardement, la surveillante leur fait quitter la ville et les conduit dans un village de la vallée du Danube. Le choix ne se révèle guère opportun : les forteresses volantes déchirent le ciel et larguent leur chargement d'explosifs le long du fleuve. C'est de nouveau la fuite, dans la débandade, entre des civils effrayés, une vieille dame dans une chaise d'infirme, un sous-officier allemand revenu du front russe, les morts qui jonchent la route... Miraculeusement indemnes, les deux femmes et leur encadrement prennent la route à pied. Un train les conduit ensuite dans le Wurtemberg vers le lac de Constance. Le 6 mars 1945, elles parviennent enfin à destination, au camp de prisonniers de guerre de Liebenau, installé dans un asile dont les malades ont été depuis longtemps exterminés. Là, la convention de Genève de 1929 s'applique et les détenus sont en sécurité.

Dans cet hôpital peuplé de prisonnières britanniques et américaines, Virginia et Geneviève se reposent pendant de longues et belles semaines, couchées dans de vrais lits, nourries convenablement, sans corvées, sans cris, sans bastonnades… Le printemps commence à fleurir une terre qui n'est pas noire, à courir sur les collines ; des arbres, des arbres d'un vert si tendre qu'il fend le cœur, frissonnent dans un vent doux. Tandis que Geneviève reprend un peu de force, la Croix-Rouge internationale poursuit ses démarches auprès des Allemands pour obtenir sa libération. L'organisation humanitaire redoute en effet qu'à l'instar des autres membres de sa famille retenus en Allemagne, Geneviève soit emmenée par les derniers nazis irréductibles dans le réduit de Bohême-Moravie où Hitler a juré de se battre jusqu'à la mort. La Croix-Rouge internationale engage, pour mener les tractations, un délégué suisse qui s'est déjà occupé de la libération des Françaises internées à Mauthausen. Il entre en relation avec un SS d'origine alsacienne qui parle couramment français et qui est intimement lié à Himmler.

Le 20 avril, deux jours avant l'arrivée à Liebenau des spahis français qui progressent dans la région, Geneviève est définitivement libérée. La Croix-Rouge l'emmène à travers le Wurtemberg jusqu'en Suisse.

La détention de Geneviève avait commencé dans un véhicule noir de la Gestapo, par un long adieu aux rues de Paris, au soleil miroitant sur les toits de zinc. Elle s'achève dans un véhicule de la Croix-Rouge, dans la douceur d'un printemps rédempteur, sur un horizon d'arbres fruitiers en fleurs. L'eau du lac de Constance est lisse comme un miroir. À peine en Suisse, Geneviève se précipite sur un téléphone pour appeler son père qui, nommé entre-temps consul général de France en Suisse, est en déplacement de Genève à Bâle. Elle le retrouve dans la petite ville de Winterthur, la nuit tombée. L'émotion qui les étreint les empêche de parler. Xavier de Gaulle serre dans ses bras sa fille méconnaissable : maigre à faire peur avec ses quarante-quatre kilos, les yeux enflés par les irritations de cornée, la peau couverte de plaies, Geneviève, à vingt-quatre ans, ressemble à une vieillarde. Pourtant, le devine-t-il, sa fille sort de l'épreuve avec une certaine paix de l'âme. La Résistance et la déportation lui ont permis de dépasser l'ancienne souffrance en accédant à l'universel – la souffrance humaine – et en s'appuyant sur une famille élargie : Charles de Gaulle, les cousins et les oncles occupés par leur devoir envers la patrie, la grande famille de la Résistance, les amies de Fresnes, les milliers de femmes humiliées dans les camps, privées de nom... Cet incroyable retour de Geneviève à la vie, à travers l'expérience du camp, a été entrevu par sa chère camarade Jacqueline, dans un poème rédigé à la mort de Geneviève en 2002 :

> Dans ton dernier livre Geneviève
> Tu cites Sophocle :
> « Roi, prends garde au désespoir de la jeunesse ! »
> Ce désespoir tu l'as connu
> La résistance en est issue
> Par elle tu as retrouvé
> L'honneur de vivre.

La vie en Suisse, pour une rescapée des camps de concentration, constitue un choc : « C'était très traumatisant, de se trouver tout à coup dans un pays qui n'avait pas connu la guerre. Les magasins étaient pleins. C'était presque choquant. On avait de la peine à supporter cela. » Un jour après les retrouvailles, Xavier de Gaulle emmène Geneviève en France, où il doit assister à une cérémonie dans la commune de Saint-Jeoire en Haute-Savoie. Sur la route, il lui relate les événements survenus dans la famille au cours de la guerre. Roger, le petit frère de Geneviève, a combattu comme engagé volontaire dans l'armée de Lattre de Tassigny. Le château de l'Écho a été réquisitionné par les Allemands, mais malgré cette présence inopportune, Jacques Gourdon, le frère de la défunte Germaine, a participé à la Résistance locale. Menacé par la Gestapo, il a rejoint le général de Gaulle à Alger pour devenir officier de liaison français libre près de l'armée américaine. Lors de la bataille d'Alsace, il a été grièvement blessé par une rafale de mitraillette et a perdu un œil. La Boisserie a été pillée par les Allemands.

La voiture franchit un col et Geneviève retrouve la France. Elle entend sa première *Marseillaise*, entourée des maquisards et des résistants venus des alentours, qui la couvrent en quelques instants de bouquets de roses et de gerbes de lilas cueillies dans les jardins. « Lorsque nous rejoignîmes la voiture de mon père, elle était jonchée de fleurs[60] », se souvient Geneviève.

Pendant ce temps, loin de la paisible Suisse, Himmler négocie avec la Croix-Rouge internationale l'échange de trois cents prisonnières de Ravensbrück contre des auxiliaires de l'armée allemande. Le 5 avril 1945, trois cents Françaises quittent Ravensbrück. Le groupe, diminué des mortes en chemin, arrive le 11 avril 1945 à la gare de l'Est, où Charles de Gaulle les attend. Maurice Schumann, à ses côtés, voit l'émotion du Général et les larmes qui remplissent ses yeux. Le mouvement de libération est lancé. Sur une initiative du comte Bernadotte, vice-président de la Croix-Rouge internationale, vingt-cinq mille détenues des camps de concentration sont libérées aux alentours de Pâques : Germaine Tillion quitte Ravensbrück le 23 avril 1945, Jacqueline le 25.

La France et le monde entier prennent subitement conscience de l'horreur concentrationnaire, même si les femmes qui transitent par Paris et reçoivent l'hommage de la nation ont été choisies parmi les moins marquées par la détention et la privation. Les prisonnières, elles, découvrent avec stupeur des gens et une ville qui ne portent aucun des stigmates de la guerre. Geneviève de Gaulle, dont quelques journaux français annoncent la libération, s'apprête à retrouver elle aussi Paris et à connaître ce choc douloureux avec un monde qui ne peut pas comprendre, et auquel elle essaiera inlassablement d'expliquer.

6

Revivre

Le retour des déportés dans le monde « normal » implique un réapprentissage long et difficile ; il faudra des mois, souvent des années pour que les nuits s'écoulent d'une seule traite, pour que les images de mort n'étouffent plus la joie. À la Libération, le soulagement laisse croire que la réadaptation sera simple. On s'attache surtout à panser les plaies, à reprendre des forces, on se marie, on a des enfants. Mais cette activité de surface, stimulée par le défi de la reconstruction du pays et la réparation des dommages sociaux et politiques, cache une masse d'eau glacée, immobile. Tôt ou tard, il faudra accepter sa présence afin de pouvoir la combattre.

Geneviève de Gaulle aura un cheminement de ce type ; à sa manière, c'est-à-dire sans extrêmes, sans chaos, mais avec une rigueur et une intégrité tant intellectuelles que spirituelles. La chronologie de cette évolution est relativement claire : durant la décennie qui suit sa libération, Geneviève se passionne pour sa vie présente, dans sa dimension concrète et quotidienne. Le « petit de Gaulle » n'a plus de raison d'être. La guerre est finie. Geneviève, qui avait choisi comme son oncle

Charles de se jeter en 1940 dans la Résistance, puis avait dû combattre contre l'inhumain, revient en 1945 à une vie des plus normales. Elle se marie dès 1946 et devient une mère comblée. Mme Anthonioz remplace le « petit de Gaulle ». Si son nom de famille comprend désormais son nom de jeune fille et son nom d'épouse, c'est ce dernier qui concentre à l'époque son identité. Le souvenir de la guerre, son statut de déportée, ce pan de sa vie passé dans les ténèbres ne sont plus au centre de sa personnalité. La première partie de son nom, ce « de Gaulle » qui a joué un si grand rôle pour elle au cours de la guerre, sans jamais disparaître, passe au second plan, et cela jusqu'en 1958.

Cette décennie de décantation – de 1946 à 1958 – correspond étrangement aux années de traversée du désert du général de Gaulle, qui quitte le gouvernement le 20 janvier 1946 et revient au pouvoir lors de la crise algérienne de mai 1958. Il est rappelé à la tête du gouvernement précisément au nom de son rôle salvateur pendant la Seconde Guerre mondiale. Au même moment, en 1958, sa nièce sent le souvenir de la déportation ressurgir en elle avec une puissance que la distance n'a pas entamée. Le retour du passé se produit chez elle au contact d'une réalité contemporaine, la misère des bidonvilles.

Cependant il faut garder le sens de la nuance : de 1946 à 1958, la déportation reste un élément présent dans la vie de Geneviève de Gaulle. Présent, mais pas prégnant. Présent comme une donnée, un fait incontestable, mais pas comme une réalité propre à dominer l'être tout entier. La société française, il est vrai, est peu disposée à écouter les déportés. Les séquelles de la guerre sont lourdes, et la réconciliation nationale passe par une certaine édulcoration du passé : la France, c'est-à-dire la majorité des Français, est restée passive, et n'est pas prête à entendre le récit de celle qui a combattu et vaincu, la France de la Résistance, des batailles, de la déportation... Chacun trouve préférable de remiser les années de guerre dans un passé clos pour tâcher de vivre : « Personne n'avait envie de nous entendre[1] », se souvient Simone Veil. Mais Geneviève dispose d'un confident particulièrement attentif en la personne de son oncle Charles. Germaine Tillion, très proche de son amie à cette période, résume le lien qui unit Geneviève et le Général : « Il respectait beaucoup Geneviève. Elle était sa nièce, mais aussi quelqu'un qui avait pris son parti comme n'importe quelle Française. Quelqu'un de son bord, engagé sur le terrain, sur le sol de son pays[2]. » L'impatience qu'ont l'oncle et la nièce à se retrouver le prouve, de même que la chaleur, retenue par éducation, qui anime leurs échanges. À peine Geneviève libérée, le Général lui écrit : « Je suis très fier que tu sois ma chère nièce » et il l'invite à venir le voir quand elle le désire.

Quelques jours seulement après ses retrouvailles en Suisse avec son père et sa belle-mère, Geneviève n'a qu'une idée en tête : trouver un moyen de se rendre à Paris chez son oncle, qu'elle n'a pas vu depuis le début de la guerre. À cause de la désorganisation qui règne en France libérée, les trains ne circulent plus.

Qu'importe, la jeune rescapée parvient à monter dans une auto qui file vers Paris. Les quatre jours de retrouvailles avec son père s'achèvent là. Geneviève se met en route. Le voyage est long au travers d'une France aux infrastructures dévastées. Elle arrive enfin chez le général de Gaulle, dans la villa qu'il occupe avec sa femme Yvonne et sa fille Anne à Neuilly, porte de Madrid. « C'est une très grande émotion de retrouver mon oncle Charles[3] », note-t-elle simplement. Ce séjour n'est pas anodin : Geneviève veut être proche de ses camarades déportées qui reviennent peu à peu en France et qui transitent toutes par la capitale. Mais surtout, la guerre a noué un lien d'une nouvelle nature entre la rescapée de Ravensbrück et le chef du gouvernement provisoire, un lien paternel ou un lien filial : « Geneviève fut pour Charles de Gaulle comme une fille[4] », affirme aujourd'hui Michel Anthonioz, fils aîné de Geneviève.

Geneviève reste environ un mois dans la villa de Neuilly. Elle y retrouve une vie apaisée, entrecoupée de quelques épisodes mémorables : le 9 mai 1945, au lendemain de la capitulation allemande, arrive le capitaine Alain de Boissieu – qui se fiancera à Élisabeth de Gaulle le 4 novembre de la même année. Il est au volant de la Mercedes blindée d'Adolf Hitler ! Le jeune officier a servi dans la 2e Division blindée du général Leclerc depuis 1943. À ce titre, il a participé à la bataille de Normandie, puis à la libération de Paris, de Strasbourg et à la ruée en Allemagne. C'est lui qui a hissé le drapeau français sur le toit de la résidence de Hitler à Berchtesgaden. Leclerc l'a chargé de ramener la voiture du Führer à Charles de Gaulle. Dans le parc de la villa, le chef du gouvernement provisoire invite sa nièce Geneviève à prendre place dans le véhicule. Elle accepte la proposition, aussitôt rejointe par sa cousine Élisabeth et son chien Floppy.

Le général de Gaulle n'est pas souvent présent. Très occupé par ses fonctions de chef d'État, par la reconstruction, par les décisions à prendre en urgence, il a des semaines chargées et ne rentre que tard le soir... Mais le Général et sa nièce profitent du dimanche pour avoir de longues conversations, lors de promenades à la campagne, notamment dans la forêt de Sénart. Ils s'entretiennent aussi le soir, lorsque Charles de Gaulle a achevé son travail au gouvernement. Après le dîner, ils s'installent dans le salon, jusqu'à 22 h 30 ou 23 heures. Puis Charles enfile sa robe de chambre et part dans son bureau, sauf quand le président de la Commission des grâces vient lui présenter les dossiers des condamnés à mort, une à deux fois par semaine.

Au fil des soirées, le Général narre à Geneviève les épisodes les plus marquants de la guerre, mais lui fait part aussi des difficultés que doit surmonter le pays ruiné. Il lui confie l'angoisse que provoque la responsabilité d'accorder les grâces, ce jugement qui lui accorde le droit de vie ou de mort : « Il disait que c'était terrible pour un homme d'avoir à décider [cela][5] », souligne Geneviève. Un soir, elle lui demande s'il a des critères pour décider d'accorder ou non les grâces :

« J'ai toujours gracié les femmes...

— Vous avez joliment tort ! Les femmes, nous nous sommes battues quand il le fallait comme les hommes, alors il ne faut pas avoir une attitude particulière[6]. »

Le Général lui explique aussi qu'il gracie les mineurs et les intellectuels.

« Pourquoi ? demande Geneviève.

— Parce qu'il faut laisser la liberté aux idées[7]. »

Parfois, Charles de Gaulle demande l'avis de Geneviève, par exemple sur la présence des communistes au sein de son gouvernement : « Je trouvais que c'était une très bonne chose », se souvient Geneviève, qui connaît bien Marcel Paul, résistant déporté en Allemagne, et nommé ministre de la Production industrielle par de Gaulle en 1945. Le 8 mai 1945, le général de Gaulle invite sa nièce à l'Assemblée consultative où il doit prononcer un discours à l'occasion de la capitulation allemande. La date est doublement importante pour les de Gaulle, car c'est ce jour-là que reviennent sur le sol français Marie-Agnès et Alfred Cailliau, sœur et beau-frère du Général, détenus en Allemagne depuis juillet 1944. Dans la prison de Godesberg, au milieu d'une centaine de généraux et colonels français, Marie-Agnès fut assez bien traitée. En revanche, son mari, âgé de soixante-huit ans, libéré le 5 mai 45 d'un commando de Dachau, revient dans un état d'épuisement dramatique. Accueillis dans la villa de Neuilly, les deux rescapés trouvent en Geneviève une âme sensible à leur récit et capable de leur accorder du réconfort. N'a-t-elle pas traversé elle aussi la terrible épreuve ?

L'Allemagne constitue désormais pour la famille de Gaulle un obscur dénominateur commun. Cependant, Charles de Gaulle, dans la perspective de nouer le dialogue avec l'ennemi, envisage de faire rapidement un voyage outre-Rhin. Il s'en ouvre à Geneviève. La rescapée de Ravensbrück sait combien un tel déplacement risque d'être délicat. Elle pressent aussi sa force symbolique : « Vous savez, dit-elle à son oncle, ce sera difficile à faire passer dans la population, les événements sont encore très proches. Mais vous êtes la seule personne qui puisse nous le faire avaler... » Le jugement est lucide, surtout de la part d'une femme qui, à la fin des années 1940, demeure encore convaincue de la responsabilité collective du peuple allemand dans les horreurs nazies. Geneviève de Gaulle, en effet, a défendu lors de plusieurs conférences une position claire à ce propos : « Oui, nous accusons l'Allemagne, nous les rescapés, au nom de nos camarades de camp, du plus monstrueux attentat contre la personne humaine qui ait été imaginé et réalisé dans toute l'Histoire[8] », déclare-t-elle lors d'une réunion tenue durant l'été 1945. En février 1947, elle sera plus sévère encore : « Le peuple allemand lui-même, en bloc, est inculpé dans cette histoire », « le peuple allemand a été amené presque naturellement aux camps de concentration, fleur du régime nazi ». Les Allemands « ne sont pas innocents, parce qu'ils ont accepté les prémices[9] », insiste-t-elle, ce qui lui vaut les applaudissements de l'assistance... Ce jugement sans concession ira s'adoucissant avec le temps, sous l'influence, entre autres, d'un général de Gaulle passionné par la réconciliation franco-allemande.

Le Général montre à Geneviève la lettre qu'il a reçue de Himmler désireux d'échanger les déportés de la famille de Gaulle contre des prisonniers allemands. Après cette lecture stupéfiante, Charles de Gaulle précise à la jeune fille : « Je n'en ai pas parlé à ton père pour ne pas lui causer une angoisse, une peine supplémentaire et inutile[10]. » Geneviève est reconnaissante à son oncle de cette délicatesse qui fait de lui un confident exceptionnel. Elle raconte qu'il « écoutait très bien » : « Il était très attentif, très respectueux de l'histoire de l'autre. C'est sûr que j'ai parlé avec lui plus qu'avec mon père, que j'aimais pourtant tendrement[11]. » Lors de leur retour, les déportés se rendent vite compte de la distance qui les sépare de ceux qui n'ont pas connu les camps : « On ne pouvait pas vraiment partager cette expérience. On ne pouvait la partager qu'entre nous », reconnaît Geneviève. La plupart des rescapés font preuve d'une grande retenue lorsqu'ils racontent leur expérience à leurs proches, car ils craignent de provoquer le malaise. Il arrive aussi que la famille exprime plus ou moins nettement son refus d'entendre une vérité insupportable. Dans le cas de Geneviève et de son père, les deux mécanismes entrent en jeu : depuis son enfance, la fille aînée de Xavier a toujours cherché à protéger son père. À son retour, elle se confie donc principalement à son oncle : « Je lui ai énormément parlé. C'est à peu près la seule personne à qui j'en ai parlé comme cela. J'ai été amenée très vite à faire des conférences, que j'ai préparées de mon mieux, pour communiquer avec les gens, mais il y avait pour moi des choses qui étaient pratiquement indicibles, que je n'ai pas dites à mon père […] mais que j'ai dites à oncle Charles. On a eu vraiment, je dois dire, des moments de très grande intimité[12]. »

Charles de Gaulle, qui considère le sacrifice comme un devoir patriotique et qui, dès lors, a toujours jugé que la souffrance et la mort des résistants étaient commandées par le salut de la nation, est ému par le récit que lui fait sa nièce de la vie en camp de concentration. Une larme coule sur sa joue, confiera plus tard Geneviève. Philippe de Gaulle confirme cette émotion : « D'entendre [Geneviève] conter les détails de sa détention dans l'horrible camp de la mort plongeait chaque fois mon père dans une tristesse dont, me confia ma mère après coup, il avait bien du mal à émerger[13]. » Pour elle, qui n'a pas osé accabler « son pauvre père » avec les horreurs de Ravensbrück, ce travail de délivrance est primordial. Auprès de cet oncle qui a connu les tranchées de Verdun et les violences de la Première Guerre qui, selon ses propres mots, lui ont « laminé l'âme », Geneviève ose raconter les sévices odieux, les odeurs de cadavres, la faim implacable, la barbarie des SS, les terribles expériences menées sur le corps des prisonnières. « Il avait bien compris que ces traitements, cette vie atteignaient les fibres profondes de l'être humain », confie sa nièce.

Geneviève évoque également son expérience auprès d'autres personnes. En 1945, alors que les médecins lui préconisent des mois de repos, elle ne se ménage pas et parcourt la Suisse, la France et la Belgique pour donner des conférences sur l'univers concentrationnaire. Le comité SOS de Lausanne, qui a aidé les enfants des pays occupés pendant la guerre, organise plusieurs rencontres avec Geneviève de Gaulle, dans la grande salle de la Réformation à Genève, ou dans des temples protestants, du Valais au Tessin, de Berne à la Suisse alémanique... Le soulagement personnel n'est pas le but principal de ces prises de parole, précise Geneviève : l'objectif est de « récolter de l'argent pour faire venir en Suisse des déportées françaises et les y soigner ». Lors de cette tournée helvétique, quelques mois à peine après le retour de Ravensbrück, elle est accompagnée d'Anise Girard (« Danielle »). De ville en ville, les deux femmes partagent les mêmes chambres d'hôtel et parlent pendant des nuits entières. Anise, qui est originaire de la Franche-Comté, invite Geneviève dans sa famille. Dans la ferme d'un cousin, Geneviève essaie de traire une vache. Anise rit aux éclats : avec ses petites mains, son amie n'arrive à rien !

Au fil des semaines, Anise découvre le talent oratoire de Geneviève : « Comme son oncle, elle avait un don pour parler. Plus encore que lui, même. Elle se concentrait, réfléchissait, n'écrivait rien. Tous deux parlaient la même langue[14]. » Étant donné cette qualité et la profondeur de son expérience, Geneviève est très sollicitée. Les milieux catholiques antinazis demandent son témoignage. Pendant l'été 1945, sur l'initiative de Stanislas Fumet, de la revue *Temps présent*, elle tient une conférence au Gaîté-Palace de Gentilly, devant des centaines de gens. Le public, qui comprend aussi bien des petits-bourgeois que des communistes, des garçons à casquette que des généraux, est captivé. Stanislas Fumet se souvient : « Lorsque la voix de Geneviève de Gaulle, légèrement enrouée, s'éleva, chacun sentit qu'elle était à la hauteur de son nom. Le récit qu'elle fit de sa captivité, le calme de sa pensée, la justesse de chacune de ses paroles, leur noblesse naturelle, allèrent droit au cœur de ces hommes, de ces femmes de Gentilly ; j'ai pris en aversion l'adjectif *bouleversant*, qui a été si galvaudé par les littérateurs et la presse, mais ici il était à la lettre comme le qualificatif qui convenait à l'émotion produite par le discours de cette jeune fille qui avait le regard du général de Gaulle – et la qualité de cœur, au sens latin du mot, de ce grand personnage[15]. » « Un silence vibrant planait sur l'auditoire[16] », confirme Élisabeth de Miribel, la secrétaire du général de Gaulle à Londres. Elle rencontre Geneviève pour la première fois à cette occasion. Encore chétive, Geneviève impressionne la foule par son charisme. Elle décrit succinctement le quotidien du camp et, surtout, dégage les leçons de son combat : « Initialement, bien sûr, c'était un sentiment de patriotisme qui nous avait conduits à prendre part à la Résistance française. Si nous avions combattu, accepté les risques de la captivité, de la souffrance et de la mort, c'était pour défendre la France. Et voilà que dans ce camp même nous avons reçu la suprême récompense. Nous croyions avoir défendu la France, eh bien, notre mission était autrement large et grande. En défendant la France, c'était l'homme que nous avions défendu... » Conquise par la jeune rescapée, Élisabeth de Miribel souhaite organiser avec elle une tournée de conférences au Canada et en Amérique latine – le projet n'aboutit pas en raison du mariage de Geneviève quelques mois plus tard.

En janvier 1946, la nièce du Général retrouve à Verbier, en Suisse, ses amies Germaine et Anise. Dans un chalet mis à leur disposition par Élisabeth de Miribel, elles se reposent, profitent avec une joie d'enfant des plaisirs de la neige, s'amusent un jour de sentir sous leurs pieds un petit tremblement de terre, et parlent, longuement. Élisabeth, qui les rejoint, n'a pas oublié ce séjour : « Durant des jours et des nuits, je vais écouter les récits de Geneviève, Anise, Germaine. La manière dont elles parlent de Ravensbrück, avec une lucidité impitoyable mais sans ombre de haine, me bouleverse. [...] De ces trois femmes, épuisées physiquement, se dégage une grande force. Ce n'est pas d'elles qu'elles parlent, mais des abîmes de la souffrance humaine. [...] Leur témoignage serait insoutenable s'il n'était pas empreint d'une grande paix. Elles me semblent passées de l'autre côté des choses[17]. »

Geneviève de Gaulle participe, enfin, à la création et au fonctionnement de l'Association des femmes internées et déportées de la Résistance (ADIR). L'initiative d'organiser, dès octobre 1944, des structures de soutien aux déportées revient aux femmes : « Il est tout à fait remarquable que ces militantes aient alors souhaité créer elles-mêmes, sans soutien politique ou institutionnel au départ, et presque à contre-courant de la société de l'époque, une association spécifique de femmes résistantes », remarque l'historien Philippe Mezzasalma[18]. Cette solidarité féminine trouve peut-être son origine dans l'accueil relativement indifférent réservé aux déportés et plus encore aux déportées à la Libération. Même si le droit de vote est accordé aux femmes par le gouvernement de Gaulle en 1944, le regard que la société porte sur elles n'a guère évolué. Certes, grâce à la Résistance, « elles ont eu leurs porte-drapeaux, sortes de saintes laïques dans la lignée de Jeanne d'Arc, Berty Albrecht, Danielle Casanova. Hormis ces quelques figures de proue érigées au statut d'héroïnes, la plupart sont restées des anonymes. Beaucoup n'ont pas eu de récompense[19] »...

Les résistantes incarcérées en France par l'occupant ou le régime de Vichy, conscientes du caractère novateur de leur participation à la vie politique du pays, sont les premières à fonder en octobre 1944 une association, l'Amicale des prisonnières de la Résistance. En vue d'aider leurs camarades détenues en Allemagne lorsqu'elles reviennent en France, elles aménagent un immeuble réquisitionné au 4, rue Guynemer à Paris. Les déportées y trouvent un soutien médical ainsi qu'une infrastructure d'accueil – chambres, restaurant, vestiaire... La revue de l'Association, *Voix et visages*, leur permet de partager leurs souvenirs. Son titre rappelle « autant les voix des prisons qui sortaient des murs, des fentes des tuyaux, des grillages, que les visages de toutes celles qui se sont retrouvées dans la grande aventure, les visages émaciés de Ravensbrück », commente Claire Davinroy, première secrétaire générale de l'Association. Geneviève de Gaulle Anthonioz devient la directrice de la publication de *Voix et visages* en 1955.

Les rescapées d'Allemagne décident de rallier l'Association : c'est ainsi que naît le 15 août 1945 l'Association des anciennes déportées et internées de la Résistance, groupement apolitique, « uniquement fondé, comme le rappelle Geneviève, sur la solidarité et l'amitié intangibles qui sont nées des circonstances dramatiques que nous avons traversées les unes et les autres. Nos liens entre survivantes sont restés tellement forts, tellement extraordinaires. Cela frappe toujours les gens qui nous rencontrent. Même les femmes qu'on a peu connues, même quelquefois pas connues, il y a quelque chose qui se passe entre nous, on se reconnaît »... À titre d'exemple, l'une des dates anniversaires de l'ADIR est le 2 mars, jour où est commémorée la mort d'Émilie Tillion. La violence d'une expérience commune, que les rescapées ne peuvent partager véritablement qu'entre elles, explique en grande partie la rapidité avec laquelle se constitue l'Association, ainsi que sa vitalité exemplaire.

En 1945, l'État est débordé par la désorganisation des structures, le défi que représente un pays pillé, où les trains ne fonctionnent plus, où la pénurie est générale, où les maisons n'ont plus de chauffage, les banques plus de billets. L'aide aux rescapés des camps n'est, pour l'administration, qu'un épineux problème de plus. Les déportés politiques ne forment de toute façon qu'une minorité – soixante-dix mille survivants – face aux sept cent cinquante mille travailleurs envoyés en Allemagne pour le STO, et plus encore face au million de prisonniers de guerre qui prétendent parfois avoir été déportés eux aussi[20]. Mais la situation est urgente. Les femmes déportées qui rentrent d'Allemagne sont dans un état déplorable. Certaines n'ont plus de famille, plus de maison. La plupart n'ont pas d'argent, et sont souvent trop faibles pour travailler. Le seul bien qui leur reste est cette solidarité à toute épreuve née dans les camps. Dès 1945, l'Association met dix-sept médecins à la disposition des victimes, de même que trois maisons de santé en France et neuf en Suisse. Un premier établissement destiné à la convalescence des déportées est ouvert à Crassier-sur-Nyon. D'autres suivent dans le canton de Vaud, à Neuchâtel, à Fribourg... Geneviève rend régulièrement visite aux quelque cinq cents camarades qui se reposent successivement dans ces établissements. En général elles y séjournent un mois, sauf les tuberculeuses qui peuvent y demeurer un an ou deux. Une aide administrative et à la réinsertion est procurée à celles qui le souhaitent[21]... L'ADIR est financée par les cotisations de ses adhérentes, mais trouve surtout ses fonds auprès de donateurs privés. Le Don suisse lui apporte ainsi une aide importante, de même que la très active Association américaine des amis de l'ADIR, présidée par Caroline Ferriday.

L'ADIR, à côté de son action sociale, se lance dans une démarche exemplaire, celle de l'indemnisation des femmes qui ont été victimes de sordides expérimentations médicales nazies[22]. Surnommées *Kaninchen* (lapins), des détenues dont la plus jeune a quatorze ans à Ravensbrück, ont été emmenées de force, par groupe de cinq à dix, au *Revier* (infirmerie) du camp entre août 1942 et août 1943. Une liste établie en 1948 par l'une d'elles, Nina Iwanska, établit que soixante-quatorze Polonaises, deux Ukrainiennes, une Russe, une Belge et cinq témoins de Jéhovah allemandes ont fait partie des victimes. Au *Revier*, elles ont subi sans asepsie et parfois sans anesthésie des prélèvements de muscles ou d'os, ainsi que des incisions. Le docteur Karl Gebhardt, chirurgien célèbre de Berlin, et le docteur Hertha Oberhauser, jeune fille issue d'une famille chrétienne, y ont injecté des maladies comme le tétanos, la gangrène, ou des microbes comme le streptocoque et le staphylocoque doré, tous importés de l'institut d'hygiène SS à Berlin... « La plupart sont mortes, les autres sont restées infirmes pour la vie », précise Geneviève. Entre février et mars 1945, les nazis ont essayé d'exterminer les survivantes, afin qu'elles ne puissent témoigner. Il semble que le docteur Gebhardt ait été motivé, dans ses actes barbares, par le souci de prouver son talent : en mai 1942, il avait été chargé de soigner Heydrich, *Gauleiter* de la Tchécoslovaquie, victime à Prague d'un attentat de la Résistance tchèque. Or Heydrich décéda bientôt d'une septicémie. Le médecin personnel de Hitler, Morell, suggère au Führer que Heydrich aurait pu survivre si Gebhardt lui avait administré des sulfamides modernes. Dès lors, Gebhardt entendit prouver à la communauté scientifique – et à Hitler – que les sulfamides sont inefficaces dans le traitement de certaines infections provoquées par des blessures. Les cobayes humains de Ravensbrück lui fournirent le matériau nécessaire à l'établissement de ses preuves cliniques.

Après la guerre, Anise Girard, devenue Mme Postel-Vinay, secrétaire générale de l'ADIR, et Caroline Ferriday, pour la branche américaine de l'Association, commencent un long travail de réclamation. Il s'agit de l'une des œuvres les plus remarquables de l'ADIR, notamment parce qu'elle met en lumière des drames qui ont laissé la société trop longtemps indifférente – comme plus tard la dénonciation de la torture en Algérie, qui deviendra dès 1957 une nouvelle cause de combat pour l'ADIR.

Dans le cas des « lapins », les médecins coupables d'expérimentation ont été punis lors des premiers procès du nazisme. Mais la situation des survivantes n'en a pas été pour autant changée. Or ces cobayes représentent le paroxysme du drame des déportées : les sévices qu'elles ont subis constituent comme une surdéshumanisation. Caroline Ferriday joue de ses relations aux Nations Unies pour faire adopter le 14 juillet 1950 une résolution recommandant à l'Allemagne de secourir les victimes d'expérimentations. Cette méthode qui privilégie la patience et le recours à la voie institutionnelle, sans esprit de scandale, sera reprise par Geneviève à partir de 1958 dans son combat contre la pauvreté. Le dossier ouvert par Caroline Ferriday progresse lentement. La loi allemande ne prévoit d'indemniser que les femmes vivant en RFA ou ayant vécu dans le Reich : les autres femmes doivent se tourner vers leur propre gouvernement dans l'attente d'un règlement général de la paix. Bonn redoute, en reconnaissant les victimes internées dans les camps, de devoir indemniser tous les résistants au nazisme. Mais l'administration française n'est guère plus volontariste : la loi française de 1956 sur l'indemnisation des victimes du nazisme ne prévoit pas le cas des femmes cobayes...

Face à une justice qui privilégie surtout le droit de l'État, l'ADIR oppose un droit supérieur de l'individu. Elle exige des réparations générales en fonction du dommage subi, et non en fonction de la situation juridique de la victime. Les expérimentations médicales nazies, véritables crimes dans le crime, obligent à ce changement de point de vue.

Les responsables de l'ADIR entreprennent donc dans un premier temps de rechercher les victimes survivantes par des annonces dans les journaux et des enquêtes auprès d'autres associations. Ils s'entourent d'un comité de soutien, d'un groupe d'avocats et, s'inspirant de l'action menée par les Juifs pour obtenir une indemnisation, plaident aux Nations Unies, au Vatican, à la Croix-Rouge internationale. En 1954, l'ONU adresse à Bonn la liste de cinq cent treize victimes d'expérimentations, établie grâce à l'activisme des branches françaises et américaines de l'ADIR, conscientes qu'il faut agir vite : de nombreuses années se sont déjà écoulées depuis la fin de la guerre, et les victimes décèdent les unes après les autres, quand ce ne sont pas leurs bourreaux qui sont morts, échappant à toute justice humaine. En 1957, par exemple, le docteur SS Carl Clauberg, stérilisateur de cent trente-cinq femmes à Auschwitz et de trente-cinq à Ravensbrück, est mort à Kiel...

L'ADIR multiplie les démarches : Louis Joxe, ambassadeur en Allemagne, René Cassin, vice-président du Conseil d'État, Guy Mollet et Konrad Adenauer, qui doivent se rencontrer à Luxembourg le 4 juin 1956, sont sollicités. Mais l'affaire, considérée comme mineure, lasse les hommes de pouvoir. Les responsables de l'ADIR se heurtent souvent à la raison d'État et à une politesse élusive : même Alexandre Parodi, un moment président d'honneur de l'ADIR, chargé de trouver l'appui de Robert Schuman, finit par baisser les bras[23]. Maurice Couve de Murville, ambassadeur en Allemagne en 1957, recommande pertinemment de clore le dossier en tant qu'affaire et de trouver une issue pratique dans l'intérêt des victimes. L'ADIR porte alors le dossier devant le Vatican, « car Adenauer est censé être en bons termes avec le Saint-Siège[24] » selon Anise. L'Association élève le ton avec les Nations Unies, interpelle le ministre allemand des Finances, s'enhardit. Ce faisant, elle change imperceptiblement de dimension et devient un précurseur des ONG, prenant en charge les victimes des mutilations nazies sans distinction de nationalité, frappant à la porte de toutes les institutions possibles avec l'aide d'un juriste international spécialement recruté. Il s'agit de moins en moins de demander des comptes aux Allemands, mais davantage de faire appel à une loi supérieure, celle des droits de l'homme.

L'implication de Geneviève dans les activités de l'ADIR, de même que ses témoignages sur son passé de déportée représentent un véritable travail de réflexion sur soi et exigent un grand courage. Toutefois, il semble qu'elle ne jette pas dans ce combat les forces vives de sa personnalité : elle paraît plutôt se cantonner au rôle, conféré par son nom, de témoin officiel de l'expérience concentrationnaire. Sollicitée par les anciennes résistantes ou par des personnalités comme André Malraux qui l'invite à s'exprimer à la tribune du RPF – mouvement politique gaulliste fondé en 1947 –, elle accepte volontiers d'évoquer son histoire. Mais son centre d'intérêt est ailleurs, dans l'espoir d'un monde affranchi de la haine et de la violence. À l'instar des gens qui en 1945 « n'avaient pas tellement envie qu'on leur raconte ça [les camps de concentration] », Geneviève ressent cet appel du lendemain, cette volonté de vivre. Sa réflexion sur Ravensbrück est plus qu'un simple témoignage. La jeune femme, qui avait commencé des études d'histoire avant-guerre, insère son expérience de Résistance et de déportation dans un contexte général, celui de la confrontation des idéologies et de l'histoire de l'être humain. Invitée, dès sa création, à rejoindre le comité d'histoire de la Seconde Guerre mondiale, elle étaye son propre récit en recueillant celui d'autres acteurs, elle réfléchit, elle rédige des articles – notamment une contribution à un fascicule sur les enfants au camp de Ravensbrück[25], paru en 1946. Au lieu de se limiter à son parcours, elle cherche à éclairer la compréhension générale du système nazi.

Jusqu'au début de l'année 1946, Geneviève se déplace beaucoup entre la Suisse et la France. À Paris, elle est hébergée chez Germaine Tillion ou chez son oncle Charles : « J'ai eu ma chambre là. J'habitais là quand je voulais, aussi souvent que je voulais, aussi longtemps que je voulais. » Elle n'est plus, depuis longtemps, la jeune étudiante de 1940. Elle n'est déjà presque plus la déportée famélique rescapée des camps. En moins d'un an, son existence a radicalement changé. Sortie de l'enfer, elle goûte de nouveau à la vie.

Peu de temps après son retour de Ravensbrück, elle rencontre celui qui va devenir son mari, lors d'un déjeuner organisé à Genève par le consul général Xavier de Gaulle pour les résistants de Suisse. Geneviève préside une table ; un certain Bernard Anthonioz préside l'autre. Peu après, lors de leur séjour de repos dans un chalet au cours de l'hiver 1945-1946, Germaine Tillion et Geneviève de Gaulle reçoivent la visite de ce jeune éditeur d'art. Il vient leur demander de participer, pour la revue littéraire suisse dont il est rédacteur depuis la Résistance, à un numéro spécial sur Ravensbrück. Germaine Tillion se charge de préparer un article assez dense sur le fonctionnement quotidien du camp, fruit des réflexions entamées pendant sa déportation. Geneviève accepte aussi d'écrire. Bernard Anthonioz, jeune homme de 1,74 m, aux cheveux noirs, les yeux rieurs, énergique et franc, la met immédiatement en confiance. Il est animé des mêmes valeurs qu'elle. Français, né le 28 janvier 1921 à Genève, arrière-petit-fils d'un paysan, fils d'un sculpteur décédé en 1937 des suites du gazage subi en 1916 à Verdun, Bernard a reçu une éducation catholique à Genève, où son père était un membre influent de la communauté française. Très tôt, comme Geneviève, il est sensibilisé à la menace nazie par son professeur de latin-grec, Albert Béguin – grand spécialiste du romantisme allemand expulsé de Halle par le pouvoir nazi[26].

Lycéen, Bernard assiste aux conférences de l'abbé Journet, directeur de la revue catholique suisse *Nova et Vetera*, fer de lance de la résistance au nazisme en Suisse. À la mort de son père, il travaille pour soutenir sa famille, comme relecteur et même comme professeur de gym ! En 1940, tandis que Geneviève entame ses études d'histoire à Rennes, Bernard devient étudiant en lettres à la faculté de Lyon. La guerre le reconduit en Suisse en 1941. Quand, en 1942, Albert Béguin décide de lancer une revue, les *Cahiers du Rhône*, il le rejoint dans ce qui se veut un « refuge de la pensée libre ». L'objectif des rédacteurs est double : permettre à la poésie de continuer à exister, en dépit de la guerre, et offrir aux lecteurs une analyse spirituelle des événements contemporains. Dans la lignée de Charles Péguy, la revue invite à une résistance par la plume. Les rédacteurs de *Défense de la France*, dont Geneviève, étaient également inspirés par Péguy et par la spiritualité française du début du siècle ; ils considéraient la défaite en termes moraux et entendaient combattre l'Occupation avec les « armes de l'esprit » – un peu à l'image des *Cahiers du Rhône* qui se surnommaient « le glaive de l'esprit » !

En janvier 1942, accompagné de sa sœur Béatrice, Bernard Anthonioz va chercher à Nice, en zone libre, le manuscrit « Les Yeux d'Elsa » d'Aragon. Ce sera le premier poème publié dans la revue. D'autres écrivains, comme Jules Supervielle, Pierre Emmanuel, Paul Claudel, Saint-John Perse, Georges Bernanos, apportent leur concours. La première édition du célèbre poème

« Liberté » de Paul Éluard est destinée aux *Cahiers du Rhône*. La diffusion clandestine de la revue dans la région lyonnaise exige un travail long et dangereux, auquel participe activement Bernard, tout comme a pu le faire Geneviève à Paris pour *Défense de la France*. Cette résistance intellectuelle le met en relation avec le monde littéraire et artistique français, ce qui n'est pas sans importance pour ses activités futures. En parallèle, Bernard Anthonioz s'engage plus concrètement dans l'action contre les nazis : il apporte son aide aux Juifs qui cherchent à fuir la France pour la Suisse.

Dans le petit chalet couvert de neige, entre Bernard et Geneviève, un vrai coup de foudre a lieu. Germaine Tillion s'en amuse encore : « Je partais hardiment en ski – sans savoir skier ! – pour les laisser tous les deux ! » Les deux amoureux comprennent rapidement à quel point les sentiments qu'ils se vouent l'un à l'autre sont profonds. « Ce qui nous unissait, avec Bernard, et qui nous a unis toute notre vie, c'est une foi et une confiance dans la valeur de l'homme[27] », note Geneviève. Tous deux ont perdu très tôt un de leurs parents. Mais surtout, leur engagement dans la Résistance, leur goût partagé pour la culture et l'histoire, leur proximité spirituelle, les unit dans cette rare communauté d'esprit qui seule peut nourrir les amours véritables – ce que Geneviève n'avait pas vraiment éprouvé auprès d'Alain Savary, lui aussi résistant du 17 juin 1940, officier dans les Fusiliers marins de la 1re DFL, libérateur de Saint-Pierre-et-Miquelon, compagnon de la Libération et futur ministre socialiste de l'Éducation nationale, que sa tante Yvonne lui présente au Salon d'automne de 1945[28]. Mais les soixante-quatorze toiles de Picasso qui font scandale retiennent davantage l'attention de Geneviève que ce bel officier qu'elle apprécie cependant... Ne pas épouser un authentique héros de la France libre, c'est éviter de s'enfermer dans son personnage au point de devenir une icône de la guerre. Plus tard, quand tante Yvonne essaie de lui faire voir en la personne de l'historien Jean-Baptiste Duroselle un mari potentiel, Geneviève rétorque : « On n'épouse pas un homme qui a les mains moites... » Les relations entre Yvonne et Geneviève trouvent peut-être dans ces deux échecs l'origine d'une certaine distance, même si Geneviève garde une vraie affection et admiration pour sa tante.

Geneviève est élevée au rang d'héroïne par diverses décorations : la Croix de guerre, la médaille de la Résistance, la médaille de la déportation et de la Légion d'honneur. En revanche, l'ordre de la Libération, attribué entre 1940 et 1946 à six femmes sur 1 059 Compagnons, ne lui sera jamais attribué. Le fils du général de Gaulle, Philippe, reconnaît là une volonté sourcilleuse de son père de ne pas favoriser les membres de sa famille : « Il n'a donné la croix de la Libération ni à Geneviève Anthonioz, sa nièce, qui était [...] une résistante déportée, ni à plus forte raison à moi, son fils, dont il avait pourtant dit : "Tout le monde sait qu'il est mon premier compagnon."[29] »

Quant à Bernard Anthonioz, il refusera toutes les décorations sauf celle de Commandeur des arts et des lettres, afin de pouvoir la remettre lui-même aux artistes. C'est un jeune homme cultivé, brillant, plein d'humour. Un homme que Geneviève, dont une des constantes est la modestie, juge à sa mesure et qu'elle n'aura de cesse de mettre en avant.

Dans la Suisse de 1945, les deux jeunes gens se voient régulièrement, non pas chez les parents de Geneviève – les convenances ne le permettent pas – mais au cours de promenades, ou chez des amis. De manière générale, Geneviève invite peu d'amis dans sa famille car Armelle aime préserver le calme de la maison. C'est au restaurant que la nièce du général de Gaulle retrouve ses camarades. Lors d'un déjeuner, elle demande à une amie, Anne Fermier – bientôt Anne de Seynes – ce qu'elle pense de Bernard. La jeune fille lui répond, amusée : « Tu aurais pu faire pire ! » Mais Geneviève n'a plus besoin d'avis ; son choix est fait. C'est elle qui, la première, manifeste son empressement, faisant fi des conventions sociales : elle demande Bernard en mariage, lors d'une promenade à Genève sur le pont du Mont-Blanc pendant l'hiver 1945-1946. Plus tard, leur fils Michel raconte cet épisode avec délectation : « Papa a pris trois jours pour réfléchir. Quand il a fini par dire oui, elle a insisté : "Mets-y les formes[30]." » Le père de Geneviève de Gaulle, aussi ouvert d'esprit soit-il, reste un homme de l'autre siècle, élevé dans le respect des traditions. Et Geneviève se souvient de la mauvaise humeur que Xavier a montrée quelques semaines plus tôt envers son fils Roger, parce qu'il ne l'avait pas consulté avant de lui présenter sa fiancée Gilberte de La Perrière. Par conséquent, il avait refusé de participer aux frais du mariage, qui eut lieu le 23 mars 1946. Geneviève et Bernard prennent donc leurs précautions : le prétendant achète des gants beurre frais, une jaquette et un chapeau pour faire sa visite au père de Geneviève. Les deux hommes s'entretiennent trois heures durant, le temps pour Xavier de s'assurer de la valeur du jeune éditeur d'art. Bernard, qui a quitté en décembre 1945 les *Cahiers du Rhône* pour devenir correspondant de *Nova et Vetera* à Paris, décrit ses activités et ses projets à son futur beau-père. En France, explique-t-il, il a renoué avec ses passions de toujours, la sculpture et l'architecture. Il est devenu responsable pour la France des éditions d'art Skira, fondées en 1929. À l'occasion de ses reportages, il s'est lié d'amitié avec le sculpteur Alberto Giacometti ou encore avec l'écrivain André Malraux. Xavier de Gaulle, lui-même sensible à tout ce qui relève de l'expression artistique, est conquis. Il dit à sa fille : « Je comprends maintenant pourquoi tu as choisi cet homme… »

Geneviève, une fois certaine de l'accord de son père, fait spécialement le voyage de Genève à Paris en train pour annoncer à oncle Charles ses prochaines fiançailles. Elle est reçue au pavillon de chasse de Marly qu'il loue depuis quelques mois. C'est dans le bureau situé au rez-de-chaussée que Geneviève décrit son amoureux à son oncle. Ils sortent dans la forêt aménagée en parc autour du pavillon. Durant cette promenade, le Général évoque son éventuelle démission du gouvernement : depuis la formation de l'Assemblée constituante, les heurts se multiplient entre le chef de la France libre et les députés enfermés dans leur logique partisane. La rupture intervient le 21 janvier 1946, au moment où Geneviève se fiance avec Bernard : la veille même des fiançailles, Charles de Gaulle a remis sa démission au président de la Chambre des députés, Félix Gouin : « Il serait vain, et même indigne, d'affecter de gouverner dès lors que les partis, ayant recouvré leurs moyens, reprennent leurs jeux d'antan », déclare à ses ministres le Général excédé. À un jour de distance, l'oncle et la nièce se libèrent en quelque sorte de la guerre. Charles de Gaulle quitte le pouvoir et commence à livrer son témoignage dans ses *Mémoires de guerre*. Il tente d'insuffler le souffle de la Résistance dans un mouvement politique. Geneviève est fiancée ; elle porte à son doigt une bague dessinée par Bernard, sur laquelle quatre diamants tirés d'une paire de boucles d'oreilles de Germaine Gourdon forment une croix oblongue.

À peine trois semaines après le bel événement, la famille de Gaulle est marquée par un nouveau deuil : Jacques de Gaulle, le frère paralysé de Xavier, meurt le 17 février. La joie et la peine alternent par cycle… Geneviève et Bernard, eux, préparent la cérémonie de leur mariage, qui doit avoir lieu au printemps. Libéré de ses fonctions, Charles de Gaulle accepte d'être le témoin de Geneviève. Sa femme, pourtant, n'a pas envie de faire le voyage à Genève, peut-être parce qu'elle n'apprécie guère la modernité d'esprit de Geneviève, jeune femme qui parle en public et défend ses idées, ni les relations qu'elle entretient avec son oncle, dont elle se sent un peu exclue. Plus tard, Geneviève hilare racontera à ses enfants comment oncle Charles régla le problème du voyage en Suisse.

« Vous irez seul à ce mariage, mon ami, et ferez vous-même vos valises », avait dit Yvonne à son mari.

Voyant sa fille Élisabeth passer par là, Charles lui demande :

« Élisabeth, voudriez-vous bien préparer mes valises ?
– Bien sûr, papa. »

Se tournant vers sa femme, Charles réplique alors :

« Eh bien ! vous voyez, ma chère, nulle n'est irremplaçable ! » Finalement, tous deux se rendront à la cérémonie.

Le 28 mai 1946, le mariage civil est célébré à Bossey, village situé à proximité de la frontière suisse et dont la famille Anthonioz est originaire. Le lendemain, en l'église Notre-Dame à Genève, Geneviève de Gaulle et son mari reçoivent le sacrement des mains du futur cardinal Journet, le grand ami de Paul VI et de Jacques Maritain. Sur le parvis, souriantes, émues, les compagnes de déportation sont là. Seule Jacqueline d'Alincourt n'a pas pu être présente : elle est partie vivre aux États-Unis avec Pierre Péry, revenu comme elle de déportation, et qu'elle a épousé en novembre 1945. Geneviève avait participé en tant que témoin à la cérémonie de son mariage où tous, y compris le célébrant, étaient d'anciens déportés. Germaine Tillion est en revanche présente à Genève, et rencontre pour la première fois le général de Gaulle. Présentée à la petite femme, le chef de la France libre lance : « J'ai beaucoup entendu parler de vous. » Germaine, qui ne se laisse pas impressionner, rétorque : « Moi aussi. » Une semaine après leur mariage, Geneviève et Bernard interrompent leur voyage de noces pour se rendre au mariage d'Anise et d'André Postel-Vinay. La fraternité d'armes continue à marquer profondément leur existence.

Les femmes qui ont connu le régime concentrationnaire gardent des séquelles physiques et psychologiques. Il leur faut une force extraordinaire pour se réapproprier une vocation d'épouse et de mère. Jacqueline, par exemple, à qui les médecins avaient déconseillé de devenir mère trop tôt en raison de son extrême faiblesse, ne se remet de son accouchement qu'au bout de cinq ans. Sortir son enfant du berceau est pour elle un geste épuisant. Certaines femmes, au reste, ne retrouveront jamais la joie de vivre. Mais pour d'autres qui sont jeunes, ou moins abîmées, quel sursaut ! C'est avec une sorte de frénésie qu'elles entrent dans leur nouvelle vie. « À cette époque, souligne Geneviève, j'ai fait le plein de bonheur » ; le bonheur d'être amoureuse, de faire chanter son corps, ce corps qui a été nié et martyrisé. Isabelle Anthonioz se souvient que ses parents « formaient un couple très amoureux. » Le bonheur, c'est de sentir son sang couler, de mettre au monde des enfants, de perpétuer une vie qui a failli plus de cent fois être brutalement éteinte : « La maternité, pour nous, c'était l'antidote de ce que nous avions vécu en déportation, l'espoir de pouvoir vivre quelque chose de nouveau, une espérance », confie Geneviève. Le 8 avril 1947, Geneviève met au monde son premier enfant, Michel, dont le parrain est l'abbé Journet. Trois autres le suivent de peu, François-Marie le 7 mai 1949, Isabelle le 19 septembre 1950 – sa marraine est Marie-Louise, demi-sœur de Geneviève – et Philippe le 7 décembre 1953. « J'étais émerveillée d'avoir des enfants. Je voulais qu'ils soient heureux, aussi heureux que possible », confie la maman. Tous témoignent, cinquante ans après, du bonheur qui fut le leur, dans

« un milieu familial tendre et affectueux », avec une mère « qui avait la volonté de nous donner tout ce qui lui avait manqué[31] ». Les amies de déportation sont associées à cette joie familiale : Germaine Tillion est la marraine de Philippe, le plus jeune des enfants Anthonioz. Quant à Violaine, la première fille de Jacqueline Péry d'Alincourt, née en août 1946, sa marraine est évidemment Geneviève de Gaulle.

Geneviève vit un bonheur tranquille. La grandeur de sa lutte et les douleurs de sa déportation reçoivent un nouvel éclairage de ce présent heureux. Certes, elle a reçu la reconnaissance de la patrie, en étant élevée au grade de chevalier de la Légion d'honneur le 18 avril 1947, à l'âge de vingt-six ans. Mais sa vie ressemble à celle de n'importe quelle femme française de l'époque. À ses débuts, le jeune couple vit dans un logement prêté par Germaine Tillion – qu'elle occupait elle-même en l'absence d'une amie, Jeanne Cuisinier, partie en mission en Indochine. Bientôt, Bernard et sa femme s'installent avenue Rapp. Le quartier présente un certain standing, mais les Anthonioz ne sont assurément pas ce que l'on appelle des « bourgeois ». L'habitation leur a été proposée à la suite d'une réquisition : en raison de la pénurie de logements, une loi oblige les propriétaires de résidences vacantes à les louer aux gens qui sont sans toit, notamment aux Français qui ont servi leur patrie pendant la guerre. Dans une superficie de soixante mètres carrés environ, le couple loge la maman de Bernard sur un sofa dans le salon, puis un, deux, trois, et enfin quatre enfants, sans compter la bonne. Les petits partagent la même chambre. Geneviève se préoccupe de nourrir son ménage, malgré les difficultés de ravitaillement d'une France où les tickets de rationnement sont en vigueur jusqu'en 1947. Dans la petite cuisine, un modeste réchaud à gaz permet de cuire les plats ; il faut déplacer l'embout du tuyau en fonction du cuiseur retenu. Pas de machine à laver, ni de réfrigérateur. « On avait ce qu'il fallait pour vivre, on devait juste faire attention, c'était la débrouille, voilà tout », commente Geneviève.

La famille parvient de temps en temps à partir en vacances : on s'installe dans la maison des Anthonioz à Collonges-sous-Salève. En 1965, la famille s'entasse dans la vieille 403 et se rend à Venise par le tunnel du Mont-Blanc, juste ouvert. On campe, on mange frugalement, et on revient par un long périple à travers l'Autriche et l'Allemagne. Geneviève veut offrir à ses enfants un quotidien heureux malgré des moyens financiers limités. Régulièrement, Bernard emmène un peu d'argenterie ou des bijoux de famille au mont-de-piété. Ces contraintes matérielles ne gâtent en rien la gaieté habituelle de Geneviève, ni sa tendresse à l'égard de Bernard. « Ils formaient un ménage merveilleux, d'entente totale[32] », se souvient aujourd'hui Germaine Tillion. Le couple reçoit beaucoup : Malraux, de Gaulle, l'abbé Journet, Georges Bernanos... On dresse une nappe éclatante, on arrange des bouquets, on ajoute des ingrédients plus raffinés, car la maîtresse de maison aime les tables bien mises... Un pain de glace est posé dans la baignoire pour garder au frais les boissons des invités... Le sens de l'humour de Geneviève lui permet de surmonter les petits aléas des jours et de garder disponibles toute son affection et son attention pour son mari et ses hôtes.

Geneviève debout
à côté de sa mère
et de sa petite sœur Jacqueline.
Photo coll. privée.

Geneviève peu après son retour de déportation.
Photo Ina Bandi.

Le mariage de Geneviève et Bernard Anthonioz en 1946.
En haut des marches au centre, le général de Gaulle.
Photo Keystone.

Geneviève et son mari,
Bernard Anthonioz,
en 1947.
Photo Ina Bandi.

Geneviève et son premier enfant,
Michel, en 1947.
Photo coll. privée.

Geneviève de Gaulle à la tribune
du RPF lors du congrès au
Vélodrome d'hiver (2 juillet 1947).
À gauche, André Malraux
et, tout à droite, Jacques Soustelle.
Photo Institut Charles de Gaulle.

Geneviève cuisinant
aux Gobelins (1970).
Photo Philippe Anthonioz.

1971. Geneviève aux côtés de l'abbé Journet avec sur la droite, au premier plan, Marie-Agnès Cailliau-de Gaulle et Anise Postel-Vinay, à la sortie de l'église Saint-Médard après le baptême du premier petit-fils de Geneviève.
Photo Philippe Anthonioz.

Geneviève et le père Wresinski à la sortie du palais de l'Élysée, le 12 février 1980.
Photo AFP.

Geneviève face au président Chirac lors de la remise de la grand-croix de la Légion d'honneur (palais de l'Élysée, 13 juillet 1997).
Photo palais de l'Élysée.

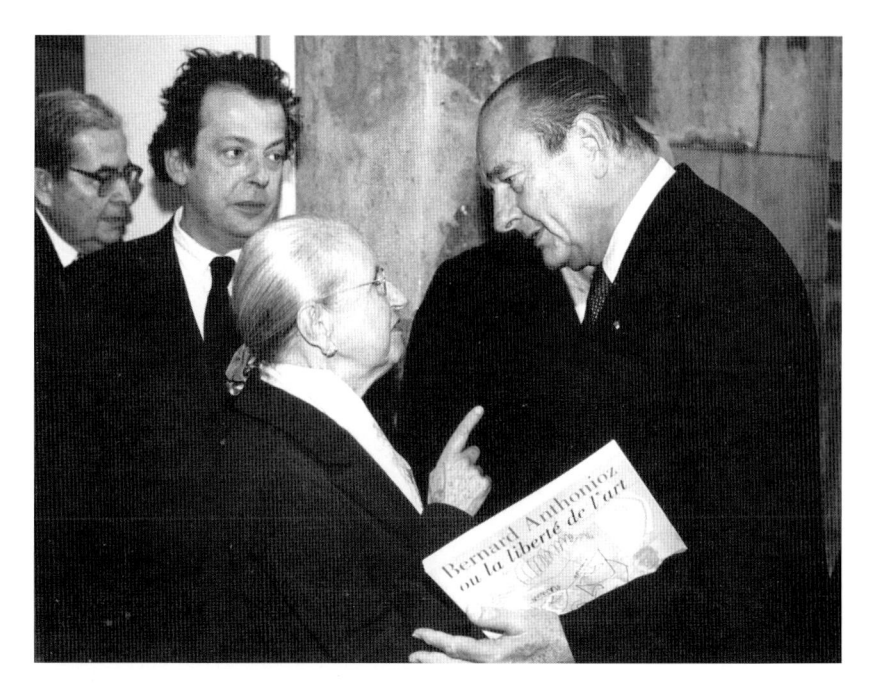

Geneviève entre son fils Philippe (à gauche) et le président Chirac lors de l'exposition organisée en hommage à Bernard Anthonioz (octobre 1999).
Photo palais de l'Élysée.

Geneviève et
Jacqueline Péry d'Alincourt
lors de la remise de
la grand-croix de l'ordre
national du Mérite
à Jacqueline
(hôtel des Invalides,
4 décembre 1999).
Photo coll. privée.

Geneviève
et Germaine Tillon
lors de la remise de la
grand-croix de la Légion
d'honneur à Germaine
(23 décembre 1999).
Photo coll. privée.

Geneviève entourée de son fils François-Marie et de son petit-fils Charles-Marie à la sortie de la messe pour ses quatre-vingts ans à l'église Saint-Jean-Baptiste-de-Muzy.
Photo Philippe Anthonioz.

Geneviève dans son jardin du Vieil-Estrée, été 2001.
Photo Philippe Anthonioz.

À cette époque, le couple suit avec attention la création par le général de Gaulle du Rassemblement du peuple français, mouvement populaire destiné à promouvoir une République dotée d'un exécutif fort, capable de garantir une véritable indépendance nationale. Bernard se rend à la manifestation préparatoire, à Bruneval ; son épouse ne peut l'accompagner, car elle est très avancée dans la grossesse de son premier enfant. Pour cette même raison, les Anthonioz ne peuvent participer au lancement officiel du mouvement, le 7 avril 1947 à Strasbourg : Bernard veut rester avec Geneviève, prête à accoucher. « Mon fils Michel est né la nuit qui a suivi Strasbourg. Dans un album de souvenirs d'enfant, j'ai collé un dessin de Jean Effel [à cette époque, dessinateur humoristique à *L'Humanité*] qui représentait la cathédrale de Strasbourg. Et j'ai écrit à mon oncle Charles avant de monter à la salle d'accouchement, pour lui envoyer d'avance l'adhésion de mon futur enfant et bien sûr celles de Bernard et de moi-même[33] ! » Naissance d'un mouvement politique et naissance d'un premier enfant, une fois de plus, le destin privé de Geneviève recoupe le destin public de son oncle.

D'emblée, les époux Anthonioz sont très présents au sein du RPF. Le couple cherche dans ce mouvement une continuation de l'idéal de la Résistance. Geneviève et Bernard déplorent la médiocrité qui caractérise la nation au lendemain de la guerre : « L'esprit de résistance s'était estompé, regrette Geneviève. Pire que ça, les résistants qui avaient survécu étaient divisés. » Les idées développées au sein du RPF, que l'on a rapidement qualifiées de « gaullistes » – « rien à voir avec ce qu'on a appelé plus tard gaullisme », précise Geneviève – sont « un humanisme, une éthique, qui n'étaient pas abstraits, qui n'étaient pas en dehors des nécessités économiques, des nécessités de défense, mais qui les transcendaient[34] ». Geneviève ne conçoit pas son engagement politique de façon partisane, bien que la guerre froide encourage les affrontements bipolaires. Selon elle, le gaullisme ne doit pas être un embrigadement, mais au contraire « une matrice accueillante, le contraire du nationalisme ». La tolérance dont elle fait preuve lui permet de conserver des amitiés dans tous les milieux politiques : ainsi restera-t-elle liée toute sa vie à Marie-Claude Vaillant-Couturier, figure importante du parti communiste français, déportée comme elle. À plusieurs reprises, les communistes approuveront les propos de Geneviève de Gaulle. Dans sa lutte contre la misère, elle développera des idées aux accents marxistes, mais en réalité partagées aussi par les gaullistes sociaux, comme en 1997 : « Le XXe siècle a connu le totalitarisme. Un nouveau totalitarisme est en train de naître, celui de l'argent[35]. »

L'engagement politique des Anthonioz est concret et entier. Bernard choisit de quitter son métier d'éditeur d'art pour servir le Mouvement aux côtés d'André Malraux, qu'il a connu aux éditions Skira à la fin de la guerre. Malraux est responsable de la propagande du RPF ; Bernard Anthonioz le rejoint dans son service, boulevard des Capucines puis rue de Solferino, et supervise les éditions du RPF. En 1949, pour les Journées départementales et locales du RPF, il suggère une affiche sur laquelle la République est symbolisée par la photographie en gros plan de la *Marseillaise* sculptée par

Rude – un visage de femme farouche et déterminée qui appelle les autres à la suivre. Mais le projet rencontre des oppositions, notamment celle de Jacques Soustelle qui propose une affiche plus conventionnelle. Décidé à faire entendre son point de vue, Bernard Anthonioz cherche le soutien du Général :

« Écoutez, mon Général, quand on a fait l'appel du 18 juin, on ne peut pas faire une affiche d'épicier ! »

La réponse de Charles de Gaulle est cinglante :

« Mais nom de Dieu, c'est quand même moi qui l'ai fait, le 18 juin ! »

Quoi qu'il en soit, l'affiche Anthonioz est finalement retenue. Et les jours passent, de campagne électorale en congrès. L'héroïsme des années de guerre a perdu de son souffle et le temps est moins propice aux gestes épiques. La France retrouve le folklore de ses querelles politiques. Bernard recrute de nouveaux adhérents RPF dans les milieux du livre. À cette fin, il fonde les « Compagnons du livre », qui réunissent les membres des métiers de l'édition (imprimeurs, rotativistes…).

Geneviève accompagne son mari dans l'aventure du RPF, mais aussi son beau-frère Pierre Anthonioz qui, parrain de leur deuxième fils, est très proche du jeune couple. Capitaine au 22e bataillon de Marche nord-africain, il se trouve chargé de 1947 à 1949 des questions d'outre-mer au sein du RPF. Gouverneur, puis, après l'indépendance, ambassadeur de France notamment en Mauritanie, il habite chez son frère lors de ses séjours en métropole où il retrouve sa famille avec joie. Au RPF, Geneviève côtoie aussi André Malraux, évoque avec lui l'histoire de Charles de Gaulle, lui apprend que son oncle a eu avant la guerre de la sympathie pour la cause des républicains espagnols. Nommée orateur public du Mouvement, Geneviève anime des meetings dans l'ensemble du pays : « Mon rôle était de rappeler l'idéal de la Résistance et de rappeler que la France méritait qu'on continue de se battre pour elle[36]. » La rescapée de Ravensbrück devient le symbole de cette France unie dans la Résistance que le mouvement gaulliste cherche à recomposer dans les mémoires. Geneviève est présente lors de la première réunion publique du mouvement, à Paris le 2 juillet 1947, au Vélodrome d'hiver – à l'endroit même où, en 1942, les Juifs raflés par la police française étaient parqués. Pasteur Vallery-Radot, qui préside le meeting, est à ses côtés, de même que Jacques Soustelle, André Malraux, Gaston Palewski, Louis Vallon, etc. Les réunions sont rarement de tout repos. Le climat politique de l'époque est électrique, avec un parti communiste puissant et déterminé à en découdre avec les gaullistes. Les bousculades entre militants des deux bords sont fréquentes, malgré un service d'ordre musclé de chaque côté. Geneviève se souvient d'un meeting organisé à Mulhouse : « On ne se méfiait pas du tout. On pensait que ça allait se passer facilement, et on a commis l'imprudence de s'attarder un peu. On n'était pas en retard, mais on n'avait pas rempli la salle avant. Et quand on est arrivé, la salle était déjà occupée, mais pas par le public qu'on attendait... [Les communistes] avaient fait monter des ouvriers de Lorraine, avec des boulons. On est arrivé par une porte de derrière, on avait décidé qu'on tiendrait la réunion quand même. On était sur une estrade où il y avait des pots de fleurs, et tous les pots de fleurs sont descendus en fracas... Et les boulons continuaient à pleuvoir, [lancés par] des gars avec des sifflets à roulette. On a parlé quand même, mais évidemment pas autant qu'on aurait voulu[37]. »

En 1947, l'espoir est permis aux militants du RPF. Aux élections municipales, le mouvement obtient 40 % des suffrages exprimés et emporte des villes comme Bordeaux, Rennes, Paris, Strasbourg. À plusieurs reprises, Geneviève de Gaulle Anthonioz est sollicitée pour prendre en charge un mandat électoral – sénatrice, députée... Elle refuse chaque fois : « Je ne voulais pas du tout faire ce métier-là. [...] J'étais allée faire la campagne d'un type, un brave type, [...] en Vendée. Alors Malraux me disait que je réussissais si bien les campagnes électorales qu'il fallait bien que je me présente une fois[38] ! » Mais elle estime que sa place est ailleurs. Elle ne veut pas être éloignée de ses enfants qui l'attendent à la maison, gardés par la grand-mère Anthonioz et la bonne. Sa fille Isabelle témoignera plus tard que Geneviève, qui n'était pas une femme au foyer, ne fut pas pour autant une mère absente. Elle prend le temps de parler avec chacun de ses enfants, revoit leurs leçons, prépare quand elle en a le temps un risotto pour faire plaisir à Michel ou un soufflé au fromage. Geneviève est assurément une mère proche de ses enfants, clairvoyante, pudique et discrète, une mère qui règle les problèmes avec humour. « Une année, se souvient Michel, j'ai redoublé ma classe à cause de mauvaises notes. Mais le carnet de catéchisme était excellent. Alors maman m'a dit en riant : "Tu vois, on ne peut pas être mauvais en tout !" Elle pensait que rien n'était jamais perdu[39]. » C'est cet optimisme éclairé que ses amies recherchent auprès de Geneviève. Ainsi Anise vient parfois lui demander conseil quand elle rencontre une difficulté avec ses enfants : « Elle me consolait. Elle pardonnait toujours, disait qu'on ne connaît pas les voies de Dieu[40]. » Geneviève veille aussi à l'éducation catholique de ses enfants, par l'enseignement du catéchisme, la messe, les retraites. Elle-même effectue une retraite une fois par an sous la direction de l'abbé Journet. Le dimanche, les enfants l'accompagnent à la messe. Elle croit en la grâce divine et l'adoration illumine son visage. Anise Postel-Vinay reste frappée par la façon dont Geneviève se plonge dans la prière.

Au bout de quelques années, le RPF connaît un inexorable déclin, notamment à cause de la loi sur les apparentements, qui oblige les partis à s'allier entre eux s'ils veulent l'emporter. Aux législatives de 1951, le Mouvement emporte 21,7 % des suffrages exprimés, ce qui est nettement au-dessous de ses espérances. En 1953, les municipales confirment la chute... La même année, le général de Gaulle décide de mettre le RPF en sommeil et de rendre leur liberté aux militants, dans l'attente d'un contexte plus favorable. Geneviève essaie de réconforter son oncle à ce passage critique. Il la remercie pour son affection et ajoute : « Personne – et moi non plus – ne peut se substituer à un peuple, surtout au nôtre. Il est de fait que les Français sont dans un marasme moral profond[41]... » La proximité entre le Général et la famille de sa nièce est alors très étroite. La tendresse qui se lit dans les courriers qu'ils échangent en dit long, comme dans cette lettre de Charles de Gaulle, à la fin de 1952 :

« Ma chère Geneviève, tes vœux pour ma fête et ceux de Bernard m'ont fait plaisir, car je vous aime beaucoup. En outre, je vous estime. Moralement, ce sont toujours les temps de l'épreuve, c'est-à-dire ceux où il faut se tenir droit[42]... » Pendant cette période difficile pour lui, Charles de Gaulle rend visite aux Anthonioz dans leur appartement de l'avenue Rapp. Pour la première fois, il tutoie Bernard et lui dit : « Tu ne peux pas continuer à rester là. » Le logement est étroit pour une grande famille. Pendant ses années au RPF, Bernard a perçu un salaire relativement bas, qui ne lui garantit même pas la sécurité sociale. « C'était un cauchemar quand les enfants tombaient malades. Mais on l'acceptait car on y croyait », explique Geneviève. Dans sa paroisse de Saint-Pierre-du-Gros-Caillou, elle prie Dieu de l'aider à maintenir les siens en bonne santé. Mais l'espoir d'une reconquête rapide du pouvoir par de Gaulle étant perdu, il faut trouver une meilleure situation. Charles de Gaulle suggère à Bernard de chercher un poste dans le service public, afin d'être facilement disponible le jour où il aura besoin de lui. Le 1er juin 1953, Bernard est nommé au commissariat au Tourisme. Chargé de superviser le renouvellement graphique des brochures présentant les régions de France pour faire revenir les touristes après la guerre, il reprend son métier d'éditeur. Il fait alors appel à des artistes de sa connaissance, comme Massin, Jeanine Frickes ou Pierre Faucheux, tous trois inventeurs de la maquette et de la mise en page. Bernard fait réaliser des affiches à Picasso, Dufy, Matisse, Brassaï...

Une autre période commence, qui conduira jusqu'en 1958. Dans une France en proie à l'incertitude et aux premiers déchirements dus à la guerre d'Algérie, le Général annonce sa retraite politique : « Tout laisse prévoir qu'un long temps s'écoulera avant que nous nous retrouvions, annonce-t-il au peuple français lors d'une conférence de presse en 1955. Mon intention est, en effet, de ne pas intervenir dans ce qu'il est convenu d'appeler la conduite des affaires publiques. » Sauf si un événement extraordinaire le nécessite, précise-t-il. Replié dans sa demeure de Colombey-les-Deux-Églises, en Haute-Marne, le Général garde des liens avec Geneviève et Bernard, qu'il invite de temps à autre à La Boisserie. Affectueux avec les enfants, il ne manque pas de leur offrir à chacune de leur visite un petit cadeau – toujours des livres : Isabelle reçoit ainsi un ouvrage sur les papillons ; Michel, *L'Afrique ambiguë* de Georges Balandier et *Le Lotus bleu* d'Hergé.

Charles de Gaulle consacre ses journées à terminer ses *Mémoires de guerre*. Sur l'exemplaire qu'il offre à sa nièce, la dédicace, datée du 22 octobre 1954, exprime en chacun de ses termes l'émotion et le respect que lui inspire son courage : « À ma chère nièce Geneviève, qui fut, tout de suite, jusqu'au bout, au fond de l'épreuve, au bord de la mort, un soldat de la France libre, et dont l'exemple m'a servi. En toute profonde affection pour elle, pour Bernard Anthonioz son mari, pour leurs enfants. Son oncle Charles. »

Quand Xavier, son frère aîné, meurt le 9 février 1955, le Général est aux côtés de Geneviève pour la soutenir. Étrangement, aucun témoignage de Geneviève ne rend compte de la mort de son père, ce père chéri mais enfui depuis longtemps, depuis le remariage de 1930 et le trou noir de la guerre, ce père d'un autre temps, enfermé dans de vieilles valeurs, soucieux de ne pas se laisser gagner par le désordre moderne.

Mère de quatre enfants, Geneviève est absorbée par les tâches quotidiennes – les biberons, les écoles, les vaccins, les vacances, les devoirs. Le quotidien est régi par les courses, les rendez-vous, la cuisine. Mais les Anthonioz ont une vie sociale intense, entre les réseaux d'amis du RPF et ceux qui sont liés au monde de l'art contemporain. La pensée artistique imprègne chacune de leurs journées. Marc Chagall, André Masson, figure du surréalisme, F. Bores, paysagiste, André Beaudin, Le Corbusier, Jean Bazaine, sont familiers du couple... Geneviève se plaît en compagnie de ces artistes qu'elle accueille volontiers chez elle. Elle se lie d'amitié avec certains d'entre eux, notamment le peintre Geneviève Asse, ancienne résistante, dont elle aime les tableaux abstraits, monochromes saturés de bleu, éclairés d'un rai de lumière. Plus tard, elle se rendra souvent à l'atelier de son fils François-Marie, devenu peintre, à qui elle servira plusieurs fois de modèle. Entre la mère et le fils, l'art nourrit une conversation ininterrompue, à l'échelle d'une vie : « Maman était très ouverte sur l'art, confirme François-Marie. Elle se passionnait pour la relation de l'art avec la vie spirituelle, avec l'histoire, la politique[43]. »

Le passé de déportée de Geneviève affleure régulièrement dans sa vie. Elle suit l'action que mène l'ADIR pour établir une mémoire collective des femmes en Résistance. Pour les anciennes déportées, témoigner est un devoir impératif : « Nous sommes revenues pour ça. » Cela explique pourquoi le travail de mémoire élaboré à l'ADIR « se fit surtout à l'aune de la déportation plus qu'au regard de la Résistance ». Rapidement, cette œuvre de compréhension et d'information permet à l'ADIR de se développer dans une troisième direction. À côté de l'aide sociale et de l'œuvre de témoignage, l'Association s'apprête à prendre part aux grands procès où les nazis sont mis en accusation. À la fin de l'année 1946, la série de jugements s'ouvre justement par le procès de Ravensbrück, qui a lieu à Hambourg dans la zone d'occupation anglaise de l'Allemagne. Germaine Tillion y témoigne au nom de l'ADIR. Son objectif n'est pas de faire une déposition – ce qui l'empêcherait d'assister à l'ensemble du procès – mais d'être présente en tant que témoin. Elle est la seule représentante des déportées admise par les Anglais au procès, tandis que les seize accusés disposent de quarante et un témoins. Geneviève assiste au procès en tant qu'observatrice. Après huit semaines de débats, onze des accusés sont condamnés à mort, notamment Dorothea Binz, gardienne en chef du camp, le docteur Treite, l'infirmière en chef Elisabeth Marschall.

C'est un événement fondateur pour l'ADIR, qui joue à cette occasion un rôle considérable et s'érige en acteur officiel de la justice rendue. Le bulletin de l'Association rend régulièrement compte de l'avancée du procès. Après le verdict, Anise Postel-Vinay, Marie-Claude Vaillant-Couturier et Geneviève de Gaulle, enceinte de son premier enfant, donnent une conférence de presse. Le 28 février 1947, à Paris, la nièce du Général prononce aussi un discours dont le titre, « L'Allemagne jugée par Ravensbrück », indique de manière explicite quel est selon elle le responsable de l'horreur concentrationnaire.

La voix de Geneviève est douce, mais la vérité qu'elle assène est brutale. Lors du procès de Hambourg, elle s'est aperçue avec consternation que la réalité du camp était absente des débats, trop techniques, et que les victimes n'avaient guère eu la parole : « Dans cette salle bien propre et bien cirée, sur ce banc, il y a des hommes et des femmes comme les autres, de bons Allemands moyens qui lisent leur journal entre les débats, des femmes bien maquillées et bien coiffées, dont quelques-unes ont des manteaux de fourrure ! Hommes et femmes venant de milieux très divers, mais qui certes n'ont pas les traits et la contenance que l'on prête d'ordinaire à des criminels. Eh bien, qu'on nous comprenne ! Lorsque nous avons appris ces différents détails, nous avons senti un déchirement intense : que pouvait-il y avoir de commun, en vérité, entre cet honnête procès et ce que nous avions vu ? Il semblait, entre les assistants de ce procès, juges ou public, et la réalité que nous avions connue, s'établir un véritable océan. Ce que nous avions connu était inexprimable. Il nous avait fallu un long effort, une dure expérience apprise chaque jour à nos dépens pour pénétrer plus avant dans ce monde de la souffrance et de la mort. Comment, en deux mois, était-il possible à ceux qui avaient vécu en ignorant cette horrible réalité de l'imaginer tout à coup ? »

Cette horrible réalité, Geneviève la dépeint sans fard, avec des mots simples, mais directs et précis. Dans le sillage des théories élaborées dès 1944 par Germaine Tillion, elle décrit le camp de la mort comme un « camp de rapport » : « La vie et la mort de tant d'hommes, de femmes et d'enfants, avait, dans l'organisation commerciale de l'Allemagne, dans l'économie allemande, son importance. Je dis bien la mort, car il n'y a pas que le travail qui rapporte dans un camp de concentration ! Outre les objets que l'on peut récupérer sur les prisonnières, outre les expériences que l'on peut faire sur leurs corps – et qui permettent à certains savants allemands des expériences intéressantes –, on peut aussi récupérer, en dernier ressort, ces pauvres corps eux-mêmes. [...] On peut, dans les crématoires, récupérer la graisse qui sert aux fabricants de savon et les cendres que le ministère de l'Agriculture allemand répartit ensuite entre certaines exploitations comme engrais.

La chose a été faite à une grande échelle à Auschwitz. Puisqu'on a découvert maintenant, dans les archives, que chaque homme et femme avait eu sa fiche de rapport. [...] Les bénéfices étaient en réalité ceux de leurs cendres, de leur graisse et de l'or qu'ils avaient dans la bouche[44]. »

Les résultats du procès, où ne comparaissent pas les responsables les plus importants du camp (Suhren et Hans Pflaüm, qui ont réussi à s'évader), sont loin de répondre aux attentes des rescapées. « Personne ne s'est intéressé au procès, sauf nous, s'attriste Germaine Tillion... On a considéré toutes les morts comme semblables. [...] C'est une erreur. Nous savons, pour avoir vu tant de ces femmes mourir, que chaque mort est un drame immense, un très long et très pénible drame. Une lente descente sur les marches de la nuit[45]. » De façon similaire, Geneviève regrette le manque d'intérêt suscité par le procès : « Ce procès a manqué son but. Il est tombé dans l'indifférence générale. Eh bien, c'est cette indifférence qui nous a atteintes, plus douloureusement que n'importe laquelle des atrocités... Je ne veux pas parler de haine ou de vengeance... Nous avons éprouvé autre chose sous ce ciel de la Baltique. Devant toutes celles qui souffraient et qui mouraient, quelque chose d'intense et de profond est monté dans nos cœurs. Et ce n'était pas la haine, et ce n'était pas la vengeance. C'était l'indignation... qui est comme un appel profond à la justice. [...] C'est à cette justice, à ce sentiment de justice et d'indignation, que nous voudrions voir tous les honnêtes gens du monde s'associer. »

Comme Germaine, Geneviève insiste sur l'impossibilité morale de considérer les victimes comme un tout indéfini. Sur un ton qui frise l'ironie noire, elle exprime son amertume de n'avoir pas vu la souffrance individuelle reconnue à sa juste valeur : « Mais quoi ? direz-vous. S'agit-il de sensibilité encore ? C'est entendu, nous le savons, vous avez souffert. Ces victimes sont mortes. Eh bien, honorons-les, mais vous n'avez pas pour autant la prétention, je pense, de faire rendre paiement pour paiement. Ah ! certes non... »

Ce « certes non » vaut un « certes si ». Chacune des victimes a enduré le pire, chacune doit être reconnue. Bien sûr les déportées portent sur leur âme le même stigmate : « Sur tous ces visages, j'ai trouvé une ressemblance, continue Geneviève. Et auquel pourrais-je les comparer, si ce n'est au visage même de Jésus-Christ tel qu'ont pu le contempler ses disciples, il y a vingt siècles, au jardin des Oliviers, le visage de l'Homme, celui qui a assumé sa propre Passion et toutes les souffrances de ses frères[46] ? » Mais si toutes les femmes du camp ont subi la même violence de la part d'un bourreau qui, précisément, les considérait comme indistinctes les unes des autres, la justice doit, elle, rétablir chacune dans ses droits individuels. Cette prise de position est fondamentale pour Geneviève de Gaulle Anthonioz qui, par la suite, construira tous ses combats autour de la reconnaissance une à une des victimes, qu'il s'agisse de celles du nazisme ou de la pauvreté.

En mars 1950, à Rastatt, Geneviève de Gaulle assiste en tant que témoin au jugement de Suhren, le commandant du camp de Ravensbrück, et de Hans Pflaüm, chef des unités de travail. Installés après-guerre à Munich comme garçons de café, ils ont été reconnus et conduits devant la justice. Cette fois, le procès a lieu sous juridiction française. Tout au long des débats, Suhren bâtit sa défense sur une date : il affirme avoir quitté le commandement du camp à compter de février 1945, date à laquelle est construite la chambre à gaz de Ravensbrück. Ses chefs et ses subordonnés contestent sa version. Face à ses bourreaux, cependant sortis de leur rôle, Geneviève éprouve-t-elle, comme Germaine en 1946, un sentiment voisin de la haine, mais plein de « cette douleur morne, trop clairvoyante pour ne pas inclure une compassion déchirée[47] » ?

En tout cas, même si au terme du procès les deux inculpés sont reconnus coupables, elle ressent une pointe d'amertume : « Peu à peu s'établissait l'incontestable responsabilité de Suhren, dont aucune de nous n'avait jamais pu douter mais qu'il fallait prouver devant le tribunal. Le commissaire du gouvernement ayant ramassé tous les arguments de culpabilité dans son réquisitoire, et malgré les tentatives de la défense, Suhren et Pflaüm ont été condamnés à la peine de mort... Il nous restera de ce procès l'amertume d'une indifférence presque totale de l'opinion et de la presse alliées. [...] Du moins la justice française aura-t-elle accompli sa tâche avec le souci de la vérité et de l'impartialité. »

Ni l'implication dans l'ADIR, ni les activités sociales et familiales n'empêchent Geneviève de se préoccuper des problèmes qui touchent son pays. Même si ses témoignages sont rares, elle est sensible à ce qui se passe à partir de 1954 en Algérie. À la Toussaint de cette année-là naît un mouvement d'insurrection ; c'est le début d'une guerre qui empoisonnera la IVe République jusqu'à sa chute, en mai 1958. Partie de la région des Aurès pour gagner le Constantinois et la Kabylie, la guerre multiplie jour après jour ses horreurs – massacres d'Européens, répression brutale contre les Algériens indépendantistes, radicalisation du mouvement nationaliste, exaspération croissante des Français d'Algérie... Les débats sur l'utilisation de la torture par l'armée française éclatent en mars 1957, lorsque le général de Bollardière, ancien de la France libre, démissionne de l'armée pour protester contre les méthodes indignes de certaines unités françaises.

Face à cette guerre qui ne dit pas son nom, les rescapées des camps allemands ne restent pas impassibles. L'ADIR prend position et rend cette cause prioritaire : « Cette question algérienne étant dramatique et urgente, nous la faisons passer d'abord, et quand nous aurons un pied modeste à la présidence du Conseil, nous passerons à l'affaire des cobayes[48] », écrit très clairement Anise

Postel-Vinay à Caroline Ferriday en novembre 1957. Les responsables de l'ADIR sont tenues informées de la situation algérienne par Germaine Tillion. L'ethnologue connaît bien l'Algérie pour y avoir vécu avant-guerre lors de la préparation de sa thèse sur les Aurès. Dès le début de l'insurrection de la Toussaint 1954, elle évoque longuement le problème algérien avec Geneviève, qui lui sera pour toujours reconnaissante de l'avoir éclairée sur ce drame, comme elle l'avait fait pour Ravensbrück : « La première chose que tu as faite, c'est de nous donner une connaissance. […] C'est là où tu nous as toujours précédées, dans chacun des drames qui ont ensuite accompagné nos vies : je pense à la guerre d'Algérie, qui a été pour toi, comme elle l'a été pour beaucoup d'entre nous, un vrai drame. Tu nous as donné la possibilité d'arriver à comprendre[49]. »

À la fin du mois de novembre 1954, lorsque le gouvernement Mendès France charge Germaine Tillion d'une mission d'observation de trois mois en Algérie, Geneviève, très tôt favorable à l'indépendance, suit ses démarches au jour le jour. En février 1955, elle apprend que l'ethnologue poursuit ses travaux au sein de l'équipe de Jacques Soustelle, tout juste nommé gouverneur général d'Algérie.

Pendant deux ans, Germaine essaiera, envers et contre tous – le pouvoir militaire, le FLN, les partisans de l'Algérie française… –, de créer un réseau de Centres sociaux pour scolariser la masse algérienne et favoriser la naissance d'une élite locale. À son retour en métropole en février 1956, elle décrit longuement à Geneviève cette tentative désespérée de sauver le pays d'une guerre grâce à l'éducation. Quand on sait à quel point la culture sera au cœur de la démarche de Geneviève de Gaulle Anthonioz à ATD, il est évident qu'une fois encore, Germaine a su l'influencer quant à une philosophie du développement à long terme.

En juin 1957, Germaine repart en Algérie au sein d'une commission chargée de rédiger un rapport sur les camps de « transit », où la torture est devenue une pratique courante pendant les interrogatoires. Quand elles lisent ses descriptions, la colère des rescapées de Ravensbrück se mêle à leur honte : « Il y eut à ce moment-là en Algérie des pratiques qui furent celles du nazisme. Le nazisme que j'ai exécré et que j'ai combattu de tout mon cœur... Avec, en même temps, en Algérie, une volonté, impuissante, de retenir, de contrôler la cruauté[50]... » Selon Anise, Germaine est « rongée d'angoisse et de honte sur la conduite de la France et de son armée en Algérie. Cas par cas, elle s'efforce d'arracher telle jeune fille ou tel chef musulman des griffes des parachutistes qui, hélas, torturent à l'électricité toutes les nuits. Quand d'autres sont condamnés à mort, après des simulacres de procès, elle essaie d'obtenir la grâce du président de la République. Ce sont de sombres pages de l'histoire de notre pays, mais pas à pas la vérité fait son chemin, et après trois mois d'efforts, elle vient d'obtenir le déplacement de deux bourreaux d'Algérie. Ce qu'il faut à présent, ce sont des sanctions contre ces monstres et à tout prix une négociation d'ensemble et de paix[51]. » À l'occasion de sa mission d'enquête en Algérie, Germaine est approchée par deux responsables du FLN encore en liberté qui cherchent à établir un lien avec le gouvernement français – notamment Yacef Saâdi, chef militaire du FLN à Alger. Quand le dialogue peut enfin prendre le pas sur la violence, Germaine Tillion n'hésite pas à aller au-devant des terroristes : voici la petite femme qui se glisse clandestinement au fond de la Casbah d'Alger surveillée par les militaires français, à la rencontre des hommes dont la tête est mise à prix. Lorsqu'elle regagne Paris au début du mois de juillet, elle porte l'espoir que son entrevue avec Yacef Saâdi permettra une trêve des attentats et, pourquoi pas, de la torture... Geneviève l'accueille avec impatience. Les deux femmes parlent longuement ; Geneviève est toujours la première informée des démarches de son amie. Lorsque Germaine parle de repartir à Alger sur la demande du gouvernement Bourgès-Maunoury, la nièce du Général essaie de l'en dissuader. Elle redoute qu'il arrive malheur à cette émissaire isolée et irréductible, mal protégée par un pouvoir qui ne s'engagera guère pour elle en cas de problème. Sachant qu'elle ne pourra empêcher Germaine de rallier l'Algérie, Geneviève l'entoure de protections : Bernard Anthonioz prie son beau-frère, Claude Martin, établi à Alger, de veiller sur l'ethnologue.

À la demande de l'ADIR, Germaine Tillion rédige en 1957 pour *Voix et visages*, dont Geneviève est directrice, un article déterminant. Intitulé « L'Algérie en 1957 », le texte reprend les notes qu'elle a amassées en Algérie entre février 1955 et mars 1956. L'ethnologue remonte aux origines lointaines du conflit. Elle met en lumière une réalité à ses yeux capitale : la « clochardisation » de la population algérienne, par « le passage sans armure de la condition paysanne (c'est-à-dire naturelle) à la condition citadine (c'est-à-dire moderne). J'appelle "armure" une instruction primaire ouvrant sur un métier[52] ».

Cette réflexion de Germaine prépare certainement Geneviève à comprendre la population qu'elle va découvrir, en France, en marge des villes et de la modernité. Ce que Germaine note dès 1955 – « le crime du XXe siècle sera la clochardisation d'une partie de l'espèce humaine[53] » – Geneviève le découvrira en 1958 dans le bidonville de Noisy, et n'aura plus de cesse de le combattre. Mais pour le moment, en cette fin de IVe République, Geneviève semble réagir à la guerre d'Algérie comme les autres femmes de l'ADIR : pour qui a enduré les pires souffrances au nom de la liberté de son pays, le combat des indépendantistes algériens contre la puissance coloniale française éveille de curieux échos. Mais l'indépendance n'est pas le cœur du problème aux yeux de Geneviève et de ses camarades : « L'indépendance, c'est vite dit. Il faut aussi manger », résume, lapidaire, Germaine Tillion. « L'indépendance dépend aussi du reste du corps. Sur le terrain, le discours politique ne peut rien : il faut d'abord que les gens mangent[54]... » En réalité, ce ne sont pas en idéologues de la décolonisation que réfléchissent ces femmes, mais bien en humanistes soucieuses de la dignité des individus. À cet égard, la violence qu'endurent les hommes et les femmes, quel que soit leur camp, et quelle que soit cette violence – paupérisation, exclusion sociale, mépris, torture... – leur est insupportable. Sur ce point, Geneviève partage les thèses de son amie Germaine Tillion, si l'on en croit l'ethnologue : « Elle pensait exactement comme moi. Il y a des choses que l'on ne peut faire en aucun cas. Elle pensait aussi qu'il fallait s'interposer entre les criminels et arrêter les crimes. Nous autres, déportées, nous n'avons jamais oublié la morale, la morale tout court qui est en même temps l'intelligence. Il faut le dire et le répéter, la torture et toutes ces cruautés sont non seulement un scandale, mais aussi une stupidité[55]. »

Dans ce contexte, Geneviève qui est une mère de famille contrainte par de multiples engagements, trouve une latitude d'intervention étroite mais importante. Étroite car, devenue présidente de l'ADIR en 1958, elle doit être attentive aux différentes sensibilités qui s'expriment au sein de l'Association : à côté d'une Anise extrêmement volontariste quand il s'agit de condamner la torture et la guerre, elle sait qu'une autre partie des adhérentes est au contraire favorable à l'Algérie française... Entre son cœur qui réprouve la violence de l'État et celle du terrorisme, et la raison qui lui suggère de n'en rien faire pour ne pas sembler soutenir la cause des indépendantistes, Geneviève de Gaulle Anthonioz est déchirée. Anise Postel-Vinay démissionne de l'ADIR parce qu'elle récuse le manque d'engagement clair de l'Association contre les atteintes aux droits de l'homme qui se multiplient en Algérie. Geneviève, en tant que présidente, privilégie finalement la non-intervention officielle dans le débat, afin de préserver la cohérence d'une association fragilisée.

En revanche, sur un plan personnel, elle joue un rôle non négligeable. Elle se sert de sa relation avec le général de Gaulle pour établir des relais entre les différents protagonistes du conflit : « Par conviction, elle fut l'intermédiaire continuelle entre le Général et moi, rappelle Germaine Tillion. Je pouvais voir le général de Gaulle autant que je voulais et quand je voulais[56] », ce qui démontre, une fois de plus, la confiance que Charles de Gaulle voue à sa nièce. Au printemps 1957, Geneviève fait ainsi parvenir à son oncle l'article de Germaine sur l'Algérie. Il le trouve « très intéressant », et déplore que « l'affaire d'Algérie se traîne[57] ». À l'automne 1957, Germaine Tillion est accueillie par le Général rue de Solférino, dans le bureau qu'il occupe lors de ses séjours à Paris[58]. Elle lui dépeint pendant deux heures la situation algérienne et dénonce la pratique de la torture. Le Général, qu'elle trouve préoccupé, mesure la gravité des événements, mais ne peut intervenir sans risquer de voir sa position mal interprétée. Il encourage Germaine Tillion à poursuivre le dialogue et lui dit, en la raccompagnant à la porte : « Ce que nous faisons d'humain se retrouvera... peut-être, à notre mort[59]. »

Dans les années 1950, lors des conférences qu'elle prononce sur l'enfer concentrationnaire, Geneviève parle au nom d'un « nous » collectif. Elle attend 1998 pour livrer par écrit son témoignage (*La Traversée de la nuit*), soit plus de cinquante ans après les faits. De même, elle ne livrera certains détails de sa déportation, comme l'horreur que constituait le sort réservé aux nouveau-nés, qu'à la fin de sa vie. Cette résurgence montre, s'il le fallait, que l'acceptation et la compréhension du cauchemar ne pouvaient se réaliser dans l'immédiateté : de manière générale, les témoignages de déportés s'amenuisent dès 1946-1947, faute de susciter de l'intérêt, et il faut attendre la fin des années 1960 pour que le souci de transmettre le souvenir de la déportation aux générations qui n'ont pas connu la guerre provoque l'éclosion d'articles et de récits. De même, dans le corps humain, un choc violent annihile initialement la sensation de douleur, qui resurgit dans toute son intensité quand l'impact est passé et que l'ecchymose prend forme.

En 1958, la vie de Geneviève, âgée de trente-sept ans, arrive à un tournant décisif : elle rencontre le Père Wresinski et, avec lui, la misère qui frappe encore une France pourtant modernisée. Cette année-là, elle accepte aussi de prendre la présidence de l'ADIR, qui compte plus de quatre mille adhérentes.

Ces deux engagements peuvent sembler indépendants. En réatité, ils s'apparentent dans l'âme de Geneviève de Gaulle Anthonioz à un même élan. L'expérience du camp lui permet d'accepter d'ouvrir les yeux sur la misère de Noisy. Mais la découverte de cette situation scandaleuse suscite en retour un nouveau regard sur sa déportation. Avec l'expérience de la pauvreté, elle perçoit son passé concentrationnaire sous un nouvel éclairage.

7

Le retour vers les camps

En 1958, la tension atteint son paroxysme en Algérie. Les gouvernements, impuissants à apporter une quelconque solution, tombent les uns après les autres. Les Français d'Algérie, qui redoutent la probable arrivée au pouvoir de Pflimlin, réputé favorable à l'indépendance, se soulèvent. Arc-boutés sur la défense d'une Algérie française, ils réclament le retour de De Gaulle au pouvoir. Devant la déliquescence du pouvoir, le Général apparaît bientôt comme le seul recours. Le 1er juin, l'Assemblée nationale l'investit président du Conseil. Geneviève vit le retour de Charles de Gaulle à la tête de l'État comme un accomplissement : « Nous étions persuadés que de Gaulle allait revenir. Oui, toujours. Lui, je ne sais pas s'il en était persuadé tout le temps ! […] Une fois, il m'a dit : "Et même si je montais sur les barricades, ce peuple ne me suivrait pas[1]." » Les Anthonioz sont logiquement appelés à servir le nouveau pouvoir. Lors de la constitution du gouvernement, leurs liens étroits avec André Malraux font même d'eux des négociateurs officieux. Au moment où de Gaulle revient à Matignon, Malraux séjourne à Venise ; les journaux en déduisent qu'il a pris ses distances avec le Général. À partir de là, de Gaulle attend que Malraux lui fasse signe, tandis que l'auteur de la *Métamorphose des dieux* espère encore être appelé. Les Anthonioz estiment que ce dialogue de sourds est dommageable à tous. Ils décident d'intervenir pour convaincre Malraux d'accepter un ministère. « Je ne veux pas être à l'Information. J'ai passé l'âge de déjeuner avec Pierre Brisson [directeur du *Figaro* de 1934 à 1964] », rétorque Malraux. Geneviève et Bernard lui font valoir que la culture, les jeunes, la recherche scientifique auraient besoin d'un homme de sa trempe. La nièce du Général ajoute : « De Gaulle est terriblement seul dans la période qui s'ouvre, et vous êtes celui avec qui il peut parler d'égal à égal[2]. » Malraux se laisse séduire. Une rencontre est organisée dans le bureau de Charles de Gaulle rue de Solférino. Le nouveau président du Conseil lui propose l'Information ! L'intéressé est furieux, mais il obtient rapidement le portefeuille de délégué à la présidence du Conseil, avant de devenir le 22 juillet 1959 le chef du tout nouveau ministère des Affaires culturelles.

André Malraux appelle Geneviève à ses côtés. Elle pose comme condition que son mari soit lui aussi membre du cabinet. À partir du 1er juin 1958, Bernard Anthonioz est chargé de mission au sein du cabinet du ministre. Il suivra ensuite Malraux dans ses affectations successives, tandis que Geneviève devient conseiller technique à la recherche scientifique. Avant 1958, elle avait participé aux activités du Mouvement national pour le développement des sciences (MNDS), créé par Pierre Mendès France dans le but de promouvoir la recherche fondamentale en France. Elle avait aussi été chargée de mission au CNRS. En 1958, elle participe avec Malraux à la création de la première délégation consacrée à la Recherche, et s'occupe du premier secrétariat à la Jeunesse et aux Sports.

Parallèlement, son rôle dans l'affaire algérienne s'accentue. Une fois Charles de Gaulle revenu au pouvoir, sa position d'intermédiaire entre l'État et les militants engagés sur le terrain devient déterminante. Quand elle apprend de la bouche de son oncle que les militaires d'Alger veulent arrêter Germaine Tillion lors de sa prochaine venue en Algérie, où elle doit témoigner en faveur de Yacef Saâdi au procès de juillet 1958, Geneviève prévient immédiatement son amie. Plus tard, elle aide à nouveau Germaine en remettant en main propre au général de Gaulle les rapports rédigés par l'ethnologue car les partisans de l'Algérie française contrôlent certains secteurs postaux. Geneviève veut contribuer à épargner des vies humaines ; elle transmet à son oncle les demandes de Germaine Tillion en faveur de membres du FLN condamnés à mort lors de trois procès à Alger. Parmi eux se trouve Yacef Saâdi. Le général de Gaulle les gracie en 1959.

Le rôle de Geneviève dans l'affaire algérienne est méconnu. Pourtant, il s'inscrit dans la même logique que son action en faveur des victimes des expérimentations nazies ou que son engagement pour les pauvres de Noisy-le-Grand. Avec Germaine Tillion, elle a compris que la civilisation de l'après-guerre est en train de maltraiter la partie la plus fragile et la moins écoutée de la population. En ce qui concerne les méthodes utilisées, Geneviève n'hésite pas à porter la cause des condamnés à mort jusqu'au président de la République. Elle fera de même pour les familles des bidonvilles.

Geneviève aurait pu en rester là, et vivre heureuse, utile à son pays, accomplie sur le plan professionnel dans un ministère où tout est à construire. En outre, les idées d'André Malraux lui sont chères : « Il voulait que les gens soient en possession de leur destin. Il affirmait que l'accès à la culture, la création, permettraient cela […]. Il fallait faire évoluer les mentalités, un peu comme l'école obligatoire afin de la rendre accessible à chaque enfant. Eh bien nous voulions la même chose, permettre l'accès de tous à la culture », plaide Geneviève.

Elle aurait pu se satisfaire de son bonheur d'épouse et de mère, une « mère extraordinaire » selon ses enfants. Avec chacun d'eux, elle entretient une relation singulière. Elle veille à mettre en valeur le meilleur côté de leur personnalité : « Elle "inventait" chacun de ses enfants », explique son fils aîné, Michel. « Elle nous faisait exister par une dimension spirituelle très forte, nous rendant plus forts que nous n'étions en réalité. Elle nous idéalisait et nous l'idéalisions. Nous entretenions avec elle une relation héroïque[3]. » Elle encourage les talents de chacun, l'écriture chez Michel, la peinture chez François-Marie, qui, à dix ans, rêve d'être « amiral-poète-peintre », la sculpture chez Philippe. En ce qui la concerne, sans rien cacher de son passé de déportée aux quatre petits, elle évoque avec pudeur cet aspect douloureux de sa vie avec eux, par crainte de les blesser, mais aussi parce que, à leur âge, ils pourraient écouter cette vieille histoire avec distraction. En 1957, à la grande joie des enfants, elle acquiert avec son mari une jolie longère près de Dreux, dans le hameau du Vieil-Estrée, grâce à la vente d'un terrain hérité de sa famille Gourdon à Chemillé. Chaque dimanche, les Anthonioz de Gaulle emmènent leurs enfants dans la maison de campagne. Geneviève jardine en sifflotant, accompagne les siens dans de longues promenades, cueille les fruits du jardin pour quelque tarte dont elle s'est fait une réputation, avec une pâte mi-brisée, mi-sablée. En lavant les fraises, elle invente des histoires pour les plus petits, et chante les chansons de son enfance, telles que *Dame tartine*. Elle savoure le bonheur d'être en famille, qui prime pour elle sur les critères de réussite sociale, comme la carrière professionnelle ou la richesse. Elle aurait pu, légitimement, se contenter de cette vie heureuse.

Mais en 1958, elle est nommée à la tête de l'ADIR. Ses liens de parenté avec le général de Gaulle, revenu au pouvoir, lui permettent de servir d'intermédiaire entre l'Association et le plus haut niveau de l'État ce qui est extrêmement précieux pour les anciennes déportées. Y a-t-il une corrélation entre le retour du Général aux affaires et la nomination de sa nièce à la tête de l'ADIR ? Une telle coïncidence ne saurait être le fruit du hasard. Les anciennes résistantes espèrent que leur cause sera mieux entendue par le gouvernement si elles sont représentées par la nièce du chef d'État. Mais vraisemblablement, c'est une force plus intime qui conduit Geneviève à accéder à ses nouvelles fonctions. Le nom « de Gaulle », en 1958, revient sur le devant de la scène. Pour Geneviève, cette résurgence est aussi, par ricochet, une résurrection. Une résurrection de la première partie de son nom, de Gaulle, laissée en sommeil au cours de la décennie précédente, au profit de son nom de mariage. En 1958, le temps a fait son travail. La gloire de la

Résistance est de retour au sommet de l'État. Geneviève a mûri. Il lui paraît nécessaire de s'impliquer plus fortement dans l'aide à ses anciennes camarades de douleur.

Le travail ne manque pas. Geneviève anime les réunions de l'ADIR, « avec objectivité et sagesse, attentive aux avis des unes et des autres[4] », se souviennent ses camarades. Elle préside l'Assemblée générale annuelle à Paris et, tous les deux ans, accompagne les membres de l'Association pour les rencontres interrégionales qui se déroulent dans les hauts lieux de la Résistance française. Elle s'occupe de nombreux dossiers, notamment celui des « lapins », car elle considère que c'est « un devoir sacré que de faire connaître à l'opinion les crimes commis par des médecins allemands sur ces jeunes filles[5] ». Quand Geneviève prend la tête de l'ADIR, des progrès ont certes été accomplis dans ce domaine. Les premières demandes d'indemnisation adressées en 1957 concernent soixante-quinze femmes, dont cinquante-quatre sont encore vivantes. Presque toutes vivent en Pologne. Finalement, à force de démarches, mais aussi grâce à la nouvelle amitié qui naît entre la France et l'Allemagne sous l'égide de Charles de Gaulle et du chancelier allemand Konrad Adenauer, le gouvernement de la RFA accepte en 1961 d'indemniser ces *Kaninchen*, du moins celles qui vivent encore malgré leur état physique déplorable. Pour la nouvelle présidente de l'ADIR, cette décision est une victoire. Mais une victoire minuscule qui doit en préparer d'autres. L'ADIR veut obtenir la création en France d'une commission qui devra examiner les cas de tous les *Kaninchen* français, hommes et femmes, dans l'ensemble des camps de concentration. En octobre, après des mois de tractations, Geneviève obtient l'accord du ministère des Anciens combattants : une commission chargée de préparer les demandes d'indemnisation à adresser à la RFA sera créée.

Le 7 janvier 1964, le ministre des Anciens combattants Jean Sainteny annonce la création de la commission. Elle siège de 1965 à 1968, accompagnée dans ses travaux par l'ADIR. À la demande du ministre, Geneviève dresse une liste de médecins habilités à diagnostiquer les infirmités liées aux expérimentations pseudo-médicales nazies – l'État redoute les profiteurs. Les spécialistes retenus par la commission sont d'anciens résistants, comme le professeur Vic-Dupont, déporté à Buchenwald, ou le docteur Adélaïde Hautval, déportée à Auschwitz et Ravensbrück. Geneviève rassemble en outre les noms des quatre cents victimes dont la commission médicale aura à examiner les blessures. Elle suit individuellement chaque cas, met des annotations, écrit aux victimes... Face aux doutes de certains docteurs ou de certains hauts fonctionnaires, il faut, vingt ans après les faits, inlassablement affirmer la bonne foi des victimes. Geneviève de Gaulle prend sa plume pour les défendre : « Nous sommes des centaines de femmes à pouvoir témoigner que ces expériences ont eu lieu. Tout a été fait [par les déportées, pendant la déportation] pour que les expériences soient connues à l'extérieur : radios passées clandestinement par deux camarades évadées, photographies (que nous avons encore) prises dans les camps mêmes. Vous devinez avec quels risques[6]... » Germaine Tillion, par exemple, a conservé « une bobine photographique non développée qui représentait les jambes des jeunes lycéennes sur lesquelles le docteur Gebhardt avait fait de la vivisection ». Elle a caché ce document très dangereux dans sa poche, enroulé dans de vieux tissus crasseux, de janvier 1944 à sa libération en avril 1945. Cet acte incroyable de courage montre la volonté extrême de cette femme que justice soit faite.

Le 9 mars 1968, devant l'Assemblée générale de l'ADIR, Geneviève de Gaulle Anthonioz récapitule les résultats de ces travaux longs de trois ans, et conclut sobrement : « Nous nous sommes trouvés en face de bien des misères[7]. » En réalité, la compassion envers la détresse des individus a vite pris le pas sur le caractère juridique de la démarche initiale. Geneviève a la conviction que la prise en considération des victimes n'est pas un problème de droit, mais un devoir immédiat envers des individus, quelle que soit leur nationalité ou leur situation personnelle. D'organisation de défense des déportées, l'ADIR devient une organisation de défense des droits de l'homme, exactement comme ATD quart-monde, association de lutte contre la pauvreté, deviendra au fil des ans un mouvement de défense de la dignité humaine. L'expérience de la lutte en faveur des déportées sera d'une grande utilité à Geneviève. Expérience de la patience, de la ténacité, de l'interpellation des pouvoirs ; revendication de la supériorité de la loi universelle des droits de l'homme ; conscience nette que l'État moderne risque aussi d'être un monstre froid.

Tandis qu'elle poursuit son travail en faveur des *Kaninchen*, Geneviève retrouve d'une façon plus indirecte son passé de déportée. En octobre 1958, elle rencontre chez une de ses amies, Marthe de Brancion, le Père Joseph Wresinski, âgé de quarante et un ans, ancien militant de la Jeunesse ouvrière chrétienne (JOC), devenu apôtre des plus démunis. Ordonné prêtre en 1946, surnommé par ses détracteurs le « curé de la racaille », ce personnage ardent a été pendant dix ans curé dans des paroisses ouvrières et rurales du département de l'Aisne. Il vit depuis juillet 1956 parmi les sans-logis, dans un bidonville à Noisy-le-Grand. Soutenu par son évêque, celui de Soissons, il est en revanche en délicatesse avec l'évêque de Versailles dont dépend le campement. Dans l'élégant salon de Mme de Brancion, Geneviève l'écoute parler des centaines de familles dépourvues de tout, rejetées, vivant dans un campement provisoire devenu définitif.

L'histoire du bidonville est récente mais déjà tragique. Elle débute en mars 1954, quand on découvre un enfant mort de froid à Paris, dans une France où la reconstruction laisse des milliers d'habitants en marge. Scandalisé, l'abbé Pierre, ancien aumônier du Vercors, ancien député de Meurthe-et-Moselle et fondateur des Compagnons d'Emmaüs en 1949, lance son célèbre appel à la solidarité sur les ondes de RTL : « Alors que des enfants sont morts parce que leurs parents étaient sans logis, la mauvaise utilisation des locaux est criminelle. »

Ces milliers de personnes dépourvues de toit suscitent un élan populaire. Avec l'argent qu'il en retire, l'abbé Pierre fait élever des cités d'urgence et y reloge deux cent cinquante familles. Le bidonville de Noisy-le-Grand où vit le Père Wresinski est un de ces camps conçus pour être provisoires et qui a subsisté au fil des mois, car les pouvoirs publics n'ont rien tenté pour résoudre le problème.

Pourtant, dès les lendemains de la guerre, une élite de hauts fonctionnaires héritiers de l'esprit modernisateur des années 1930 essaie d'appliquer à l'évolution de la France les idéaux de justice sociale développés pendant la Résistance. L'État, par le biais du plan quinquennal, imprime au pays une nouvelle impulsion, mais surtout dans le développement de l'électricité, de l'acier, de la recherche nucléaire et des houillères. L'année 1958 correspond à un nouvel élan : revenu aux affaires avec le sentiment que beaucoup de retards sont à combler, le général de Gaulle, aidé par une équipe de technocrates, lance la France dans une modernisation générale qui doit profiter à l'ensemble du corps social. Les pouvoirs publics se montrent particulièrement dynamiques dans le domaine de l'aménagement du territoire, tant il est urgent de maîtriser une vie urbaine rendue anarchique par la forte croissance démographique.

Mais les effets de cette politique tardent à se faire sentir. En cet hiver 1958, le Père Joseph invite Geneviève à constater elle-même les conditions déplorables dans lesquelles vivent les sans-abri du Château de France – tel est le nom du marécage transformé en décharge, puis en bidonville. Geneviève, déjà fort occupée, hésite. Toutefois, par amitié pour Marthe, et parce qu'elle n'arrive jamais à refréner un mouvement de générosité, elle décide de se rendre au camp de Noisy.

Un jour d'octobre, seule, elle prend le métro puis l'autobus. Elle continue à pied. Elle aurait aisément pu effectuer cette visite avec son mari, en voiture, ou avec une ou plusieurs amies, en comité de bienfaisance. Tel n'est pas le sens de son initiative. Elle est la déportée qui a, au fond d'elle-même, ressenti un tressaillement, un doute, un écho. Nul n'a sa place auprès d'elle en cet instant. Elle va à la rencontre de l'oublié, de ceux qu'une société obnubilée par la croissance de son niveau de vie cherche à gommer. Les étapes du trajet, de la rue Jules Ferry au sentier qui mène au camp, sont comme autant de dépouillements successifs de son statut social. Elle est prête à découvrir que le visage de l'oubli s'impose toujours jusqu'aux portes de Paris. Cette expérience constitue pour elle une anamnèse, la remontée d'un souvenir qui prend une terrible actualité et qui reste présent par-delà les siècles : « Des pauvres, vous en aurez toujours », annonçait le Christ dans l'Évangile.

Un camp... Le vocabulaire n'est pas trompeur, et la sonorité du « camp de Noisy » trop proche de celle du « camp nazi ». Dans l'esprit de Geneviève, la connexion est immédiate : « Lorsque je suis entrée dans ce grand bidonville, au bout d'un chemin de boue, sans lumière, j'ai pensé au camp, l'autre, celui de Ravensbrück. Bien sûr, il n'y avait pas de miradors, pas de sentinelles SS, pas d'enceinte barbelée et électrifiée, mais ce paysage de toits bas et ondulés d'où montaient des fumées grises était un lieu séparé de la vie », écrit-elle dans le livre qu'elle consacre à son expérience de Noisy-le-Grand[8]. À l'intérieur de l'enceinte, la première impression se confirme. Les baraques misérables, leurs formes arrondies en ciment et en tôle s'alignent. On en compte deux cents. Elles sont surnommées les igloos. En ce jour glacial, le terme se révèle adapté... Ni l'électricité ni le chauffage ne parviennent jusque-là. Pour l'approvisionnement en eau, on trouve trois fontaines, où les femmes font la queue pour remplir des bidons. Quant au ramassage d'ordures, il n'est pas question d'y songer. Insalubre, le lieu semble isolé alors que la banlieue est toute proche, ce qui accentue encore la ressemblance avec les camps de concentration retranchés du monde des vivants à quelques kilomètres de grandes villes.

Des enfants errent, maladifs, et jouent au bord des égouts. Les adultes ont les mêmes yeux vides, les mêmes joues creuses, que ceux qui luttaient contre la mort dans les blocs : « Les habitants [de Noisy] portaient sur leur visage cette marque de détresse que je connaissais bien et qui avait sans doute été la mienne. [...] Nul doute. L'expression que je lisais sur [ces] visages était celle que j'avais lue bien longtemps auparavant sur les visages de mes camarades de déportation, au camp de Ravensbrück. Je lisais l'humiliation et le désespoir d'un être humain qui lutte pour conserver sa dignité. » L'odeur qui émane des igloos, l'odeur des corps qui n'ont pas la possibilité d'être lavés tous les jours, « même si on essaie, même si on le veut », Geneviève la reconnaît aussi : « C'était mon odeur lorsque j'étais au camp de Ravensbrück. [...] Je me suis vraiment retrouvée dans ma peau de déportée et je me suis sentie de leur bord. Quand on est marqué comme je l'étais, il y a certaines choses que l'on ne peut plus jamais accepter. » Au milieu de cette misère, la douceur avec laquelle Geneviève est accueillie lui rappelle la fraternité qui faisait tenir bon les femmes de Ravensbrück. Dans un des igloos de Noisy, se souvient-elle, chez une famille où « il faisait vraiment très froid, plus qu'au dehors, j'avais entendu avec stupeur le père Joseph demander pour nous un café. Comment était-ce possible dans un dénuement pareil ? » Mais le miracle opère : le café est servi, grâce à l'aide des voisins, comme ces morceaux de sucres partagés... »

Au cours de l'après-midi, le Père accompagne Geneviève à travers les allées boueuses. Il lui montre l'igloo peint en jaune où il a installé un lieu d'accueil pour les enfants en âge d'aller à la maternelle. Les mères s'y relaient pour assurer des activités d'éveil. Plus loin, il fait entrer Geneviève dans la bibliothèque du campement, accessible à tous, que Marthe de Brancion anime une fois par semaine. La vieille dame, malgré les rhumatismes qui l'accablent, fait ainsi un long voyage en métro puis en bus, chargée le plus souvent d'un gros paquet de livres destinés aux gens du camp.

Une fois dans le taudis qui lui sert de bureau, le Père Joseph parle à Geneviève de « son peuple », ce peuple hagard et misérable que personne ne veut reconnaître. Certes, vingt-sept associations caritatives soulagent les besoins les plus urgents, sans grande coordination. Le Père, de toute façon, est réticent face à cette charité qui ne prend pas vraiment en considération la valeur des êtres humains. Son but, explique-t-il, est tout autre. Il ne s'agit pas d'aider les misérables ici ou là, mais de créer un projet de civilisation qui consiste, en évitant l'écueil de l'assistanat, à rendre les familles responsables de leur propre redressement. L'objectif ultime est de faire de ce peuple délaissé un peuple de citoyens. Le Père Joseph aime citer Péguy : « Aussi longtemps qu'il y a un homme dehors, la porte qui lui est fermée au nez ferme une cité d'injustice et de haine[9] ». Ainsi, le Père Joseph s'oppose à la distribution de la soupe populaire à Noisy : cette mesure démobilise les hommes du camp qui travaillent durement sur les chantiers de banlieue et qui préfèrent rester au camp pour recevoir un bol[10]. Dans cet esprit, tous les dons qui sont faits à l'équipe du Père Joseph – vêtements, charbon… – sont ensuite revendus aux gens du camp, à un coût minime, dans le but de responsabiliser les pauvres et ainsi de reconnaître leur dignité.

L'éthique qui guide le Père Wresinski est en partie issue de sa propre expérience, puisqu'il a lui aussi, enfant, vécu dans une extrême misère. Il est à même de comprendre quelle humiliation représente l'aumône quand, précisément, on n'a plus aucune autre activité sociale que de tendre la main. Mais cette philosophie est mal comprise par les associations caritatives qui œuvrent dans les bidonvilles.

Les relations du Père Wresinski avec Emmaüs, dont l'abbé Pierre a quitté la présidence, sont tendues. Propriétaire du terrain, l'association Emmaüs refuse d'installer l'électricité dans le bureau du Père Joseph, ou de lui donner des couvertures pour les familles démunies, par mesure de représailles. Les projets immobiliers d'Emmaüs ne conviennent pas au Père Joseph : ils consistent à construire des HLM à la place du bidonville, réservés à des familles capables de payer un loyer. La rupture est consommée en 1961, quand le personnel Emmaüs quitte définitivement le bidonville. L'abbé Pierre dira pourtant à Geneviève de Gaulle, au moment de la mort du Père Joseph, sa reconnaissance : « Ce qu'avait Joseph et que nous n'avons pas, c'est qu'il était né pauvre et qu'il l'est toujours resté. Jamais les plus misérables, les plus exclus n'ont mis en cause le fait qu'il ait parlé en leur nom[11]. » Ce que l'abbé Pierre ignore peut-être, c'est que Geneviève de Gaulle Anthonioz, étrangement, bénéficie de la même légitimité immédiate auprès des miséreux.

À Noisy, pour aider les hommes et les femmes accablés par leur sort à se transformer en acteurs de leur vie, le Père a développé depuis son arrivée des actions originales. Les efforts consentis pour envoyer les enfants à l'école contribuent à manifester la dignité humaine des habitants du camp, peu reconnue par la société. Mais à ses yeux, le champ d'action majeur reste la question du logement. Sans un habitat décent, les enfants ne peuvent réviser leurs leçons ni accueillir leurs camarades, les mères sont incapables de faire sécher le linge, les pères n'ont pas d'habits propres pour chercher du travail, ni la fierté nécessaire pour se présenter devant les éventuels employeurs. Dans cette lutte, et malgré la foi qui le porte, le prêtre se sent parfois impuissant. Il est mal accueilli par les pouvoirs publics et les décideurs font la sourde oreille.

Mais la démarche convainc Geneviève, peut-être parce qu'elle a vécu une expérience voisine. C'est du moins la thèse avancée par la plupart de ses proches, notamment Germaine Tillion : « C'est Ravensbrück qui a permis à Geneviève de comprendre Noisy. Ravensbrück lui avait tout appris. À Noisy, elle était riche du capital de Ravensbrück. Ce capital était une clé qui ouvrait toutes les portes[12]. » La survie, dans le système concentrationnaire, équivalait comme à Noisy à une lutte quotidienne pour sa dignité, résumée à des actes très simples dans la vie de tous les jours, mais extraordinairement compliqués dans un tel dénuement, comme se laver, rester debout, ne jamais céder à la résignation.

Toutefois, le fait d'avoir été déporté ne conduit pas nécessairement à l'action humanitaire. D'autres voies, différentes sans être moins honorables, ont été choisies par les personnes revenues des camps. Dans un article de *Voix et visages* de 1962, Geneviève appelle ses camarades à plus de solidarité dans le monde – l'altruisme ne va pas de soi, même chez les anciennes déportées : « Nos luttes et nos souffrances passées nous donnent plus de devoirs que de droits : devoirs vis-à-vis de notre pays, devoirs aussi de solidarité avec ceux et celles qui subissent des épreuves proches de celles que nous avons supportées. Un grand nombre d'anciens et d'anciennes déportés le sentent ainsi, mais peut-être en est-il quelques autres qui se replient volontiers sur leurs difficultés personnelles, ou qui aiguisent indéfiniment les pointes de leurs revendications... » Si Geneviève éprouve immédiatement une forte proximité avec les gens de Noisy, c'est donc moins en raison de sa seule expérience concentrationnaire que de son parcours personnel, notamment en ce qui concerne son enfance. Le bidonville lui rappelle d'instinct le malheur de Ravensbrück. Mais les années qui se sont écoulées entre 1945 et 1958 ont décanté l'épreuve de la déportation. Dès lors, en voyant la misère moderne, elle comprend que Ravensbrück lui a permis d'élaborer une relation étroite avec l'humanité entière, tout en apurant son propre malheur de fille orpheline.

Geneviève ne soupçonnait pas l'existence de la misère en France avant de venir à Noisy : « Je n'avais pas compris qu'il y avait à ce point une marginalisation d'une partie de la population. On était déjà en train de creuser un fossé entre eux et nous. [...] Je venais de découvrir un monde à part, un monde qui n'avait plus rien à voir avec celui que je fréquentais quotidiennement. » Il lui faudra un peu de temps pour pouvoir concevoir l'intuition qui l'a amenée à Noisy. Un an à peu près pour qu'elle se convainque de la parenté entre l'expérience du nazisme et le spectacle de cette misère. La France de 1959 n'est certes pas un enfer, et tout parallèle avec l'époque nazie serait déplacé. Pourtant, ce que ressent Geneviève, c'est une similitude dans le principe. D'un côté, l'idéal d'une société bien huilée, gérée par un État puissant. De l'autre, une population qui profite de cette organisation tout en se méfiant des contraintes publiques. Enfin, des exclus, toujours membres de la société humaine, mais passés de l'autre côté d'une frontière invisible, dépourvus du moindre droit. La situation est la même qu'au camp : une autorité veut en finir avec des êtres humains qui lui sont un obstacle, et cherche à cet effet une solution globale. Entre l'horreur absolue des solutions nazies et les méthodes plus tempérées des pouvoirs publics, toutes proportions gardées, l'attitude est semblable. Dans les deux cas, on ignore les personnes en tant qu'individus. On traite une masse. La lutte que Geneviève de Gaulle Anthonioz entreprend, sans qu'elle soit encore formulée en ces termes, concerne au contraire la personne face au rouleau compresseur du pouvoir en général, qu'il soit bénin comme sous la Ve République, ou dangereusement malin comme sous Hitler. C'est une lutte à l'échelle du siècle, où Geneviève fait d'emblée le choix de prendre le parti des pouilleux, face à un État dont la bienveillance paternelle constitue parfois une menace masquée.

Dès sa première visite à Noisy, elle voit que le camp de salut improvisé par l'abbé Pierre pour les familles issues surtout de l'exode rural fonctionne comme un lieu de réclusion. Ces personnes en transit sont des déracinés. Elle sent que la misère est un trou noir dans lequel on tombe pour ne plus jamais en sortir. Geneviève vient du dehors et peut y retourner. De ce fait, elle a les moyens d'élargir la brèche que sa venue constitue – la propre nièce du général de Gaulle, à Noisy, incognito !

Entrée en déportée, Geneviève de Gaulle Anthonioz ressort en résistante. Elle ne peut plus fermer les yeux sur la plaie qui vient de se rouvrir en elle. Le retour vers la ville est comme une remontée vers un autre monde : les premiers réverbères sont loin du camp, l'arrêt de bus est encore plus éloigné, le voyage vers Paris est long ; Geneviève se déplace progressivement vers les quartiers où vivent et travaillent les gens de son milieu. On retrouve l'ambiance du foyer, le rythme et le niveau des préoccupations, le confort d'un certain standing – une autre planète. Mais ce bien-être, lentement reconquis au fil de quinze années d'efforts, après la guerre et son terrible dénuement, se heurte à présent à une misère très contemporaine. Le bonheur des Anthonioz est l'expression d'un mouvement vers l'avenir ; la misère des familles de Noisy relève au contraire d'une immobilisation dans un passé sombre. Face à cette réalité, le bien-être dont jouit Geneviève n'est plus seulement, à ses yeux, la marque d'un progrès légitime, mais aussi l'indice d'une injustice. La France a cru, au lendemain de la victoire, pouvoir ouvrir à tous le chemin des Trente Glorieuses, de la reconstruction, du progrès universel, et elle découvre que cette réussite a laissé subsister dans ses marges une misère absolue.

Se consacrer, de manière concrète, à la lutte contre l'extrême pauvreté ne peut se faire en un jour. Geneviève, depuis 1945, a réappris à vivre dans le bonheur. Ses enfants font sa joie, son travail à la Recherche scientifique l'accapare. De retour dans son monde, elle est absorbée par ses missions au ministère des Affaires culturelles et à la tête de l'ADIR. Le Père Wresinski, du reste, ne lui a rien demandé de précis. Il a simplement souhaité qu'elle voie l'humiliation de « son » peuple, rien de plus.

L'image des familles de Noisy, cependant, hante son esprit. Le millier d'enfants qui grandit au milieu de la décharge est au cœur de ses préoccupations, puisque c'est par eux que se transmet la misère, de génération en génération. Geneviève devine que pour les parents de Noisy, les petits représentent l'espoir d'une autre vie. Aussi, quand le Père Joseph lui téléphone, un matin de décembre, pour lui demander un appui ponctuel, elle n'hésite pas. Avec le froid qui frappe le pays, le Père redoute les conséquences du manque de charbon. Il souhaite que Geneviève, d'une façon ou d'une autre, relaie sa demande pour obtenir du combustible.

La jeune femme réfléchit. Elle connaît une journaliste de France Inter, Clara Candiani, qui anime une émission de solidarité intitulée – encore un hasard ? – « Les Français donnent aux Français ». Elle suggère à cette amie de lancer un appel aux dons pour que les habitants du bidonville de Noisy disposent eux aussi de chauffage. Le succès de l'émission est réel, l'argent afflue, les bonnes volontés aussi. Le charbon arrive au camp. Conformément à l'éthique défendue par le Père, il n'est pas offert aux habitants. Il est vendu au rabais, mais vendu. Le charbonnier qui vient livrer le combustible dans les igloos a reçu le complément du prix de vente grâce aux dons.

Cette première intervention de Geneviève peut sembler minime. Après tout, elle s'est contentée d'informer les relais compétents, et la générosité populaire a fait le reste. Toutefois, ce premier geste n'est pas anodin. Il signifie d'abord que Geneviève de Gaulle est prête à s'engager et qu'elle parvient, grâce à ses relations, à trouver les interlocuteurs utiles. Ensuite, la réussite de cette première tentative lui prouve que son action, même ténue, a des effets non négligeables sur le bien-être des misérables. Elle prend conscience, enfin, que les méthodes utilisées par le Père Joseph répondent à une vision cohérente et digne de l'être humain : « Pour le Père Joseph, il fallait que les gens participent. C'était une manière de les respecter, de les estimer capables de s'organiser. On a dit que c'étaient les premières familles [de Noisy] qui refusaient l'assistance. En tout cas, elles n'auraient sans doute pas pu le faire sans l'impulsion du Père. Il leur ouvrait la voie. » Alors que le bidonville signifie l'exclusion des pauvres, le Père défend une éthique opposée, qui n'est pas sans rappeler le concept gaullien de participation : il faut réintégrer les pauvres à la société, les faire participer à l'échange, même modestement mais à part entière.

De fil en aiguille, de la même façon qu'elle s'était engagée dans la Résistance par de petits gestes, puis par des actions de plus en plus importantes, Geneviève progresse dans ce nouveau combat. Avec sa deuxième intervention, elle s'implique davantage pour les malheureux de Noisy. La cause, cette fois, est plus grave. Le bidonville est depuis longtemps montré du doigt par les riverains, par les pouvoirs publics (la mairie de Noisy-le-Grand et la préfecture de Seine-et-Oise notamment), et même par le président d'Emmaüs qui dénonce le désordre qui y règne et l'argent qu'il coûte à son organisation. Il est envisagé de raser les igloos et de disperser les habitants dans toute la France. Les poches de misère mettent en cause une société d'aisance et d'optimisme collectif, et incitent à un règlement expéditif : faire disparaître les taches, à défaut de remédier à la misère elle-même. Le Père Joseph s'indigne : pas question de laisser détruire le camp sans savoir où et avec quels moyens seront relogées les familles. Pas question non plus de disperser un peuple qui ne tient que par sa solidarité, même si celle-ci est parfois entachée de bagarres, quasi inévitables dans un tel contexte. Une fois éparpillés, les pauvres s'effaceront dans la masse et cesseront de faire problème ; leur misère demeurera, mais elle aura cessé d'être visible, donc de faire scandale. Geneviève rejoint entièrement le prêtre sur ce point. Le sentiment d'appartenir à une communauté est tout ce qui reste aux pauvres. Elle-même se souvient, à Ravensbrück, avoir refusé les mesures préférentielles que lui proposa, l'hiver 1944, le commandant du camp, Suhren : pas question pour la déportée 27 372 d'être mieux traitée tant que ses camarades ne bénéficieraient pas des mêmes mesures. Et la prière prononcée par les femmes dans les blocs nazis, que Geneviève n'a jamais oubliée, pourrait tout aussi bien s'appliquer aux misérables du bidonville : « Seigneur, qui êtes au milieu de nous, veuillez ne pas nous délivrer de la misère tant que nos frères seront malheureux. Et même si un ange devait nous libérer, nous préférons rester captives avec nos frères[13]. »

Le Père Joseph rêve de construire, avec les gens de Noisy, un village communautaire, dont tous seraient les bâtisseurs et les habitants. Il appelle une nouvelle fois Geneviève : elle représente pour lui l'unique espoir d'alerter l'État à un niveau auquel il a tenté en vain, des années durant, d'accéder. Le Père, accusé d'être un « mainteneur de bidonvilles », n'est pas entendu par l'administration, où son passé de communiste, son apostolat parmi les misérables et son inflexibilité font figure de provocations. Régulièrement, quand il souhaite être reçu au ministère des Affaires sociales, les huissiers le reconduisent à la porte, sans le laisser rencontrer qui que ce soit. Le prêtre, il est vrai, est un utopiste, rivé à son objectif de cité radieuse. Le parcours de Geneviève et son nom de famille lui permettent d'équilibrer le déficit de crédibilité du Père Joseph, qui passe pour un extravagant. Seul le poids moral de Geneviève peut sauver le prêtre de l'échec auprès des institutions, et même lui épargner des poursuites judiciaires, comme en 1961 lorsque Wresinski est accusé calomnieusement d'avoir favorisé un avortement. Geneviève, malgré ses atouts, sait que le combat pour offrir un vrai toit aux démunis sera difficile : le logement est un problème crucial dans les années 1960, à cause de la croissance économique qui, sur fond de baby-boom, accélère l'exode rural et le phénomène d'immigration. Pourtant, dès 1955, une massive politique de construction de logements sociaux est mise en place. Mais les plus pauvres n'ont pas accès aux HLM, et au début des années 1960, cent dix-neuf bidonvilles subsistent encore en Île-de-France. Ils abritent une population estimée à plus de quarante mille habitants.

L'interlocuteur auquel songe Geneviève est le ministre de la Reconstruction en personne. Elle connaît bien Pierre Sudreau. Proche du général de Gaulle, il fut l'un des plus jeunes déportés de France, puisqu'il arriva à Buchenwald à l'âge de dix-sept ans. Il reçoit la nièce du Général sans tarder. Geneviève est satisfaite de l'entretien : « Le ministre était un homme généreux. Il comprit sans doute certaines choses. » Il ordonne de ne pas détruire le camp. Mais il ne prend aucune décision concernant le relogement des familles, et les bulldozers reviendront quelques mois plus tard...

Les objectifs que se fixent Geneviève et ses amis de Noisy peuvent paraître modestes : quoi ? reloger deux cents familles ? l'affaire d'une barre de HLM à construire en neuf mois ! Pourquoi tant d'émotion ? En réalité, malgré la bonne volonté d'un ministre, il faudra lutter pendant dix ans avant d'obtenir le relogement des familles. Pour Geneviève, cette situation d'impasse résulte d'une mauvaise perception de la réalité du camp de Noisy par la société : « Peu de gens de l'extérieur pénétraient dans le camp. Les assistantes sociales avaient peur, les ambulances hésitaient à s'y aventurer lorsqu'il fallait aller chercher un blessé... Un mélange de peur et de mépris, doublé d'une méconnaissance totale de ce que vivaient les familles. » Si elle-même n'a pas craint de pénétrer dans l'enceinte, c'est parce qu'elle avait connu, quinze ans plus tôt, un enfer plus effrayant encore. Les mots parfois utilisés par ses interlocuteurs pour qualifier les habitants du bidonville la blessent au premier chef : « asociaux », « fous », « criminels », « irrécupérables », « paresseux »… Là où Geneviève rencontre des familles qui cherchent à rester debout, la société imagine de dangereux éléments, habiles à profiter de la manne publique et se complaisant dans l'ordure.

Geneviève se souvient que la vermine, les poux, la mauvaise odeur, la fatigue sont inévitables quand on n'a ni eau, ni savon, ni argent, ni lit. « Je savais ce que c'est de se lever tous les matins dans un endroit où l'on a froid, où l'on a mal dormi, où l'on ne sait pas comment on va faire chauffer un café. On ne peut pas imaginer concrètement ce que cela signifie si on ne l'a pas vécu. On n'a pas assez d'imagination pour cela. Moi, je savais. Je connaissais le visage de quelqu'un qui recommence chaque matin le travail de se mettre debout, je savais ce qu'est la misère matérielle, ce que c'est de sentir mauvais car on n'a rien pour se laver. » Elle se souvient aussi que cette déchéance n'empêche pas l'âme de rester grande, la soif de dignité intacte.

Une fois de plus, Geneviève choisit de ne pas s'assoupir dans sa situation sociale enviable. Elle décide de passer la barrière des préventions, de se compromettre avec les très pauvres, au risque d'être à son tour montrée du doigt. En ce mois de janvier 1959, la décision n'est pas facile à prendre. Geneviève pressent qu'un pareil engagement aura des conséquences pour ses enfants, et pour sa place dans le monde. Elle s'apprête aussi à affronter la colère d'André Malraux car elle va lui annoncer qu'elle quitte son ministère pour mieux se consacrer aux miséreux de Noisy. Le retour de Charles de Gaulle aux affaires avait réveillé en Geneviève le goût de l'action politique. Mais la visite à Noisy la réveille plus profondément encore. Elle reprend le combat pour le principe de la vie, de la tendresse, de l'amour.

« Malraux, précise-t-elle, m'en a beaucoup voulu de partir ainsi. » Bernard, lui, restera au ministère. Tandis qu'elle s'affranchit de toutes les appartenances institutionnelles, elle sait qu'elle peut compter sur la présence généreuse et compréhensive de son mari, qui à ce moment-là est d'un prix infini. C'est tant mieux, car rien ne saurait faire revenir une de Gaulle sur sa décision quand l'enjeu est de défendre la dignité humaine ! Ne trouve-t-on pas, au pied de la croix de Lorraine de Colombey-les-Deux-Églises, la phrase suivante, l'une des plus mémorables du Général : « La seule querelle qui vaille, c'est celle de l'homme. C'est l'homme qu'il convient de sauver, de faire vivre et de développer » ?

8

L'aide à toute détresse

En dehors de la présence tutélaire du Père Joseph puis du passage d'André Étesse[1] à la tête des bénévoles, le groupe que rejoint Geneviève à Noisy est essentiellement féminin. Les volontaires qui aident le prêtre, d'origines sociales et de nationalités variées, sont toutes animées de foi et de passion. C'est le cas de Francine Didisheim, une des plus anciennes, qui est belge et catholique. Sa mère a été déportée à Ravensbrück. Cette belle jeune fille de grande famille, qui a passé les années d'après-guerre à danser et à monter à cheval, se retrouve à Noisy presque par hasard : elle y est profondément choquée par le sort de ces misérables condamnés d'avance. Son premier échange avec le Père Joseph est plutôt froid : le caractère entier du prêtre, peu versé dans les mondanités, considéré par certains comme un gourou ou un agitateur, ne facilite pas les ralliements. Francine, pourtant, ne se rebute pas. Bientôt, elle choisit de quitter les siens et d'abandonner son travail pour devenir secrétaire du Père Wresinski. Plus tard, elle sera vice-présidente d'ATD Quart Monde. D'autres femmes s'engagent, comme Bernadette, qui, elle, n'est pas croyante mais ne peut supporter l'injustice. Elle a un métier et se débrouille pour venir apporter son aide en fin de semaine, jusqu'au jour où elle décide de se consacrer entièrement aux hommes et aux femmes des camps de fortune. Elle s'installe alors dans le bidonville de la Campa, près de la Courneuve, dans une roulotte où elle vit avec une autre volontaire, Nicole. Erika est une jeune Allemande qui a connu la misère dans son pays ravagé et désire soulager ses prochains. Alwine de Vos van Steenwijk est une diplomate néerlandaise, cultivée et d'une grande spiritualité. Elle arrive à Noisy après avoir lu un reportage de la revue *Elle* sur le camp. Ce qu'elle découvre la bouleverse, au point que quelques années plus tard elle abandonne sa carrière pour renforcer l'équipe du Père Joseph. Elle deviendra la présidente de la branche internationale d'ATD Quart Monde. Geneviève, plus que nulle autre, est préparée à cette solidarité particulière qui unit les femmes face à la détresse. Elle connaît cet entêtement, cette résistance discrète et ferme, qui peuvent naître dans l'âme de ses sœurs et déplacer les montagnes. Elle entre de plain-pied dans ce monde de femmes, à l'image de l'ADIR, à l'image du camp de Ravensbrück.

Si les bénévoles sont majoritairement des femmes, c'est peut-être parce qu'elles sont, plus encore que les hommes, sensibles à la douleur des êtres les plus faibles. C'est aussi parce que dans le bidonville les premières victimes sont les enfants et les mères : les enfants ne peuvent aller à l'école, ils tombent souvent malades, les femmes peinent pour assurer le quotidien, se démènent pour nourrir leur famille, lavent le linge dans l'eau froide, mènent leurs grossesses dans des conditions terribles. Cet acharnement du sort sur les plus faibles suscite un écho chez les autres femmes et particulièrement chez Geneviève de Gaulle : lorsqu'elle parle du camp de Noisy, elle consacre de longs passages aux enfants et au courage des mères. La place des pères est plus réduite et les descriptions souvent moins élogieuses. Les hommes sont absents parce qu'ils travaillent ou cherchent un emploi. Quand ils sont dans leur igloo, ils restent assis, abattus. Certains boivent. Parfois ils cassent tout. Ils se bagarrent. Le dialogue est possible avec les femmes – Geneviève en rapporte des exemples multiples. En revanche, elle n'évoque aucun échange avec un des hommes de Noisy. Ce contraste est frappant de la part d'une observatrice soucieuse de rendre compte de la réalité. La conclusion implicite, c'est que l'avenir repose avant tout sur les épaules des femmes : parce qu'elles élèvent les enfants, elles ont une prise directe sur le futur. Grâce à leur courage, elles peuvent ouvrir une voie aux hommes et aux plus jeunes.

Est-ce à dire que les solutions apportées par l'équipe du Père Joseph sont féminines ? Une telle affirmation serait exagérée et se heurterait à la difficulté de définir ce qui différencie une solution féminine d'une solution masculine. Toutefois, dans les actions ponctuellement menées au sein du bidonville, l'attention portée aux femmes et aux enfants est importante. Une des premières initiatives a été, on l'a vu, l'ouverture d'un jardin d'enfants où les mères se relaient. Plus tard, le 19 décembre 1959, c'est un foyer pour femmes qui est inauguré à Noisy, grâce à un mécénat féminin, puisque les fonds proviennent en partie du magazine féminin *Elle* et de Marguerite

Maeght, propriétaire d'une célèbre galerie parisienne (les plans et la construction du bâtiment sont, notons-le pour faire justice aux hommes, le fait de personnes de sexe masculin !). Les peintres Braque et Miro vendent plusieurs lithographies et font don de l'argent recueilli. Ils offrent aussi plusieurs œuvres pour décorer le foyer. À l'intérieur, les femmes se retrouvent dans une ambiance chaleureuse. Elles ont la possibilité de laver le linge grâce à des machines mises à leur disposition en 1960. Plus tard, une coiffeuse et une esthéticienne s'installeront dans le foyer, décision aussi novatrice à l'époque qu'elle est essentielle dans la philosophie d'ATD. À ceux qui affirment que les dons auraient pu être plus avantageusement utilisés pour le relogement des familles, les responsables expliquent le rôle symbolique du foyer : « La première femme qui a osé venir chez l'esthéticienne a reçu le soir même un œil au beurre noir de la part de son mari. Mais deux mois plus tard, elle est retournée avec un bouquet de fleurs chez l'esthéticienne, car, depuis qu'elle s'était faite belle, tout avait changé dans sa vie : elle avait eu envie de mettre des rideaux dans son igloo, elle avait osé rencontrer l'institutrice de ses enfants[2]… » Bientôt, le comité responsable du foyer, auquel participent les femmes du camp, est chargé des relations avec la Caisse d'allocations familiales. Le foyer des femmes, que le Père Joseph peut à juste titre considérer comme « le pivot central et communautaire du camp », joue un rôle déterminant dans la restauration d'une dignité au sein du bidonville.

« L'Année internationale de la femme », en 1975, est une consécration pour les bénévoles de Noisy. Elles célèbrent cette fête universelle comme le fruit d'un travail de vingt ans, mené en étroite collaboration avec les femmes du camp. Après deux décennies d'action quotidienne, dans la boue, dans la poussière, l'année 1975 offre l'occasion de dresser un bilan et de s'exprimer au même titre que les autres femmes de la planète. Le simple fait que les femmes du bidonville osent s'exprimer lors des différentes manifestations montre le chemin parcouru depuis 1956 : « La prise de parole des femmes du quart-monde a été préparée par des années de patience et de ténacité », souligne Geneviève. Tout au long de l'année, elle aide à la préparation d'un « Manifeste de la femme du quart-monde ». Il est présenté le 6 décembre 1975 à des femmes du monde entier, devant un parterre officiel où se trouvent l'épouse du président de la République, Anne-Aymone Giscard d'Estaing et la secrétaire d'État à la Condition féminine, Françoise Giroud. Ce sont les mères de famille du bidonville qui montent à la tribune, évoquent leurs problèmes quotidiens, leur manque de nourriture, les enfants qui leur sont retirés par la DASS pour cause de misère. Le manifeste est envoyé à la Conférence mondiale des femmes, à Mexico. Le Père Joseph, quant à lui, est reçu dans l'ordre de la Légion d'honneur au titre de... la Condition féminine !

Cet aspect particulier de l'action à Noisy – la place et la reconnaissance des femmes – met en évidence la singularité de la lutte contre la misère au bidonville. Non pas une lutte cache-misère, teintée de charité, qui consisterait à donner des béquilles à un boiteux pour qu'il puisse avancer. Encore moins une bataille féministe. Si les femmes sont majoritaires parmi les bénévoles qui aident le Père Joseph, elles ne sont pas des dames d'œuvre. Le Père Joseph leur interdit la voix facile de l'obole : « Il nous a montré un autre chemin, sortir à tout prix de l'assistance qui maintient les pauvres dans un état de dépendance », insiste Geneviève. Lors de ses visites au camp, elle noue de vraies relations, d'égale à égale, avec les mères de famille : « Elle avait une façon de nous serrer dans ses bras, d'écouter et de sourire discrètement. Elle était devenue une vraie amie, elle était des nôtres », se rappelle l'une d'elles, Mathilde Apparicio, surprise par la simplicité d'une personnalité que tous savent importante.

L'engagement de Geneviève auprès des pauvres de Noisy est entier. Il s'avère d'un précieux secours pour le Père Wresinski. Certes, ce dernier n'est pas seul ; il est aidé dans sa tâche par un groupe de bénévoles qui ressemble un peu, dans l'esprit, au noyau dirigeant de Défense de la France, noyau que l'historien Olivier Wieviorka rapproche du modèle des chrétiens primitifs : « Une poignée d'individus, porteurs d'une vérité révélée, s'efforce de convaincre une majorité d'incroyants. » Cette remarque, valable à l'époque de l'Occupation lorsqu'il s'agissait de convaincre les Français de la légitimité de la Résistance, vaut tout autant pour la lutte sourde que les volontaires de Noisy mènent contre la misère. Un combat pour convertir la société à une vision complète d'elle-même.

Le problème le plus urgent est la menace de destruction du camp. L'intervention de Pierre Sudreau en 1961 ne laisse qu'un bref répit aux habitants de Noisy. Quelques mois plus tard, le Parquet diligente une descente de la police dans le bidonville, à la suite d'une plainte contre X déposée par l'hôpital Saint-Camille de Bry-sur-Marne : un enfant du campement y a été hospitalisé pour une infection due à un staphylocoque doré et la responsabilité est imputée aux abominables conditions d'hygiène de l'ancienne décharge. Magistrats et gendarmes venus sur place découvrent les igloos insalubres, les ordures sur le sol. Le procureur indigné accuse le groupe d'action réuni autour du Père Joseph de maintenir les deux cent soixante familles dans cet univers fangeux. Geneviève, appelée en urgence, apaise les esprits. Les visiteurs sont installés dans le foyer pour femmes, le seul lieu propre, décoré de peintures contemporaines. Une discussion plus raisonnable s'instaure, qui se conclut par le retrait de la plainte déposée par l'hôpital.

De tels épisodes illustrent la méfiance de la société à l'encontre des gens du bidonville. Les rumeurs de destruction du camp, qui courent régulièrement entre les igloos, nourrissent des peurs légitimes. En 1960, le préfet de Seine-et-Oise signe un décret d'insalubrité du camp de Noisy. Le maire, irrité par la mauvaise image que cette zone marginale donne de sa commune, soutient son initiative, qui reste cette fois sans lendemain. Mais les drames qui frappent les autres bidonvilles de la région parisienne ne rassurent ni les bénévoles, ni les habitants : en 1964, des unités policières surnommées les « brigades Z », composées d'hommes en treillis beiges chargés de « résorber » les bidonvilles, arrivent à la Campa. Les roulottes et les cabanes de fortune sont détruites mais les habitants, auxquels n'a été proposée aucune solution de rechange, restent sur place, plus miséreux que jamais. Pire encore, les gens chassés des autres bidonvilles débarquent à la Campa, dans l'espoir d'y trouver une petite place. La préfecture fait alors dresser des grillages. Mais la porte doit être surveillée nuit et jour pour permettre aux familles qui sont restées sur place d'aller librement, et empêcher les autres de pénétrer dans l'enceinte. Les pouvoirs publics parviennent donc à la situation aberrante de devoir veiller sur un camp qu'ils ont en partie détruit.

Devant tant d'incohérence et de gestion à court terme, le Père Joseph et Geneviève sont convaincus qu'il faut s'organiser et proposer soi-même des réponses solides. Le « Groupe d'action, culture et relogement des provinciaux de la région parisienne » dont le Père a posé les bases en 1957, est frappé en 1960 d'interdiction par le ministère de l'Intérieur, qui accuse certains membres de ce rassemblement d'avoir un passé judiciaire. Ce refus d'agrément entraîne en 1961 la création d'une nouvelle association, reconnue cette fois par les pouvoirs publics et baptisée Aide à toute détresse (ATD), ancêtre d'ATD Quart Monde fondé en 1977.

Rapidement, les bénévoles ébauchent un projet inspiré des idées du Père Joseph. Il s'agit, pour éviter la dispersion des familles, de concevoir la construction à Noisy même d'une cité d'un nouveau type baptisée Cité promotionnelle. Non seulement les familles y bénéficieraient d'un logement décent, mais en outre, elles profiteraient d'un certain nombre d'infrastructures indispensables à leur socialisation (foyer féminin, bibliothèques, clubs pour les jeunes…). Un architecte, Jean Daladier, dessine le plan de cette ville nouvelle. Par l'intermédiaire de Geneviève, une réunion est organisée en 1960 au ministère de la Population pour présenter ce projet original. Elle est présidée par le directeur de cabinet du ministre. Le représentant du préfet de Seine-et-Oise, concerné au premier chef, refuse d'emblée que la cité soit construite dans ce département. Réplique du directeur de cabinet : « Pourquoi voulez-vous qu'un autre département accepte ces familles que vous refusez ? Vous pensez donc qu'il faut passer la population du camp au lance-flammes ? » Geneviève est outrée : « Des êtres humains n'ont donc pas le droit d'habiter la terre ! Et c'est dans mon pays, celui des droits de l'homme[3] ! » Malgré toutes les bonnes volontés qui se sont réunies autour du concept de la Cité promotionnelle, l'idée est provisoirement abandonnée, faute de soutien public. Geneviève, grâce à ses liens avec Pierre Sudreau, réussira à sauver le projet : le ministre de la Construction promet que les travaux débuteront prochainement. De nouveau, l'association se mobilise. Geneviève de Gaulle Anthonioz accompagne André Étesse, président de l'association ATD, pour rencontrer le maire communiste de Noisy et le convaincre d'accueillir la cité. Elle décrit un « personnage figé dans son refus ». De nouveau, il faut s'armer de patience.

Si le logement est la priorité pour les bénévoles d'ATD, un autre type de problème préoccupe Geneviève. Un toit, un logement digne sont certes indispensables. Mais, pour elle, « il n'y a pas de lutte contre la misère qui ne passe par un sauvetage, une promotion des familles ». Rien ne la choque davantage que de voir les services sociaux retirer des enfants à leurs parents, par surprise, sans concertation avec les intéressés.

« Cela, note-t-elle, devient une hantise pour les habitants du bidonville qui se sont opposés au dernier enlèvement avec des bousculades et des menaces. » Les parents savent que le retrait des enfants signifie une rupture définitive : les services sociaux éloignent les enfants sans perspective de retour chez eux et sans communiquer d'adresse aux parents. Face au vent de révolte que soulève cette pratique cruelle, les forces de l'ordre doivent recourir à des stratagèmes que Geneviève croyait révolus depuis l'anéantissement de l'Allemagne nazie : en juin 1959, l'une des femmes du camp est emmenée avec ses enfants dans une ambulance. Les policiers, pour l'attirer, lui font croire que son mari a été blessé au travail et l'attend à l'hôpital. En réalité, ils conduisent la famille au commissariat et, là, séparent la mère de ses petits. Ses cris, son effroi, son chagrin n'y font rien. Elle ne reverra jamais plus ses enfants et doit retourner seule, à pied, jusqu'au bidonville. Le cynisme des autorités n'est pas sans rappeler à l'ancienne déportée les ruses des SS, qui, sous couvert d'emmener leurs victimes à l'infirmerie pour des vaccins, les destinaient à l'expérimentation médicale ou à la chambre à gaz.

Le retrait des enfants représente, pour la mère et le père accusés d'être des incapables, la pire des déchéances. Il nie leur capacité d'amour, leur courage quotidien, leurs efforts pour faire au mieux malgré des moyens matériels quasi inexistants. Cette injustice est fortement ressentie par Geneviève, à cause de son enfance, mais aussi à cause des enfants arrachés à leur mère à Fresnes, à Ravensbrück. Ces séparations forcées brisent les parents et plongent les enfants dans une longue angoisse. Privés de leurs parents, peut-être se sentent-ils coupables ; comment comprennent-ils cette violence faite à leur famille ? Quelle image gardent-ils de leurs parents, impuissants et malheureux ?

Geneviève, dès le début des années 1960, est déterminée à traiter ce problème. Pour elle, le droit des parents à élever leurs enfants est « le premier des droits, comme c'est le premier des droits des enfants d'être élevés par leurs parents ». Quand une pétition contre un nouveau retrait d'enfants dans le camp de Noisy est adressée au chef de l'État, Geneviève s'assure personnellement que son oncle l'a bien reçue. Elle lui écrit une lettre pour en souligner l'enjeu. Elle décide également de donner à cette situation mal connue une couverture médiatique, grâce à l'une de ses amies de Ravensbrück, Mona Regnault, qui anime une émission de radio, « La Porte ouverte ». Les auditeurs découvrent le drame qui se joue à leur porte, celui des mères à qui on arrache leurs enfants pour simple raison de pauvreté. Les réactions sont nombreuses.

Sur les deux dossiers majeurs du relogement des habitants et de la préservation de la cellule familiale, Geneviève de Gaulle joue un rôle important, quoique plus retenu que celui des volontaires qui côtoient jour et nuit les pauvres du bidonville. Nous l'avons vue servir d'intermédiaire entre les gens de Noisy et le sommet de l'État, ou recourir à ses relations personnelles pour médiatiser les problèmes du camp et recueillir un large soutien. Mais elle est également présente à une échelle plus réduite : elle sollicite ses amis artistes pour décorer le foyer féminin, elle enfile une paire de bottes pour accompagner un sous-préfet sur le terrain, elle vient prendre le café dans les igloos et parle avec les familles.

Cet engagement place la nièce du Général au croisement de deux mondes. Lorsqu'elle décide d'aider le Père Joseph en 1959, elle ignore encore quelle forme revêtira son action. Elle se considère comme une bénévole, au même titre que les autres, « des gens de foi, de confiance, qui acceptent, à partir des plus pauvres, de se compromettre pour construire cet autre monde dont l'unique moteur ne soit pas la consommation, le profit ». Le président de l'Association est alors André Étesse, son secrétaire général – en réalité son responsable moral – le Père Wresinski. Simple alliée, Geneviève cependant n'ignore pas que sa renommée, même discrète, peut ouvrir au Groupe d'action des portes jusque-là hermétiquement closes. C'est ainsi que les premières subventions publiques accordées à ATD proviennent du haut-commissariat à la Jeunesse et aux Sports, à la création duquel Geneviève a participé en 1958. Son responsable, Maurice Herzog, est un ami. Il fournit à ATD une aide destinée à soutenir les projets réalisés avec des jeunes. Le Fonds d'action sociale aux populations migrantes prend ensuite le relais grâce à Michel Massenet, lié lui aussi à Geneviève et directeur de la Population et des Migrations au ministère des Affaires sociales.

L'engagement de Geneviève commence à se ramifier, ses interventions à porter leurs fruits. Elle est encouragée par l'amitié qui la lie au Père Joseph, cet homme tenace et patient qui, en décembre 1958, avant même qu'elle ne s'engage, lui écrit : « Nous savons que nous pouvons toujours compter sur vous. […] Soyez assurée que, de ce lieu des mal-aimés, va souvent vers vous et les vôtres une pensée affectueuse, afin que vous ayez profondément en vous la présence de Dieu et la chaleur de Son Amour. » Elle est soutenue par son mari auquel elle raconte les péripéties et les malheurs du bidonville, ces deux petites filles carbonisées dans un des incendies d'igloo, où les poêles à charbon enflamment les journaux goudronnés qui recouvrent les parois, ce nouveau-né enroulé dans un imperméable pour être à l'abri de la pluie qui ruisselle dans le taudis, cet homme qui interrompt une messe du Père Joseph pour crier son désespoir et réclamer l'aide de Dieu. Bernard Anthonioz a approuvé sa femme lorsqu'elle a quitté le ministère de Malraux pour livrer ce combat. Il la soutient jour après jour. Geneviève ne manque jamais non plus d'aider Bernard. Chaque soir, elle écoute son mari lui expliquer son travail à la Culture, elle le défend contre vents et marées, le met en valeur, l'encourage.

Forte de ces deux appuis, forte aussi de sa foi chrétienne et de son indéracinable confiance dans les ressources de l'être humain, Geneviève s'implique de plus en plus pour la cause des miséreux de Noisy. De 1958 à 1970 environ, son intervention auprès des bénévoles reste discrète. Peut-être la présence de son oncle Charles au pouvoir la dissuade-t-elle d'en faire plus. Ne risque-t-on pas de l'accuser d'utiliser son nom et ses liens d'influence au profit d'une cause ? Le Père Joseph cherche visiblement à la préserver et, s'il lui fait partager tous les drames du camp, il ne la sollicite que pour les causes les plus urgentes. Geneviève reste donc une simple alliée de la lutte, sans faire le choix radical de vivre au sein du bidonville comme le font les « volontaires », selon la terminologie d'ATD. Elle maintient au contraire ce contact si précieux entre les exclus et le reste de la société. Elle veut faire comprendre à l'État que la prospérité générale n'est pas légitime tant que certains en sont exclus radicalement. Il ne s'agit pas pour les gens aisés de devenir pauvres, par une sorte de nivellement par le bas, mais de refuser que d'autres soient dans le dénuement le plus abject.

Si Geneviève éprouve le besoin de retrouver après Noisy un cadre paisible, où ses enfants puissent grandir dans la paix, elle ne s'y replie pas pour autant comme dans une tour d'ivoire. Elle accepte que les conseils d'administration d'ATD aient lieu dans son appartement, au milieu des tableaux contemporains. Pour les volontaires du camp, ces séances offrent, précisément, un repos salvateur : « Il y avait une atmosphère de paix dans cette maison. Le soir, les enfants étaient couchés et nous passions du temps à bavarder », se souvient Bernadette. « Nous goûtions le plaisir de la beauté des lieux », confirme Francine. Geneviève est consciente du contraste qui existe entre les deux univers : « Il faut vivre dans cette discordance, et j'admire la simplicité avec laquelle le Père Joseph et Francine [Didisheim] passent d'un monde à l'autre. » En réalité, sa modestie l'empêche de dire qu'elle aussi fait cet aller-retour permanent entre l'aisance et la misère, et que c'est dans cet écart qu'elle puise sa volonté de rapprocher les deux extrêmes. Il semble que Geneviève ne se soit jamais sentie mal à l'aise ni d'un côté ni de l'autre : elle appartient par sa naissance à la société aisée, et de façon tout aussi entière au peuple des oubliés, en raison de son expérience concentrationnaire. Aucun effort ne lui est nécessaire pour être acceptée des pauvres : d'emblée, ils respectent cette femme qui n'est pas du tout « beaux quartiers », même si elle y vit, et qui n'est pas non plus une visiteuse officielle, encore moins une bourgeoise soucieuse de charité.

Après cinq ans d'action, en 1964, le Père Joseph propose à Geneviève de remplacer André Étesse, dont la vie est déjà bien remplie par un métier et une famille, à la présidence d'ATD. Geneviève arguë que sa position n'est guère plus simple. Parfois, explique-t-elle, elle songe même à quitter le conseil d'administration de l'association. Le Père Joseph répond avec une fermeté bienveillante : « Vous ne pouvez pas, vous savez très bien que vous ne pouvez pas. Comme moi, d'ailleurs, qui tant de fois ai souhaité laisser Noisy et les familles. Mais elles sont plus fortes que tout et je reste, vous resterez. Ce que vous avez vécu vous lie à ces familles pour toujours. »

Le 10 juin 1964, Geneviève de Gaulle Anthonioz est désignée à la présidence d'ATD par l'Assemblée générale. C'est une année de mutation pour le couple de Gaulle-Anthonioz, puisque quelques mois plus tard, Bernard est nommé chef du service de la création artistique à la direction générale des Affaires culturelles. En outre, la famille quitte l'avenue Rapp pour un bel appartement situé au 42 de l'avenue des Gobelins, dans l'enceinte des Manufactures et du Mobilier national. André Malraux avait prévu d'allouer cet appartement, propriété de l'État, à son collaborateur Albert Beuret. Mais ce dernier, qui n'a pas d'enfants, le trouve trop vaste pour lui et sa femme. Par conséquent, très lié aux de Gaulle-Anthonioz – il est le parrain d'Isabelle –, Beuret décide de leur laisser les Gobelins et de venir habiter avenue Rapp. Geneviève et sa famille resteront aux Gobelins jusqu'à la retraite de Bernard. Chaque dimanche, lorsqu'ils ne sont pas au Vieil-Estrée, ils participent à la messe de l'église Saint-Médard, en bas de la rue Mouffetard. Ils continuent de recevoir leurs amis artistes, particulièrement Marc Chagall qui vient travailler à sa toile du plafond de l'Opéra dans les ateliers situés en contrebas. La fille du peintre leur prête régulièrement pour les vacances sa maison dans le Vaucluse.

L'association dont Geneviève prend la tête regroupe alors un millier d'adhérents et une dizaine de volontaires qui ont choisi de vivre dans les bidonvilles. En 1977, ils seront deux cent cinquante. Le mouvement a donné naissance à plusieurs branches, comme la Jeunesse quart-monde. Il dispose d'infrastructures d'accueil, les Maisons quart-monde ; de lieux de réunion et de réflexion, notamment un centre de formation pour les jeunes, à Champeaux près de Melun, et un ancien relais de poste dans le Val-d'Oise, à Pierrelaye, restauré grâce aux fonds obtenus à la suite de la publication d'un article de François Mauriac sur ATD dans *Le Figaro*. Le centre de Pierrelaye est inauguré le 7 mai 1966 et devient le siège de l'Institut de recherche et de formation aux relations humaines, fondé pour ATD par la diplomate hollandaise Alwine de Vos van Steenwijk. Véritable observatoire de la pauvreté, ce centre étudie à partir de rapports établis par des volontaires la situation telle qu'elle est ressentie et décrite par les pauvres eux-mêmes. Les Assises d'ATD Quart Monde s'y déroulent chaque année. De plus, l'architecte Jean Daladier fait don d'une grande salle en sous-sol située rue des Grands-Degrés à Paris, près de la Mutualité. À partir de 1972, elle est utilisée, entre autres, pour des rencontres intitulées « Dialogues avec le quart monde », animées par le Père Joseph, où le peuple des sans-logis prend enfin la parole.

ATD n'est pas un mouvement politique. La gaulliste qui en devient présidente explique, à longueur d'interviews, qu'elle n'est ni de droite, ni de gauche, mais simplement en faveur d'une société sans exclusion : « Pour nous, l'Homme compte plus que les idées[4]. » Jamais, par exemple, Geneviève de Gaulle Anthonioz ne se déclare, à la veille de telle ou telle élection, en faveur d'un parti politique. Cette femme qui ne cesse de réfléchir au sens de l'Histoire conserve un esprit critique à l'égard de la droite comme de la gauche, moins par anticonformisme que par un attachement viscéral à sa liberté de jugement – attitude très gaullienne, en définitive.

Pour définir cette association qui n'est pas seulement caritative, le Père Wresinski précise qu'ATD est « un mouvement de présence aux hommes. [...] Nous sommes les catalyseurs de l'espérance des hommes [...]. L'écoute de l'autre, ce n'est pas d'assumer sa peine, c'est de changer sa peine en joie. Ce n'est pas de devenir désespéré avec les désespérés. C'est de faire vivre l'espérance de ceux qui sont désespérés ».

L'association se défend aussi d'être un mouvement confessionnel puisque chacun peut y venir avec ou sans foi : les volontaires de Noisy « n'étaient pas ce qu'on pouvait appeler des gens d'Église, jouant un rôle dans leurs paroisses respectives, rappelle le Père Joseph. Cela expliquait l'absence totale de préjugés, d'idées préalables comme auraient pu en avoir des gens plus avertis[5] ». Toutefois, force est de constater que le catholicisme tient une place importante. L'inspirateur du mouvement est un prêtre, sa présidente est une grande croyante, dont la philosophie d'espoir est nourrie de l'Évangile. Au sein du camp, une chapelle a été construite. ATD, du reste, trouve de constants appuis du côté du Vatican, alors que trente ans plus tôt l'ADIR, confrontée aux réticences du cardinal Tisserant, avait eu toutes les peines du monde à sensibiliser la Curie au sort des cobayes de Ravensbrück. En 1982, Geneviève accompagne une vingtaine de jeunes du quart-monde pour une visite chez Jean-Paul II à Castel Gandolfo, résidence estivale du pape. L'audience, prévue pour durer vingt minutes, se prolonge pendant une heure. Une heure pendant laquelle les jeunes chantent, remettent un texte au souverain pontife, écoutent ses paroles : « Sachez-le, mes amis, la cause de l'homme n'est pas perdue. L'unité du monde se fera, la dignité de la personne humaine sera reconnue. À travers tant de violence, de guerres, d'injustices, les rapports entre les peuples seront fondés sur la paix et la fraternité. Et c'est vous, jeunes gens, vous les pauvres, les faibles, qui ferez basculer, malgré toutes les apparences, l'histoire de l'humanité. » Quelques années plus tard, en 1989, Jean-Paul II reçoit trois cent cinquante pères et mères de famille du monde entier, venus témoigner auprès de lui de la misère dans laquelle ils vivent. Geneviève et son mari sont présents. Ils assistent à la cérémonie lors de laquelle chacun des démunis dépose dans une vasque un peu de la terre de son pays : « Cette terre, nous voudrions que vous sachiez que, baignée de peines et de larmes, c'est quand même la terre de notre espérance. »

ATD est un mouvement en faveur de l'homme, et à ce titre, en faveur de l'humanité la plus pauvre. Car le Père Wresinski explique que les miséreux, pour avoir été soumis à l'expérience du dénuement, ont exploré plus avant la nature humaine. Ils sont plus authentiquement hommes que la majorité des nantis dont la vie facile tend à faire oublier ce qui fait l'essence de l'être humain.

La nomination de Geneviève comme présidente d'ATD en 1964 coïncide avec une prise en compte par l'État de la nécessité de reloger dignement les familles. Une commission interministérielle est constituée. Son action intervient dans un contexte favorable puisque le grand département de Seine-et-Oise a été divisé en deux et que Noisy-le-Grand désormais dépend de la Seine-Saint-Denis, administrée par un préfet nettement plus sensible à la question du relogement. Le sous-préfet de Raincy, M. Feuilloley, organise avec ATD des réunions bimensuelles puis mensuelles, qui permettent d'améliorer le sort des habitants du campement en attendant la construction de la fameuse Cité promotionnelle. Il se rend avec Geneviève sur « le terrain » : il visite les bidonvilles, les campements sauvages, les forts militaires désaffectés et squattés. Il s'interroge sur la manière dont peuvent être restauré l'habitat, construites les routes, et développées les infrastructures pour l'eau et l'électricité.

En 1967, le permis de construire est enfin accordé. De crainte de voir encore une fois le projet avorter, les familles décident d'écrire chaque jour une lettre au président de la République pour demander le relogement de toutes les familles. Geneviève de Gaulle Anthonioz n'est pas à l'origine de cette initiative qui marque pourtant la première démarche officielle d'ATD auprès du général de Gaulle.

La Cité promotionnelle est inaugurée en 1970 sur le terrain du bidonville. Elle offre soixante-dix logements, obtenus au bout de dix ans de lutte. Le camp de Noisy est définitivement détruit en 1971. À cette date, toutes les familles du bidonville n'ont pas pu être relogées dans la nouvelle cité, mais « le message d'espoir », comme le dit Geneviève, est passé.

En parallèle, Geneviève de Gaulle Anthonioz fait avancer le dossier des enfants retirés à leurs parents. Le 7 octobre 1973, le Père Joseph et elle survolent en hélicoptère la banlieue nord-est de Paris, en compagnie du ministre de la Santé publique, Michel Poniatowski. Ce dernier vient annoncer aux habitants des différents campements le dépôt d'un projet de loi sur la prise en charge commune des enfants et des parents par l'Aide sociale. Il profite de cette occasion pour se rendre dans les derniers bidonvilles, à Montmagny, à Argenteuil, dans les vieilles cités délabrées, comme à Stains, mais aussi dans les deux cités promotionnelles construites grâce à ATD, celle d'Herblay et celle de Noisy-le-Grand. Le projet de loi annoncé par Michel Poniatowski en 1973 est voté au Parlement. Le 29 novembre 1974, la loi élargissant aux familles l'accès aux centres d'hébergement est promulguée. L'article 374 du Code de la famille est même modifié. Mais le problème n'est que partiellement réglé : en 1975, les mères des bidonvilles français se plaignent encore que leurs enfants leur soient retirés. Leurs petits donnent pourtant à chacune de ces femmes un optimisme formidable, « de quoi faire tourner un régiment », comme le dit une habitante de la cité de Stains, « de quoi prendre le gouvernement en entier ». Leur seule revendication est donc, à la tribune de l'Année internationale de la femme, de pouvoir élever leurs enfants elles-mêmes. Geneviève de Gaulle, assise au premier rang aux côtés de Françoise Giroud, constate que la secrétaire d'État à la Condition féminine[6], peu accoutumée à ce genre de réclamation, est quelque peu étonnée.

Avec l'appui de la nouvelle présidente, ATD Quart Monde obtient plus de contacts auprès des pouvoirs publics, sans pour autant trouver toujours la compréhension des nouveaux interlocuteurs. L'association se révèle au public. Geneviève n'hésite pas à placer les habitants du bidonville sur le devant de la scène. Certains anniversaires de la création d'ATD deviennent également le moyen de faire connaître l'association et d'inscrire son action dans la durée. Ainsi le 17 novembre 1977, pour son vingtième anniversaire, l'association réserve la grande salle de la Mutualité à Paris et organise une fête publique. Le 15 mai 1982, pour le vingt-cinquième anniversaire, le mouvement se déplace à Bruxelles, au Forest National – le Palais des sports. Dix mille personnes sont présentes.

Si ATD quart-monde réussit à ce point à devenir visible, à provoquer un écho dans les médias et dans le monde politique, c'est parce que son travail obtient une véritable reconnaissance. Dans ce combat de haute lutte, la possibilité pour Geneviève de Gaulle d'entrer en relation avec le sommet de l'État joue un rôle considérable.

En 1966, lors d'une conversation avec son oncle Charles, président de la République, elle expose sa vision des choses : « Maintenant que, grâce à vous, nous avons mis fin à la guerre d'Algérie, n'est-il pas temps de poser les bases d'une société plus juste ? Puisque nous sommes, Dieu merci, une démocratie, ne faut-il pas porter la lutte contre la misère sur le terrain politique, sortir des ornières de l'assistance ? Sous votre impulsion, cette grande querelle serait dans la logique du gaullisme... » Elle lui rappelle que l'exigence constante que soit préservée la dignité humaine est, pour elle comme pour lui, le fruit d'une même éducation familiale fondée sur le respect de l'homme et sur un catholicisme vivant : « Les hommes sont créés à l'image de Dieu... » Charles de Gaulle est assis dans la pénombre, derrière son bureau éclairé par une lampe de travail. Sa réponse marque profondément Geneviève : « Tu sais que je connais et que j'approuve ton engagement aux côtés de monsieur l'abbé Wresinski. J'ai toujours en mémoire ce que tu m'as confié dès ton retour de la déportation. La reconnaissance de la valeur et de la dignité de chaque personne, comme de chaque peuple, n'a jamais cessé d'inspirer mon action, et nous avons franchi quelques étapes. Il en reste, et puis, tout est toujours à recommencer. Mais j'espère mener à bien certains projets. Encore faut-il que les Français me suivent. Reviens me parler de tout cela[7]. »

Toutefois, Charles de Gaulle n'interviendra pas en tant que tel pour soutenir ATD. Pour une fois, son lien

L'AIDE À TOUTE DÉTRESSE

de parenté avec la présidente du mouvement constitue sans doute un frein. Ennemi farouche du népotisme, il préfère laisser à ses ministres le soin de traiter les problèmes soulevés par sa nièce. Du reste, Geneviève confie que dans les années 1960 le mouvement n'était pas encore prêt à remettre un dossier relevant du président de la République. Durant toute la période de la Ve République, malgré les voyages présidentiels qui l'accaparent et le rythme intensif de son travail, de Gaulle continue à entretenir ses liens avec les Anthonioz. Geneviève et Bernard sont régulièrement reçus à l'Élysée et à la Boisserie. Le chef de l'État est ainsi parfaitement informé de la misère qui persiste dans le pays, et des moyens mis en œuvre pour la combattre.

Lors des événements de mai 1968, Geneviève vit encore dans son appartement des Gobelins, non loin du quartier Latin. Les lissiers sont en grève. Des policiers gardent l'entrée des ateliers pour empêcher les manifestants de détruire les chefs-d'œuvre entreposés dans les bâtiments. Une fois sortie de son « îlot tranquille », Geneviève est prise comme les autres Parisiens dans le désordre des manifestations et des déplacements. Il n'y a plus d'essence. La capitale est sens dessus dessous. Les ordures jonchent les trottoirs, les étudiants occupent la Sorbonne et l'Odéon, les réunions publiques suscitent un grand flot de paroles, d'idées novatrices, d'utopies… Les slogans lancés contre de Gaulle choquent Geneviève, qui en pleure de chagrin. Deux de ses enfants, Michel et Isabelle, étudiants, prennent part aux manifestations, montent sur les barricades, soutiennent la gauche prolétarienne, par esprit de révolte bien plus que par antigaullisme. « Ils pensaient qu'ils recommençaient à leur manière la Résistance[8] », sourira plus tard leur mère. Michel confirme : « J'avais l'impression que l'on s'engageait comme mes parents dans la Résistance. » Si Geneviève s'abstient de critiquer le choix de ses enfants devant eux, soucieuse de les laisser libres de leurs actes, elle est en réalité catastrophée. « La grande nuit des barricades, je suis rentré à trois heures du matin, raconte Michel. Mes parents écoutaient la radio avec angoisse. Je leur ai dit : "Vous devriez être fiers de nous, car nous suivons vos traces." Ils ont réagi avec beaucoup de calme[9] ! » Mais rares sont les repas de famille qui vont jusqu'à leur terme dans cette période agitée. François-Marie s'oppose farouchement au désordre de mai 1968. Frères et sœur, pour ou contre la révolution, s'affrontent sous l'œil atterré des parents.

Le Père Wresinski saisit l'occasion de cette crise, dont on ignore encore la nature profonde – débordement d'une jeunesse qui s'ennuie ? vrai tournant de civilisation ? – mais qui manifeste une volonté de changer le monde, pour mettre sur le devant de la scène la question de la misère. Au sein des bidonvilles, il lance l'idée de cahiers de doléances rédigés par les pauvres eux-mêmes, ou par leurs voisins lorsqu'ils ne savent pas écrire. À Paris, dans la foule des manifestants, l'abbé en soutane distribue des tracts qui invitent les étudiants à partager leur savoir avec les plus humbles et à bâtir, en tenant compte de l'expérience des pauvres, une société où la consommation ne serait plus le maître mot. C'est à cette époque que le prêtre invente l'expression « quart monde[10] ».

La crise de mai 1968 et ses chances de modifier en profondeur la société laissent Geneviève de Gaulle Anthonioz beaucoup plus dubitative. Elle compare les événements à « un petit frisson qui parcourait la surface de la terre ». Ses liens avec le général de Gaulle expliquent sa réserve – Geneviève participe, le 30 mai 1968, à la grande manifestation gaulliste sur les Champs-Élysées, qui précède le retournement du pays en faveur du Général –, mais pas seulement : la présidente d'ATD Quart Monde fait preuve de lucidité quand elle juge impossible d'intégrer la lutte contre la misère à ce qu'elle appelle une « pseudo-révolution ». Les faits lui donnent raison. La grève générale dessert les pauvres de Noisy : ils perdent leurs petits boulots et sont privés de leurs allocations, sans qu'aucun syndicat ne s'alarme. Cette situation extrême contraint les militants d'ATD Quart Monde, pour la première fois dans l'histoire du mouvement, à quêter dans les rues. Plus fâcheux encore, certaines personnes font un amalgame entre les habitants des camps et les jeunes qui brûlent les voitures ou dressent des barricades. Quant aux rares étudiants qui font l'effort de se déplacer dans les bidonvilles, ils sont mal reçus par les habitants. Ces derniers, habitués à une lutte réfléchie et patiente aux côtés des partenaires constants d'ATD, voient d'un mauvais œil débarquer des jeunes certes enthousiastes, mais dont ils sentent que la subite solidarité sera sans lendemain. En outre, certains démunis de Noisy redoutent que les « révolutionnaires » s'emploient à mettre en œuvre la politique du pire, en brûlant par exemple le bidonville pour obliger l'État à procéder au relogement. Un tel scénario, qui ruinerait les années d'un lent mais efficace travail de partenariat avec les pouvoirs publics, déclenche des peurs dans les igloos. Des échauffourées éclatent entre les étudiants pétris de bonnes intentions et les pauvres aiguillonnés par la misère.

La crise de mai 1968 renforce donc chez les militants d'ATD Quart Monde l'idée qu'une vraie solution contre la misère ne peut passer que par un dialogue continu avec l'État. Geneviève de Gaulle décide d'organiser une rencontre entre le Père Wresinski et le général de Gaulle lorsque le contexte se sera apaisé. Malheureusement, ce rendez-vous n'a pas lieu. Le 28 avril 1969, le général de Gaulle quitte le pouvoir. Pour Geneviève, c'est « une immense déchirure ». Le général de Gaulle a lu le premier rapport préparé par le mouvement ATD Quart Monde à l'attention d'un président de la République et intitulé *Les entravés sociaux* sur la misère – rédigé à partir des cahiers de doléances – et lui en témoigne sa reconnaissance le 4 septembre 1969 : « Le dossier que vous avez eu l'attention de m'adresser est aussi important par les misères qu'il révèle, qu'intéressant par tout ce qu'il suggère et propose pour y remédier. » Mais le Général ne peut plus rien. Geneviève entend cependant poursuivre son action dans la lignée gaulliste, c'est-à-dire « en refusant l'humiliation de la misère comme le refus de la défaite et en rappelant à temps et à contretemps la dignité de chaque être humain[11] ».

Quand son oncle meurt le 9 novembre 1970 à Colombey-les-Deux-Églises, la pudeur empêche Geneviève de décrire la douleur qui l'étreint. Mais « ses liens d'une exceptionnelle tendresse » – selon le biographe Jean Lacouture – avec le Général laissent à penser qu'elle éprouve une nouvelle fois la sensation d'être orpheline. Depuis l'Irlande, son oncle lui avait écrit en 1970 : « Tu fus, au moment le plus grave, et avec quel courage et quelles souffrances, un des meilleurs de mes "Compagnons". Tu n'as jamais, depuis, cessé de l'être. » L'une des dernières lettres de Charles de Gaulle est destinée à sa nièce. Geneviève reçoit l'enveloppe, cachetée du 9 novembre, après avoir appris la mort de Charles. Son oncle lui confie : « Tu dois savoir aussi que je pense souvent à toi dans notre actuelle solitude. »

Geneviève et Bernard, accompagnés de Germaine Tillion, assistent aux obsèques dans le petit village de Haute-Marne où n'ont été admis, en plus d'un détachement militaire symbolique, que les intimes, les Compagnons de la Libération et les habitants de Colombey.

Dès le début du mandat présidentiel de Georges Pompidou, Geneviève de Gaulle Anthonioz adresse au Premier ministre Jacques Chaban-Delmas une lettre ouverte cosignée par le Père Wresinski, secrétaire général d'ATD : « Notre mouvement demande, pour l'ensemble des populations françaises et étrangères les plus vulnérables, une politique qui respecte les droits fondamentaux des personnes, de leurs familles et de leurs groupes. Cela suppose pour le moins une politique du logement […], une politique du savoir et de la culture aussi, car il ne suffit pas, dans une société nouvelle, de fournir le minimum de biens matériels. Il s'agit de donner la parole et les moyens de la parole […]. » Publiée dans plusieurs journaux, la lettre fait grand bruit.

Au début des années 1970, le Père Joseph rencontre Georges Pompidou. Geneviève de Gaulle, qui a déjà eu l'occasion de lui exposer ses idées, l'accompagne. L'entretien dure presque une heure. Le président écoute, montre qu'il est déjà bien informé, mais reste modéré quant aux solutions à apporter. Il pense qu'un développement économique général et continu du pays contribuera mieux que tout à résorber les poches de misère. Finalement, au grand étonnement des représentants d'ATD Quart Monde, il suggère d'organiser une soirée de bienfaisance à la Comédie-Française : les bénéfices de la représentation donnée le 6 avril 1973 pour le tricentenaire de Molière seront reversés à ATD. Geneviève a décrit sa déception et la tentation qui est la sienne de refuser la proposition de Georges Pompidou. Le Père Joseph juge au contraire que le moindre geste doit être pris en considération. Dès lors, la présidente d'ATD s'active pour que plus de cent déshérités soient invités à la représentation. Elle est convaincue comme le Père Joseph que la culture est pour les pauvres « le moyen de comprendre la société qui les entoure et de jouer un rôle dans son fonctionnement ».

Cette conception du rôle de la culture fait partie des principes qui guident l'action de l'association depuis ses débuts. Alors même que les problèmes matériels du bidonville sont pressants, le Père Joseph ne néglige jamais de développer les activités culturelles. La création de la bibliothèque fut l'une de ses premières réalisations au sein du bidonville. De même, dans les quartiers défavorisés, les militants d'ATD improvisent des bibliothèques de rue et invitent les enfants, sur un banc public ou un bout de trottoir, à découvrir les histoires. Certains s'étonnent : « Quelle idée saugrenue que d'apporter des livres à des gens qui manquent de tout et vivent dans la boue ! » Mais un livre peut être plus précieux qu'un bout de pain. C'est pourquoi ATD se bat des décennies durant contre l'illettrisme. L'arrivée de Geneviève de Gaulle Anthonioz au sein de l'association ne peut que consolider cette position. Par son héritage familial, par son éducation, Geneviève a très tôt goûté à l'histoire. À Ravensbrück, les livres clandestins ont été pour elle d'un précieux secours. Le travail auprès de Malraux et le métier de son mari, enfin, l'ont rendue particulièrement sensible au rôle de la culture.

Aussi, lorsque l'actrice Catherine de Seyne vient proposer son aide au camp de Noisy-le-Grand, le Père Joseph et Geneviève l'acceptent sans la moindre hésitation. L'actrice monte une pièce de théâtre avec les jeunes du bidonville, qui choisissent, après avoir écouté plusieurs textes, de représenter l'*Antigone* de Sophocle. La pièce trouve une nouvelle résonance dans le contexte de Noisy : Antigone refuse les lois de la cité et en appelle à des lois supérieures, éternelles, celles du devoir envers le prochain, du devoir sacré envers celui qui a perdu. Geneviève se souvient avec émotion de cette représentation extraordinaire : « Chacun des acteurs est comme habité par le grand souffle tragique. Ils le vivent avec cette force qui soutient leur combat quotidien. [...] Dans le décor du bidonville, au milieu des ordures amoncelées, résonne la jeune voix fière : "Je ne suis pas venue partager la haine ; je suis venue partager l'amour."[12] »

Entre cette scène improvisée et celle de la Comédie-Française, il semble y avoir un gouffre. Le voilà franchi. Invités par le président de la République en

1973, les habitants de Noisy, assis dans les confortables fauteuils cramoisis de la salle, découvrent le jeu des acteurs professionnels. Geneviève et le Père Joseph, eux, sont invités à prendre place dans la loge présidentielle. La présidente d'ATD a revêtu une robe de soirée blanche, celle qu'elle portait pour l'inauguration du plafond de l'Opéra, peint par son ami Chagall sur une idée de Malraux. Elle se dit fière de revêtir cette même tenue « en l'honneur du quart monde ». Plus que jamais, elle est ici en médiatrice : dans cet espace qui lui est familier, elle a introduit ses amis de Noisy, parce que chez eux aussi elle se sent chez elle. Elle met en relation deux mondes qui s'ignorent. À l'entracte, les délégués du bidonville s'entretiennent avec le président de la République. À l'issue du spectacle, ils sont conviés chez le ministre des Finances, Valéry Giscard d'Estaing. Ces hommes et ces femmes qui passent leurs soirées dans des igloos sans lumière se trouvent pour une fois à la place d'honneur : entre les rangées de gardes républicains, ils se dirigent vers les salons du ministère des Finances, encore situé rue de Rivoli, non pas pour quémander ni supplier, mais pour dîner. Un comité de parrainage, composé de trois femmes, les accompagne : Germaine Tillion, Laurence Pernoud et Simone Veil, secrétaire générale du Conseil supérieur de la magistrature.

Autour d'un buffet, les jeunes du camp discutent avec le ministre des Finances, tandis que des femmes s'entretiennent avec le ministre de la Santé publique, Michel Poniatowski. La réception revêt sans doute plus d'importance que la soirée théâtrale elle-même : ajouté en dernière minute au programme, le buffet du ministre des Finances est le premier geste politique envers les pauvres de Noisy. Cette attention se révélera bientôt des plus précieuses : élu à la présidence de la République le 10 mai 1974, Valéry Giscard d'Estaing reçoit Geneviève de Gaulle Anthonioz et le Père Joseph à l'Élysée quelques mois après son investiture. Le contexte économique et social est difficile : la crise pétrolière de 1973 entraîne l'augmentation continue du chômage et une inflation incontrôlable. Geneviève de Gaulle se fait de nouveau l'avocate de la réinsertion des pauvres, en concertation avec eux. Elle n'est pas vraiment entendue. Certes, l'exécutif mettra en place l'allocation de parent isolé en juillet 1976, il élargira le nombre de personnes couvertes par la Sécurité sociale, mais les plus pauvres, privés de toute couverture sociale, n'en profiteront pas.

Le Père Joseph, au cours de l'entretien avec le président de la République, lui demande de le nommer membre du Conseil économique et social. Geneviève n'est pas prévenue de cette requête et sur le moment s'en étonne, de même que Valéry Giscard d'Estaing. Le Conseil économique et social, organisme prévu par la Constitution de 1958, est une institution peu connue du grand public bien que placée par le fondateur de la Ve République au centre des institutions. Il compte deux cent trente membres désignés par les organisations professionnelles les plus représentatives (représentants des salariés, des entreprises, des professions libérales, de la Mutualité et du Crédit agricole, des activités sociales). En outre, le président de la République désigne quatre-vingts personnalités qualifiées pour siéger au palais de l'avenue d'Iéna. Au sein de cette assemblée, qui n'a pas de pouvoir de décision mais qui joue un rôle consultatif, le Père Joseph a l'intention de faire entendre la voix de la conscience nationale. Il sait qu'il peut, par le biais de cette institution, atteindre les responsables politiques et syndicaux, et ainsi faire évoluer l'ensemble de la société. Il espère aussi y gagner une légitimité qui lui a toujours cruellement fait défaut. Le chef de l'État accède à la demande du Père Wresinski et entame les démarches préparatoires à son admission au Conseil économique et social.

Lors d'une réunion organisée par ATD, l'épouse du chef de l'État, Anne-Aymone Giscard d'Estaing, fait la connaissance des dernières dames du pays. L'une d'elles, Mme Macaud, de nature joyeuse malgré sa vie de misère et la bataille qu'elle a dû mener pour que ses enfants lui soient rendus, invite en toute simplicité Anne-Aymone Giscard d'Estaing à venir chez elle. Elle habite la cité du Soleil-Levant à Herblay, dans une maison sans eau ni électricité. L'épouse du président honorera cette invitation un an plus tard : elle déjeunera chez les Macaud accompagnée de son mari le 1er jour de l'année 1977. Exceptionnel, l'événement est très médiatisé : « M. et Mme Giscard d'Estaing ont passé le jour de l'An dans une famille du quart monde », titre par exemple *Le Monde*. Une certaine partie de l'opinion se moque de ce geste, mais pour ATD, c'est une victoire mémorable. En la personne du président, c'est la France qui vient d'accomplir le même geste que Geneviève de Gaulle, un soir de 1958, partie seule en bus vers la banlieue des banlieues.

Loin des projecteurs, ATD continue à consacrer beaucoup d'énergie à la lutte contre l'illettrisme. Le 17 novembre 1977, à la Mutualité, le Père Joseph lance un appel : « Dans dix ans, plus un seul illettré dans nos cités ! Que celui qui sait apprenne à celui qui ne sait pas ! » L'État ne répondra pas à ce défi et, une fois de plus, les associations devront s'activer seules, en créant des ateliers d'alphabétisation. Le 13 mai 1979, ATD Quart Monde permet l'expression conjointe d'enfants en grande précarité, aux côtés d'autres de toutes origines sociales, dans le cadre de l'année internationale de l'enfant lancée par l'ONU. En l'honneur des enfants, une grande fête est organisée dans les différents jardins de Paris. Un slogan est plaqué sur la photographie d'une petite fille : « Le monde me doit l'avenir. » Venus de toute la France, mais aussi de Suisse, de Belgique, de Grande-Bretagne, et accueillis dans des familles parisiennes, deux mille enfants démunis participent au rassemblement. Geneviève et Bernard hébergent deux d'entre eux, Bruno et Franck, qui viennent d'Angers – la ville où a grandi le Père Joseph. Le programme de la journée est chargé, avec des aspects ludiques – visite de la tour Eiffel, promenade en bateau-mouche, spectacle en soirée sous un grand chapiteau – mais aussi politiques : le président de la République doit recevoir une délégation d'enfants accompagnée de Geneviève, de même que le maire de Paris, Jacques Chirac. Pour les enfants, l'événement est de taille : « À l'Élysée, raconte l'un d'eux, il y avait de l'or partout dans la pièce où on attendait le président. Au début, on était tout timides, et puis ensuite ça allait mieux. Le président nous a conduits dans le jardin et on a joué avec le chien Samba. Marcel a essayé un grand fauteuil très confortable. » Pour ATD Quart Monde, l'opération, relayée par la presse, est l'occasion de souligner les problèmes spécifiques à cette enfance de l'exclusion, et d'expliquer combien il est difficile de devenir citoyen quand on grandit dans la privation de tout. Le *Livre blanc des enfants du quart monde*, publié à cette occasion, regroupe des milliers de témoignages différents. En introduction, le Père Wresinski rappelle cette vérité qui constitue l'éthique de son mouvement : « Ces enfants représentent la face cachée d'une société que nous avons nous-mêmes construite. Ils sont l'enfance cachée d'une société dont la vie présente, et les projets de changements, ne concernent que les citoyens reconnus. Enfants du quart monde, ils appartiennent à une couche de population exclue de la société industrielle dès le siècle dernier. […] Depuis des générations, parents et enfants poursuivent au bas de l'échelle sociale une histoire solitaire d'exclusion. Qui de nous ne serait pas profondément choqué de la découvrir ? »

À la veille de l'élection présidentielle de 1981, Geneviève, fidèle à sa neutralité politique officielle, n'hésite cependant pas à confier aux journalistes les espoirs qu'elle place dans le futur élu, quel qu'il soit : « Son combat prioritaire doit être le combat pour les droits de l'homme. […] S'il est de bon ton de défendre les droits de l'homme quand ils sont en cause dans d'autres pays, et nous devons le faire évidemment, reconnaissons ces droits réellement chez nous. Prenons garde à toute atteinte aux libertés individuelles. » Dans cette perspective, et bien qu'opposée à une prise de position partisane, Geneviève de Gaulle s'élève contre le projet de loi Stoléru qui prévoit l'expulsion des ouvriers étrangers en cas de licenciement par leur patron : « Dans une période de difficultés économiques, c'est trop facile de faire accepter aux Français des mesures de refoulement en faisant croire que les migrants volent notre travail, ou en exploitant les sentiments de peur que causent les phénomènes de violence. Un pays ne joue pas cette corde-là en se prétendant le champion des droits de l'homme. » La présidente d'ATD Quart Monde n'est pas seulement l'ardent défenseur des pauvres : elle s'érige en figure morale, en gardienne de l'universalité de l'humanisme français. Ses exigences la rendent intraitable vis-à-vis des partis politiques qui oublient cet engagement élémentaire : « Avec Le Pen ni avec aucun dirigeant du Front national je ne trouverais de dialogue possible. Je ne vais pas jusque-là. Mais, en revanche, avec un de ses électeurs, je suis sûre qu'il serait possible de discuter. Dans un autre registre, et à une autre époque, le stalinisme était quelque chose de difficile à avaler, cela ne m'a pas empêchée d'avoir des contacts d'une grande richesse avec des communistes[13]... »

L'élection de François Mitterrand, qui marque la première alternance politique depuis les débuts de la Ve République, suscite quelques hésitations de la part de Geneviève. Non pas qu'elle se méfie de la gauche – après tout, le projet de société défendu par ATD est autrement révolutionnaire – mais elle redoute que son nom inspire des inimitiés au sein du nouveau pouvoir. Il convient d'ajouter que Geneviève, comme un grand nombre de ses camarades de l'ADIR, entretient une certaine rancune à l'égard de François Mitterrand qui en 1947, ministre des Anciens combattants, a délogé les anciennes déportées de leur immeuble rue Guynemer, afin de s'y installer personnellement. Geneviève et Germaine Tillion se souviennent également que Mitterrand, ministre de l'Intérieur, favorable à l'Algérie française sous la IVe, avait voulu passer les responsables du FLN par la guillotine... En 1981, dans une lettre au Père Wresinski, Geneviève se demande si, étant donné le changement de pouvoir, sa fonction de présidente d'ATD ne risque pas de desservir le mouvement. Le Père Joseph lui répond avec la façon tranchée qui est la sienne : « Je ne vois pas le mouvement sans vous. Nous avons bataillé dur pendant plus de vingt ans, vous avez donné du mouvement un esprit, une image, il n'est pas concevable que vous puissiez manquer au quart monde et que vous n'en soyez plus le porte-parole au niveau d'une société que nous, volontaires, ne connaissons guère et fréquentons peu. » L'affaire est entendue. Geneviève restera aux côtés de son vieil allié, et tous deux continueront de se battre auprès du nouveau gouvernement pour faire valoir leur projet de société. Le Père rencontre le président Mitterrand peu après son élection. Cette première entrevue protocolaire est suivie quelques années après par une autre, plus chaleureuse. Le président questionne le prêtre sur son histoire et sa vocation.

Depuis 1979, le père Wresinski est membre du Conseil économique et social, comme membre de section puis personnalité qualifiée. Il y a été nommé par le président Valéry Giscard d'Estaing, avec bien sûr l'appui de la présidente d'ATD Quart Monde ; plus tard, elle écrira qu'elle ne comprenait pas à cette époque, pas plus que le Président Giscard d'Estaing d'ailleurs, l'importance accordée par le père Wresinski à faire entrer un représentant du quart monde au Conseil économique et social. À l'expiration de son premier mandat, le père Wresinski est nommé au même poste par François Mitterrand, ce qui contribue à faire reconnaître que le projet d'ATD Quart Monde se situe au-dessus des clivages politiques. Il encourage la création à l'Assemblée nationale et au Sénat de deux groupes d'élus spécialisés sur la question de la misère. La présidente d'ATD Quart Monde les rencontre régulièrement, accompagnée des volontaires chargés de préparer les rendez-vous et de rédiger les dossiers. Mais, dans une France touchée par la crise, où plus de deux millions de chômeurs obnubilent les pouvoirs publics, la situation des exclus ne s'arrange guère. Certes, les gouvernements Mauroy, Fabius puis Bérégovoy multiplient les mesures sociales en faveur des travailleurs – augmentation de 10 % du SMIG, réduction à trente-neuf heures du temps de travail – et prennent des mesures d'urgence en faveur des chômeurs en voie de marginalisation. Cinq cents millions de francs sont débloqués pour créer une banque alimentaire et des foyers d'hébergement. Mais l'exécutif ne se préoccupe pas des exclus de toujours, malgré la déclaration faite en 1984 par François Mitterrand : « Chacun doit pouvoir manger à sa faim, chacun doit avoir le nécessaire pour sa famille, personne ne doit être obligé de se retrouver à la rue, c'est une affaire de solidarité. » Des aides sont ponctuellement fournies aux associations qui, sur le terrain, tentent de remédier à la misère. Mais les responsables d'ATD Quart Monde situent la lutte à un autre niveau et leurs revendications de citoyenneté, de dignité, de culture pour les pauvres apparaissent incongrues. On leur cite en exemple l'action d'Emmaüs qui, sous l'égide de l'abbé Pierre, consacre les millions de francs obtenus par des dons à construire des logements d'urgence. Ou même l'action de Coluche qui, en créant en 1985 les Restos du Cœur, permet à des millions de gens de bénéficier de repas gratuits. On invoque la priorité de soulager les nouveaux pauvres nés avec la crise.

Cette vision est à l'opposé de la conception défendue par ATD : « Je ne me place pas sur le plan de la compassion, explique Geneviève. S'il y a trop de ce style de réponses, on ne cherche pas les vraies réponses, pensant qu'on a résolu les problèmes. Ceux qui se dévouent dans les Restos du Cœur, dans l'accueil des sans-abri, le savent et le disent : on ne peut pas répondre par l'assistance. Il faut une autre perspective[14]. » Après sa nomination au Conseil économique et social, il faut au père Joseph six années de patients dialogues pour obtenir que cette assemblée décide en février 1985 d'entreprendre un projet de rapport intitulé *Grande pauvreté et précarité économique et sociale*. La charge de rapporteur est confiée au père Joseph, qui devra batailler durant deux années encore avant d'aboutir au vote en février 1987.

Ce texte prend acte des effets destructeurs de la pauvreté « sur l'intégrité physique et morale des personnes, sur l'autonomie de la famille, sur la transmission culturelle, sur la participation sociale et politique des intéressés ». L'objectif principal du prêtre est d'éviter que s'instaure « une citoyenneté de qualité inférieure[15] ».

Aux côtés de Geneviève, qui veut l'établissement d'une justice pour tous, le Père Joseph ouvre une nouvelle voie à la reconnaissance du pauvre : elle présente des affinités avec un courant chrétien attentif à la parole évangélique sur l'éminence du pauvre, mais elle pourrait aussi rappeler la pensée marxiste qui fait du prolétaire le cœur du système. Toutefois l'enjeu est avant tout pratique : il s'agit d'élever à un degré plus haut de conscience la civilisation humaine. Au fil des années 1970, cette révolution conceptuelle aura un retentissement sur l'ensemble des organisations caritatives, devenues « humanitaires ». Cette prise en considération croissante des droits de l'homme dans la lutte contre la misère est au cœur du combat de Geneviève de Gaulle.

9

Restaurer les droits de l'homme

Le 17 octobre 1987, ATD Quart Monde inaugure sur le Parvis des droits de l'homme, au Trocadéro, une plaque en l'honneur des victimes de la misère, en France et dans le reste du monde. Il y est inscrit : « Là où des hommes sont condamnés à vivre dans la misère, les droits de l'homme sont violés. S'unir pour les faire respecter est un devoir sacré. ». Les autres confessions sont représentées, signe que la lutte pour les droits de l'homme dépasse les barrières religieuses : le représentant de l'Église orthodoxe et le dalaï-lama assistent à la cérémonie. François Mitterrand, qui n'a pu se déplacer, s'exprime dans une allocution enregistrée sur vidéo. Philippe Séguin, ministre des Affaires sociales et de l'emploi, est présent. Un spectacle accompagne la cérémonie, qui mobilise des centaines de jeunes, des comédiens, des musiciens. Les autres associations qui luttent pour la dignité de l'homme ont installé leurs stands sur la grande esplanade. Le Père Joseph prononce un texte extrêmement fort. « À travers cette dalle, l'humanité doit pouvoir se rappeler les grands témoins de l'histoire : les humbles, les petits, les rien-du-tout qui, au jour le jour, essayent de vivre des valeurs qu'on ne leur a peut-être pas apprises, mais que leur vie, leur cœur et leur intelligence leur ont fait découvrir. »

Geneviève de Gaulle est particulièrement affaiblie. Quelques mois plus tôt, elle a été appelée à témoigner au procès de Klaus Barbie, plus de quarante ans après les faits. Cet événement provoquent en elle une résurgence brutale du passé. L'ancien SS Hauptsturmführer (capitaine) qui commanda la Gestapo de Lyon entre novembre 1942 et septembre 1944 est âgé de soixante-treize ans. Extradé en 1983 de Bolivie où il vivait depuis 1951, il a déjà été jugé en France par contumace en 1952 et 1954. Les charges retenues contre lui en 1987 visent exclusivement les crimes contre l'humanité, imprescriptibles, dont il est accusé : il a organisé une rafle de Juifs le 9 février 1943 à Lyon. Sur les quatre-vingt-quatre déportés, quatre-vingt-trois ont été assassinés. Le 6 avril 1944, sur ses instructions, quarante-quatre enfants juifs du foyer d'Izieu et sept de leurs accompagnateurs sont déportés. Aucun ne survit. Le 11 août 1944, alors que commence la débâcle allemande en France, il fait partir de Lyon un dernier convoi de déportés vers les camps de Natzweiler-Struthof, de Ravensbrück et d'Auschwitz-Birkenau.

Le 11 mai 1987, le procès s'ouvre devant la cour d'assises de Lyon – c'est la première fois en France qu'un criminel nazi comparaît devant une juridiction non militaire ou d'exception : Barbie fait face à trois magistrats et neuf jurés. Dès le premier jour d'audience, l'accusé refuse d'assumer son passé. Prétextant sa citoyenneté bolivienne, il obtient de quitter la salle des assises – mais le président de la cour d'assises le contraint onze jours plus tard à revenir. Après quatre semaines de procès réservées aux témoignages des victimes, commence l'audition des témoins dits « d'intérêt général », historiens ou grands résistants qui ont pour mission d'expliquer l'idéologie hégémonique du IIIe Reich : Marie-Claude Vaillant-Couturier, résistante déportée, vice-présidente communiste de l'Assemblée nationale, l'écrivain déporté Pierre Durand, Jacques Chaban-Delmas, résistant, président de l'Assemblée nationale, ancien Premier ministre, Léon Poliakov, sociologue au CNRS, et Geneviève de Gaulle Anthonioz. Si Geneviève a accepté de témoigner, c'est moins pour juger un individu que pour prémunir d'une telle horreur les futures générations. Elle sait qu'aucune justice humaine, même la meilleure, ne pourra jamais rendre compte de la vérité, ni trouver la sanction adaptée à de tels crimes. En revanche, elle est convaincue que l'amnésie constitue une véritable menace : « Dans l'histoire humaine, quand on se retrouve face à des monstruosités pareilles, on n'a pas envie qu'elles recommencent. […] Or le crime contre l'humanité peut commencer imperceptiblement sans que l'on y prenne garde, sans que l'on y fasse attention, en particulier chaque fois qu'un gouvernement prend des mesures racistes ou qu'on a du mépris pour un groupe humain […]. On a besoin de connaître [notre] passé, de connaître ses racines pour éviter les mêmes erreurs et aussi pour comprendre ce qui nous entraîne en avant, ce qui est noble et porteur. On a le devoir de témoigner. »

Le 9 juin 1987, Geneviève pénètre dans la salle des assises pour la dix-neuvième audience. La salle est comble : sept cents personnes sont présentes, journalistes, témoins, avocats, parties civiles, représentants des associations, spectateurs. À la barre des témoins, vêtue d'un chemisier blanc et d'une veste claire, un discret collier de perles au cou, Geneviève fait sa déposition. D'une voix calme, elle raconte la vie au camp, le processus de déshumanisation des déportées, et la manière insidieuse dont la peur peut imprégner les esprits. À Ravensbrück, explique-t-elle, « il y avait des enfants, des bandes d'enfants complètement abandonnés qui subsistaient. Ils jouaient au "camp de concentration" : l'un faisait le SS, les autres des détenus ». Cette prise de parole, près de quarante ans après les conférences qu'elle avait prononcées pour l'ADIR, est éprouvante pour Geneviève. Absorbée depuis des années dans sa lutte en faveur des déshérités, elle sent resurgir en elle toute l'horreur de l'expérience concentrationnaire dont les images restent intactes dans sa mémoire. À l'issue de sa déposition, elle se sent harassée. Devant les caméras de télévision, elle s'efforce de répondre aux journalistes, puis s'effondre sur le sol. Les secours arrivent d'urgence. La nièce du Général, victime d'un infarctus, est conduite à l'unité de cardiologie de l'hôpital de Lyon, au service des soins intensifs. « L'angoisse de ma mission a dépassé mes forces », expliquera-t-elle. C'est dans sa chair que Geneviève vit le souvenir des souffrances du camp. Quelques semaines plus tard, le 4 juillet 1987, elle apprend avec soulagement que Klaus Barbie a été reconnu coupable de tous les crimes contre l'humanité qui lui sont imputés. Le jury ne lui a accordé aucune circonstance atténuante, en dépit de la plaidoirie de son avocat Jacques Vergès. L'ancien SS est condamné à la réclusion criminelle à perpétuité.

Pendant le jugement de Klaus Barbie, une revue intitulée *Annales d'histoire révisionniste* est diffusée dans les kiosques. Dans ses pages, l'historien révisionniste italien Carlo Mattogno écrit : « Douter de la réalité historique de l'extermination des Juifs n'est pas seulement légitime, mais c'est un devoir car c'est un devoir de rechercher la vérité historique. » Ces affirmations scandaleuses reprennent des thèses qui, à la fin des années 1960, avaient véhiculé l'idée que les chambres à gaz des camps de l'ouest – notamment Ravensbrück – n'avaient pas existé. L'ADIR s'emploie à la réfutation méthodique de ces propos. Au fil des années, l'Association assignera en justice les négationnistes comme Rassinier ou Robert Faurisson. Mais les anciennes déportées avaient à cœur de se tenir garantes de la vérité historique bien avant l'apparition des phénomènes de négationnisme : « Pour nous qui en avons été témoins, qui avons ressenti dans notre cœur, dans notre chair, les conséquences de ces crimes, il convient que cela ne soit pas oublié », déclare ainsi Geneviève en ouverture de l'Assemblée générale de l'ADIR le 14 mars 1964. Elle ajoute : « Le nazisme vu par un déporté, c'est le nazisme démasqué. On ne peut plus raconter d'histoires... »

Très affaiblie par son accident cardiaque, Geneviève n'entend pas pour autant manquer l'inauguration de la plaque du Trocadéro le 17 octobre 1987. La veille, elle participe à une émission de télévision tournée en direct. Puis, le lendemain, elle ouvre la cérémonie, pâle et frêle, entre les colonnes imposantes du monument. Ce sont deux femmes, Simone Veil et Alwine de Vos van Steenjwick, aidées de deux militants Quart Monde, qui dévoilent la plaque. ATD décide de faire de cet événement fondateur un rendez-vous annuel : Geneviève ne manquera jamais de retrouver les familles du quart monde, chaque 17 octobre, sur le Parvis des droits de l'homme et des libertés. Lorsqu'elle en sera empêchée, à cause de la maladie, à la toute fin de la vie, elle y déléguera alors ses enfants. En 1993 elle s'y rend aux côtés de Jacques Delors, Javier Perez de Cuellar, le cardinal Lustiger, Simone Veil et Alwine. En 1995, Jacques Chirac, nouvellement élu président de la République, participera à la cérémonie. En 1997, le pape Jean-Paul II, présent à Paris à l'occasion des Journées mondiales de la jeunesse, est accueilli au Trocadéro par Geneviève de Gaulle Anthonioz. Elle lui offre son bras pour avancer sur l'esplanade. En lui tenant la main, elle sent une émotion particulière l'envahir : elle a appris peu de temps auparavant qu'elle est atteinte de la maladie de Parkinson, celle-là même dont souffre le Saint-Père. Sous le soleil, devant des milliers de jeunes assemblés, le pape rend hommage au Père Wresinski et dit une prière pour « ces millions d'enfants, de femmes et d'hommes qui ne veulent pas maudire, mais aimer et prier, travailler et s'unir, pour que naisse une terre solidaire ».

La cérémonie de 1987 en l'honneur des droits de l'homme marque pour ATD l'élargissement du champ de la lutte. Noisy-le-Grand, la Campa et les autres bidonvilles ont été en quelque sorte des laboratoires. Il s'agit désormais de faire reconnaître les droits de tous les pauvres. Ces droits, aussi fondamentaux que celui d'avoir un toit, un revenu, une assurance maladie, sont chaque jour bafoués dans les nombreux îlots de misère que compte la France. Il s'agit donc de bâtir une société où les droits de l'homme ne soient pas de vains mots.

C'est, en substance, ce que le Père Wresinski développe au Conseil économique et social dans le rapport « Grande pauvreté et précarité économique et sociale » qui porte son nom. Le 11 février 1987, il présente son travail devant l'Assemblée plénière de l'institution. Dans les tribunes, sont présents Geneviève de Gaulle Anthonioz et de nombreux membres d'ATD Quart Monde, en particulier des personnes en grande pauvreté ; quelques mois plus tôt, plusieurs d'entre elles ont accueilli, pour dialoguer sur le terrain, des membres du Conseil accompagnés par le père Joseph et Geneviève. Tous attendent le vote qui doit suivre la présentation de ce texte majeur. « Nous ne mesurons peut-être pas la portée du rapport que nous allons voter », souligne le conseiller Jean-Louis Mandinaud. Les conseillers récompensent un labeur de trente ans en l'adoptant par une large majorité. Seuls les représentants de la CGT et des Entreprises privées s'abstiennent. Mais cette première victoire n'est qu'une étape. Il faut à présent convaincre les députés, les partis politiques, les membres du gouvernement, et notamment le Premier ministre Jacques Chirac, de tirer les conséquences du rapport Wresinski et de construire une vraie politique contre la pauvreté. L'année 1987 aura été doublement couronnée de succès : le vote en faveur du rapport et l'inauguration de la dalle au Trocadéro témoignent de la légitimité acquise par ATD Quart Monde.

Mais le Père Joseph tombe gravement malade. Il doit subir une opération cardiaque au début du mois de février 1988. À l'hôpital de Poissy où il se repose avant l'intervention, il reçoit Geneviève et les autres responsables du mouvement et fait preuve d'une grande sérénité. Le dimanche, il célèbre la messe pour ses amis dans la chapelle de l'hôpital. Il leur adresse un message que beaucoup, à l'instar de Geneviève, considéreront comme un testament : « L'Eucharistie n'est pas une reconstitution de la Passion. C'est une réalité présente. Jésus, humilié, meurtri, crucifié, assume dans son sacrifice tous les souffrants, les gens "inutiles" condamnés à l'opprobre. Toute cette marée de douleurs humaines, insupportables, et qu'on voudrait tellement ne pas entendre, Jésus Christ nous invite, en mangeant son corps, en buvant son sang, à la partager avec lui[1]. »

Le 9 février, l'opération a lieu. Elle se déroule sans encombre jusqu'à ce qu'un problème lors de la réanimation plonge le Père Joseph entre la vie et la mort. Pendant cinq jours, il lutte, inconscient, tandis que ceux qui l'aiment prient nuit et jour. Quand Geneviève apprend la mort du prêtre, le 14 février, elle quitte aussitôt son appartement où elle était venue se reposer après des nuits blanches passées à l'hôpital, et regagne l'établissement hospitalier accompagnée de son mari. Là, près du corps sans vie, elle se recueille dans le silence, elle songe à ces années qu'ils ont traversées ensemble, sur les mêmes routes difficiles, avec toujours cette espérance inentamée, brillante comme une étoile. Elle comprend qu'il lui faut, comme en 1925, comme en 1940, assumer seule la responsabilité du futur. « La mort du Père Joseph a marqué pour moi un engagement encore plus fort dans ma vie quotidienne. Ce fut comme une sorte de grand saut. » Elle confie à ses proches qu'elle se sent investie d'une mission, comme avait pu l'être Jeanne d'Arc[2].

Les funérailles du Père Joseph donnent une idée du chemin accompli depuis la création du modeste Groupe d'action en 1957. Elles se déroulent à Notre-Dame de Paris, ce qui est extraordinaire quand on songe que le personnage fut longtemps considéré comme un « prêtre de la racaille ». Sous les voûtes immenses, ce 18 février, le peuple des sans-logis est venu remercier une dernière fois l'homme qui lui a consacré sa vie. Les alliés du mouvement sont là également, partagés entre la tristesse et une détermination plus solide que jamais. La République elle-même est présente en la personne du ministre des Affaires sociales Philippe Séguin et d'une délégation du Conseil économique et social. Le cardinal Lustiger, qui célèbre la messe, se souvient du caractère contrasté de cette foule où se mêlent des gens aux origines et aux croyances les plus diverses, des exclus, des dirigeants, des vieillards respectables, des enfants des rues : « Qu'est-ce qui unit une assistance si diverse ? Une parole de vérité qui a pu être entendue par des hommes et des femmes qui ne partageaient pas nécessairement les convictions du Père Joseph. » Au micro se succèdent les habitants des cités d'urgence et les représentants de la République. Philippe Séguin déclare : « Vous avez gagné, Père Joseph. Rien ne sera jamais plus pareil. » Dans la foule, Geneviève est émue par cette reconnaissance méritée. Mais elle sait que, malgré le persévérant travail du prêtre, tout reste à conquérir.

Le Père Joseph souhaitait que son rapport serve de point de départ à une « loi d'orientation permettant un traitement global et permanent de la pauvreté et de la précarité ». Au sein du Conseil économique et social, l'hypothèse d'une telle loi suscite des débats. Pour certains conseillers, le rapport Wresinski représente d'ores et déjà une victoire, car il a donné lieu à plusieurs décisions ministérielles et au vote de la loi sur le Revenu minimum d'insertion (RMI), sous le gouvernement Rocard en 1988. Grâce au rapport, une Commission nationale consultative des droits de l'homme étudie depuis 1990 dans quelle mesure la pauvreté entre en contradiction avec ces droits élémentaires.

Seule une loi d'orientation serait capable d'engager le gouvernement dans la durée. Elle permettrait une véritable consultation des populations pauvres et une mise en œuvre des propositions du Père Joseph, c'est-à-dire l'approche globale de la misère que réclament les membres d'ATD depuis des décennies. Pour cette nouvelle bataille, le remplaçant du Père Joseph au Conseil économique et social devra être aussi ardent et déterminé que lui. Geneviève de Gaulle Anthonioz, à la demande du gouvernement, propose pour ce poste trois volontaires d'ATD. Quelques jours plus tard, elle reçoit à sa surprise un coup de téléphone du Premier ministre Jacques Chirac, pourtant engagé pleinement dans la campagne électorale. Geneviève de Gaulle Anthonioz a relaté cette conversation : « "Vous seule, me dit-il, devez remplacer le Père Joseph. J'ai un grand nombre de demandes, mais il faut que vous poursuiviez l'entreprise de votre fondateur, et fassiez reconnaître comme membres de notre société ceux que la détresse en a exclus." J'ai une demi-heure pour répondre. » ATD compte beaucoup de personnes résolues et combatives. Mais, Jacques Chirac le sait, aucune n'a l'envergure morale, historique et humaine de Geneviève.

Le 25 avril 1988 paraît au *Journal officiel* le décret de nomination de Geneviève de Gaulle Anthonioz au Conseil économique et social. Elle dépend de la Section des affaires sociales, que préside René Teulade, et à laquelle appartenait le Père Jospeh. À l'âge de soixante-sept ans (exactement celui du général de Gaulle qui, de retour au pouvoir, s'amusait devant les journalistes : « Croit-on qu'à soixante-sept ans, je vais commencer une carrière de dictateur ? »), Geneviève de Gaulle se voit attribuer une fonction officielle au sein de la République. Cela, au moment même où son mari part à la retraite. Puisque Bernard Anthonioz achève sa carrière à la Culture, le couple déménage de l'appartement des Gobelins pour s'installer rue Michelet, au cinquième étage d'un immeuble haussmannien, où une succession de petites chambres de bonne situées sous les combles sont à aménager.

Nouvelles fonctions, nouvelle résidence, nouvelle paroisse... Jusqu'à la fin de sa vie, Geneviève se rendra à la messe à l'église de Saint-Jacques-du-Haut-Pas, où elle retrouve à sa grande joie l'abbé Pézeril qu'elle avait connu par l'intermédiaire de l'abbé Journet : pendant la guerre, alors vicaire à Saint-Étienne-du-Mont à Paris, Daniel Pézeril a fabriqué plus de mille certificats de baptême pour des juifs, mais aussi des faux papiers d'identité pour des prisonniers évadés, des personnes en situation irrégulière. Dans les années 1960, il participe à la création du Service interdiocésain des travailleurs immigrés.

Il défend la même conception de l'Église que l'ancienne résistante engagée dans la lutte pour la dignité des pauvres... Geneviève « n'était pas une femme d'Église, rappelle sa fille Isabelle. C'était une mystique dont la foi dépassait l'institution[3] », même si elle souffrait que les siens ne respectent pas toujours les prescriptions de l'Église relatives au baptême ou au mariage. Cependant, toujours pleine d'humour, elle était la première à lancer des blagues anticléricales !

Geneviève est capable de s'élever par la force de l'âme jusqu'à un Dieu qu'elle place au-dessus de tout... mais, sans jamais être repliée sur sa foi, ni austère dans sa vie de croyante. Elle est coquette et aime bien manger. Elle ne dédaigne pas un grand plateau de fruits de mer, et boit volontiers un bon vin, avec un faible pour le chablis ; elle n'a jamais abandonné son humour décapant ni son vocabulaire parfois gouailleur – « Geneviève était très drôle, elle avait un parler assez vert, comme on peut se le permettre dans les familles aristocratiques. Elle connaissait des tas de chansons amusantes, elle était très audacieuse[4] ! » sourit encore Anise Postel-Vinay. Certains proches de Geneviève, toutefois, regrettent à demi-mot que son engagement en faveur des démunis ait fini à la longue par la rendre plus grave.

En 1988, c'est donc une femme pleine de maturité et encore toute jeune d'esprit qui entre au CES. Le service officiel du bien public n'est pas inconnu d'elle. Ses liens de parenté avec le Général puis son action à la tête de l'ADIR et d'ATD, ainsi que son bref passage au ministère de la Culture naissant, l'ont familiarisée avec les rouages de l'État. On pouvait craindre cependant que cette entrée au Conseil économique et social ne lui fasse perdre sa fougue et ouvre le temps du compromis.

Mais de 1988 à 1998, malgré son âge et une santé de plus en plus précaire, elle se bat comme au temps de sa jeunesse. Au CES, elle peut être aidée par un expert : ce seront successivement deux volontaires d'ATD Quart Monde, Geneviève Tardieu puis Denis Prost. Une équipe la soutient en permanence, en particulier Lucien Duquesne tout récemment devenu membre du CES et Didier Robert en charge à partir de 1992 de l'animation d'ATD Quart Monde en France. Ce dernier, qui connaît le CES car il a eu le rôle d'expert aux côtés du père Wresinski pour son rapport, succédera à Geneviève au CES en 1999. Au-delà, c'est toute l'association qui se mobilise, en particulier le réseau des Universités Populaires Quart Monde auxquelles Geneviève tient beaucoup et dans lesquelles, chaque fois que ses forces le lui permettront, elle se rendra avec des responsables. Bien souvent, sur le front, l'absence du père Joseph se fait sentir, mais pour Geneviève le secret de la victoire consiste à ne pas « lâcher ses camarades », et en tout premier lieu les personnes et familles en difficulté. Dans les moments les plus rudes elle dira souvent à la petite équipe qui l'entoure : « Que ferions-nous si en plus des difficultés à surmonter nous étions en train de nous chamailler ?! ». Au Conseil économique et social, Geneviève apprend à connaître le nouveau terrain sur lequel elle doit se battre. Elle s'imprègne des usages, fait connaissance avec les différents conseillers, écoute les discussions. Puis elle commence à rassembler autour d'elle des « personnes qualifiées », des conseillers enclins à poursuivre l'œuvre du Père Joseph, comme le président Georges Beauchamp.

Pour aboutir à la loi d'orientation, sa méthode s'inspire clairement de la manière dont elle a, vingt ans plus tôt, traité le dossier des *Kaninchen* : constituer un dossier irréfutable qui prenne en compte les destins individuels, afin d'imposer la vérité brute aux décideurs et de les contraindre à l'action. Au sein du Conseil économique et social vient de naître un comité d'évaluation, présidé par M. Hureau. Geneviève de Gaulle convainc ce comité de mener sa première enquête sur les conditions de vie des sans-logis, afin qu'une base de connaissances solide soit établie.

Deux mille associations et mille trois cent soixante-dix communes signent un manifeste en faveur de la loi d'orientation sur la grande pauvreté. ATD entend profiter du contexte : avec le bicentenaire de la Révolution française, les esprits sont davantage sensibles aux grandes causes, tout à l'espoir d'un monde nouveau, remplis d'optimisme en l'homme. Alors que la rédaction de la Déclaration des droits de l'homme et du citoyen est célébrée dans toutes les écoles de France, ATD lance une vaste campagne d'information sur ses actions et organise des conférences dans quarante-trois villes de France. Le parallèle entre le tiers état de l'Ancien Régime et le quatrième ordre des indigents du XXe siècle est vite tracé. Sous le titre de *Cahier du quart monde*, un cahier de doléances est soumis au président de la République.

Geneviève de Gaulle comprend que la loi n'aboutira que si elle s'y attelle sans relâche. À partir de 1991, soutenue par le président du Conseil économique et social, elle organise des réunions avec les conseillers. Beaucoup redoutent un coup d'épée dans l'eau, une loi bardée de beaux principes mais peu opérationnelle. Aidée des membres de la Section des affaires sociales, la nièce du Général finit par persuader ses collègues que la loi pourrait s'appuyer, au contraire, sur les propositions concrètes déjà largement formulées dans le rapport Wresinski. La loi d'orientation permettrait « de jeter les bases d'une politique réelle et cohérente. Actuellement, on tire de tous les côtés. On disperse les façons de faire. On n'a jamais poussé à fond la réflexion et la solution. Je pense qu'on a besoin d'un débat public. On dit : "Les associations s'en occupent." Mais ce n'est pas vrai. Il s'agit d'une blessure sociale qui nous concerne tous[5] ». Geneviève apporte sa touche personnelle à la bataille. Alors que le Père Wresinski souhaitait essentiellement une loi contre l'exclusion, elle envisage en outre une loi de cohésion sociale. Xavier Emmanuelli, futur secrétaire d'État chargé de l'action humanitaire d'urgence dans le gouvernement Juppé de 1997, le constate chaque jour : « Au-delà du combat en quelque sorte immédiat du Père Joseph, dont Noisy reste l'horizon de référence [et qui est] un combat "contre", [Geneviève de Gaulle Anthonioz] porte la visée beaucoup plus haut vers un projet social global, un projet "pour"[6]. » Au vu des résultats des travaux d'évaluation des politiques publiques de lutte contre la pauvreté entrepris par le CES en 1992, la Section des affaires sociales débat des propositions avancées par Geneviève à un moment où la pauvreté occupe la une des journaux. L'hiver 1993 est en effet cruel pour les pauvres. Une dizaine de personnes sans domicile meurent de froid. Saisi par l'urgence, le gouvernement ordonne d'ouvrir les stations de métro la nuit pour que les SDF s'y réfugient. Face à l'indigence des moyens et de l'ambition, Geneviève signe la veille de Noël un article dans *Le Monde*, intitulé « Plan d'hiver ou plan contre la pauvreté ? ». Elle y répète, une fois de plus, la nécessité d'une logique à long terme : « Au-delà de mesures ponctuelles, du provisoire qui devient définitif, quel signe donnons-nous de notre refus de l'inhumanité dans laquelle vivent un nombre croissant de nos concitoyens ? Le fondement de notre société est en jeu. Ayons le courage de refuser que des personnes et des familles vivent dans l'inhumanité. [...] Que nos références premières soient économiques, morales ou humanistes, le temps est venu de mettre en chantier une loi-programme de lutte contre la grande pauvreté. Elle contribuera à soutenir toutes les autres politiques visant à prévenir les précarités. »

L'année 1994 vient récompenser sa persévérance. Le 15 janvier, l'enquête entreprise sous l'égide de la Section des affaires sociales sur la misère en France commence officiellement. Jean Andrieu, qui a constamment soutenu le travail du Père Joseph, pilote le comité. Trois niveaux d'investigation sont prévus : une enquête auprès de huit cents personnes en situation de pauvreté, qui sera menée par le Credoc (Centre de recherches pour l'étude et l'observation des conditions de vie) ; un sondage auprès des travailleurs sociaux (assistantes sociales, éducateurs...), conduit par le centre d'économie et des besoins de Nantes ; enfin, des entretiens avec les responsables politiques, qu'ils appartiennent au gouvernement ou au corps législatif. Pour donner à ses collègues du Conseil économique et social une image juste de la misère, Geneviève les conduit, un matin, au campement installé dans la commune de Montmagny, dans le Val-d'Oise. Après un voyage en minibus, et au terme d'un chemin boueux, ils arrivent dans un terrain vague où sont installées de vieilles caravanes. Les habitants ne disposent ni d'eau, ni d'électricité, mais s'efforcent vaille que vaille d'emmener leurs enfants à l'école. Geneviève connaît quelques familles de ce campement, certaines depuis l'époque de Noisy. Au milieu des enfants qui l'accueillent comme une amie, elle est à son aise. Elle suggère à ses collègues de se répartir dans les caravanes : « Ainsi découvrent-ils, en même temps que les conditions insoutenables que vivent ces familles, leur inlassable courage pour les surmonter et espérer[7]. »

Le 3 février 1994, Geneviève est reçue avec une petite délégation d'ATD Quart Monde par le Premier ministre Édouard Balladur. Elle lui parle du travail d'évaluation en cours au CES dans la perspective d'une loi d'orientation. S'il ne s'engage pas encore en ce sens, le Premier ministre décide de conduire le premier travail interministériel sur la lutte contre la pauvreté, domaine qui jusqu'alors était cantonné au seul Ministère des affaires sociales. Les résultats de la triple enquête sociale révèlent ce que Geneviève connaissait par expérience : ils montrent en substance que la République française n'est pas restée les bras ballants face à la pauvreté. Elle a prévu, au contraire, une série de mesures. Les pauvres ne sont plus rejetés dans des marges, comme au temps du bidonville de Noisy. Malheureusement, les plus démunis n'ont souvent pas accès aux mesures sociales : les dispositions existantes sont dispersées, dépendent d'organismes différents, exigent des démarches particulières. Or, les exclus sont mal informés ; il leur est très difficile de se repérer dans les dédales de l'administration et de la société. Après cette étude, une synthèse finale est déposée en mars 1995. Elle donne la parole aux exclus, ce qui est particulièrement important pour Geneviève de Gaulle dont le cœur du combat réside justement dans le fait de donner une voix à ceux qui en sont privés.

La présidente d'ATD Quart Monde mène depuis trente-six ans sans interruption son action contre la misère. Elle va fêter ses soixante-quatorze ans. Elle profite toujours des joies que lui donne sa famille, et dispense sa tendresse aux siens. Dans sa maison du Vieil-Estrée, elle accueille ses petits-enfants. À chaque Noël, elle réunit sa famille et, comme de coutume, raconte elle-même la nativité. Le plus jeune des enfants est chargé de mettre Jésus dans la crèche. Le reste de l'année, dans son appartement de la rue Michelet, elle reçoit à déjeuner chaque mercredi ses petits-fils Théodore et Charles-Marie. Tous deux raffolent de sa blanquette de veau et de son rôti de bœuf. Elle bavarde avec eux, se passionne pour leurs projets, leur raconte sa peur de mère lorsque leur père Michel et son frère François-Marie avaient décidé, en 1968, de partir pour l'Afrique en 4 l. Elle éprouve aussi de la peine, puisque les années qui passent apportent leur lot de morts injustes. En 1982, son petit-fils Antoine, fils d'Isabelle, meurt à l'âge de onze ans. Geneviève entretenait un lien fort avec cet enfant né le même jour qu'elle, avec un problème cardiaque : « La fragilité d'Antoine lui donnait une force fantastique, comme sa grand-mère », se souvient la maman du garçon[8]. Opéré avec succès, Antoine avait étonné son entourage par ses dispositions artistiques en peinture. Sa mort inattendue, pendant son sommeil, bouleverse profondément sa famille, notamment sa grand-mère maternelle.

Au début des années 1990, Bernard Anthonioz tombe à son tour très malade. Atteint d'une maladie cérébrale, il séjourne à plusieurs reprises à l'hôpital. Il enjoint sa femme de ne pas s'inquiéter pour lui, et de continuer ses activités. Au début de l'année 1993, on se résout à installer Bernard en fauteuil roulant, ce qui complique ses sorties, puisque l'ascenseur s'arrête au quatrième étage de l'appartement de la rue Michelet et qu'il faut emprunter les escaliers pour rejoindre le cinquième. Pour Geneviève, les départs de la maison sont cruels : elle doit laisser seul un mari souffrant, dont elle sait l'état irréversible. Bernard, en outre, ne veut être soigné que par sa femme. Chaque nuit, elle le veille et l'assiste, jusqu'à l'épuisement. Le 14 juillet 1994, Bernard Anthonioz meurt dans les bras de son épouse. Il est enterré, comme il en a exprimé le vœu, à Bossey, son village de Haute-Savoie. Bien sûr, pour la chrétienne qu'est Geneviève, « la mort n'est pas une fin, elle est un passage, une traversée ». Mais le coup est rude pour une femme de soixante-treize ans qui perd le mari qu'elle chérissait depuis presque cinquante ans : « Ce fut pour elle le plus grand deuil, le deuil de sa vie », souligne Germaine Tillion. Geneviève traverse alors une période difficile, un moment de lassitude comme avait pu en connaître son oncle Charles. Elle sait que le soutien de son mari va lui faire cruellement défaut. Bernard ne faisait pas officiellement partie d'ATD Quart Monde, mais il participait activement aux réflexions des bénévoles : « Tout ce que j'ai pu faire et entreprendre dans ce mouvement, souligne Geneviève, je l'ai fait car Bernard et moi étions profondément en accord[9]. »

Peu de temps après la mort de son mari, elle rencontre le Père Jean Kammerer, qui l'aide à surmonter l'épreuve et lui apporte la paix jusqu'à sa mort. Nommé dans la paroisse de Saint-Jacques-du-Haut-Pas en remplacement de Daniel Pézeril, lui-même devenu évêque auxiliaire de Paris, le Père Kammerer est un ancien résistant qui a connu la déportation à Dachau. Avec cet homme calme et digne, direct et fin, la rescapée de Ravensbrück se sent en entière confiance. Rapidement, le prêtre comprend que Geneviève a l'âme d'une mystique, vibrante et sensible, mais que, modeste devant Dieu, elle est prête à chaque instant à s'abaisser. Comme sainte Thérèse d'Avila, sa foi est une immense demeure intérieure. Jusqu'à sa mort, Jean Kammerer restera son confesseur et son allié. Il tentera d'insuffler à cette grande chrétienne, « nourrie d'une foi extraordinaire[10] », la confiance en elle qu'elle voudrait remettre entièrement à Dieu.

Malgré les épreuves qui marquent sa vie personnelle, Geneviève poursuit l'élaboration de l'avis d'évaluation des politiques publiques de lutte contre la pauvreté dont elle a la charge, mais avec la difficulté d'une section des affaires sociales partiellement renouvelée, comme l'ensemble du Conseil. Pour l'appuyer, la ministre des Affaires sociales Simone Veil réunit une trentaine de spécialistes dans un Conseil national des politiques de lutte contre les exclusions. Le président de ce Conseil, le député-maire Robert Galley, ancien ministre du général de Gaulle, souligne le rôle majeur de Geneviève de Gaulle Anthonioz au sein du groupe : « Elle était devenue l'âme de nos réunions. [...] Elle était extrêmement précieuse pour sa connaissance des situations et de la manière dont il convenait de les aborder. Ayant la confiance de tous, et singulièrement du docteur Xavier Emmanuelli, ses avis étaient écoutés et suivis dans l'esprit qui était le sien[11]. »

La société civile se mobilise aussi dans la lutte contre la pauvreté : trente associations françaises se regroupent dans un collectif baptisé « Alerte ». Cette entente marque un réel progrès : peu à peu, le traitement de la misère est conçu selon une stratégie globale. La campagne pour l'élection présidentielle de 1995 place le thème de la fracture sociale au cœur des débats. « Alerte » organise en collaboration avec *La Croix* et *France Inter* un débat public sur le sujet « Vaincre l'exclusion ». Jacques Chirac, Lionel Jospin et Édouard Balladur, principaux candidats, donnent chacun leur vision : « grande querelle de la France » pour un Jacques Chirac empreint de gaullisme, « grand dessein » pour un Lionel Jospin à cours d'imagination, tandis que selon Édouard Balladur la misère doit être combattue par « une charte de la cohésion sociale, concrétisée par une loi cadre ». Dans une lettre ouverte aux candidats à la présidentielle, Geneviève de Gaulle Anthonioz n'hésite pas à répéter que l'exclusion est le premier défi auquel devra s'attaquer le vainqueur. Sans détours, elle interroge les candidats : « La destruction de la misère est-elle pour vous une priorité dans les dix ans à venir ? »

Le 7 mai 1995, Jacques Chirac est élu à la présidence de la République. Geneviève l'a rencontré plusieurs fois depuis 1969, alors qu'il était secrétaire d'État au Budget. Elle se souvient qu'il lui a demandé personnellement de succéder au Père Joseph au Conseil économique et social. Naît l'espoir d'être enfin entendue de l'exécutif. Deux mois après son élection, Jacques Chirac la reçoit. Geneviève de Gaulle remet au président une pétition en faveur de la loi d'orientation, signée par cent cinquante mille personnes. La présidente d'ATD croule alors sous les obligations diverses : préparation de la loi d'orientation, rencontre avec les hommes politiques, célébration du cinquantième anniversaire de la libération des camps, débats animés au sein du Conseil économique et social, demandes quotidiennes d'entrevues, d'entretiens... Le soir, malgré son efficacité et le sens de l'organisation que tous lui reconnaissent, elle est épuisée. À cette fatigue s'ajoutent des douleurs rhumatismales que les médicaments peinent à apaiser. Heureusement, sa petite-fille Jeanne qui fait ses études à Paris en a profité pour venir habiter avec sa grand-mère : elle soutient Geneviève et lui donne son affection et sa complicité.

Au siège d'ATD Quart Monde, 33, rue Bergère à Paris, Geneviève passe des jours et des nuits à corriger la proposition, à réécrire les articles qui ont été critiqués. Autour d'elle, outre Geneviève Tardieu et Daniel Fayard qui seront relayés par Christine Béhain, Denis Prost et Véronique Davienne, les volontaires en charge du Mouvement sont très proches : Claude Ferrand et Bruno Couder, puis l'équipe nationale autour de Didier Robert à partir de 1992. L'avis de la Section des affaires sociales doit bientôt être rendu. À quelques jours de l'échéance, Geneviève se casse le coude. Contrainte d'être opérée, elle demande une anesthésie locale afin de ne pas être trop engourdie dans les heures qui suivent. Les membres de la Section sont persuadés qu'elle ne pourra pas venir défendre le projet de loi. Ils devraient pourtant savoir qu'une femme de sa trempe ne s'arrête pas pour un membre cassé. « Bloc de béton dans une enveloppe de cristal », comme le reconnaît ensuite Paulette Hofman, Geneviève laisse l'hôpital Cochin pour la salle de réunion du Conseil économique et social avec, en poche, le texte du projet de loi d'orientation. Devant ses collègues de la Section, elle entame une longue lecture, cite les paroles des déshérités, énumère les propositions. La discussion est animée, mais ne remet pas en cause les principes fondamentaux du texte, qui est finalement approuvé.

L'étape suivante consiste à présenter et soumettre au vote en séance plénière du Conseil économique et social, l'avis « d'évaluation des politiques publiques de lutte contre la grande pauvreté », tel qu'il a été adopté par la section des affaires sociales du Conseil, après un travail considérable et exceptionnellement long de trois années. La présence exceptionnelle du Premier ministre Alain Juppé manifeste l'intérêt de l'État pour le projet. Le chef du gouvernement est accompagné de Jacques Barrot, ministre du Travail et des Affaires sociales, de Xavier Emmanuelli, Françoise de Veyrinas et Éric

Raoult, ministre délégué à la Ville. Le discours d'Alain Juppé est encourageant, puisqu'il annonce le soutien du gouvernement à une loi d'orientation générale contre la pauvreté qui « doit marquer un changement complet d'état d'esprit. Elle n'a pas pour seul objet d'améliorer la situation des exclus, même si c'est sa vocation prioritaire. Son objectif est bien celui de la citoyenneté de tous, conformément à la Déclaration des droits de l'homme et au préambule de la Constitution de 1946 ».

Geneviève, dans le rapport intitulé *Évaluation des politiques publiques de lutte contre la grande pauvreté* reprend son cheval de bataille : non, la pauvreté n'est pas une fatalité. Elle est le fruit d'un désinvestissement. Oui, le principal moyen d'intégration est le travail, donc la reprise économique : « Le vecteur essentiel de l'intégration sociale reste le travail et seule une politique économique active, créatrice d'emplois et permettant une résorption massive du chômage, est capable de favoriser l'accès à l'autonomie économique des personnes les plus démunies[12]. » La pauvreté équivaut à une violation des droits de l'homme.

Par cent cinquante-sept voix pour, et malgré vingt abstentions, le Conseil économique et social rend un avis favorable sur le texte présenté par la Section des affaires sociales. Si le rapport Wresinski avait eu une large diffusion et un retentissement mondial, allant jusqu'à influencer les travaux ultérieurs de l'ONU, le rapport de Geneviève, énorme document, est peu diffusé. Mais son impact est très direct sur les pouvoirs publics français. Le rapport Wresinski avait proposé le contenu d'une politique globale à expérimenter dans dix départements pilotes avec l'objectif d'aboutir à une loi d'orientation à l'échelle du pays. L'imposant rapport d'évaluation porté par Geneviève a précisément évalué les expérimentations et donné un contenu plus précis à cette demande de loi d'orientation encore très contestée, voire incomprise.

Le vote du Conseil économique et social autorise la rédaction d'un projet de loi. Ce travail est confié au ministre du Travail et des Affaires sociales, Jacques Barrot, et au secrétaire d'État à l'Action humanitaire d'urgence, Xavier Emmanuelli. Au bout d'un an, en septembre 1996, le texte législatif est prêt à être soumis au Parlement. Une des originalités du projet de loi, en dehors des propositions qu'il contient, est de se fonder sur un principe encore inconnu des textes officiels de la République française, à savoir « le respect de l'égale dignité de tous les êtres humains ». Au mois de décembre 1996, Geneviève présente au Conseil économique et social un avis sur l'avant-projet de loi d'orientation relatif au renforcement de la cohésion sociale. En mars 1997, accompagnée de Paul Bouchet, vice-président d'ATD Quart Monde, elle rencontre à nouveau Jacques Chirac dans le but d'attirer son attention sur l'importance extrême de l'article fondateur qui appelle au respect effectif des droits fondamentaux – « le droit à des moyens convenables d'existence, le droit au logement, le droit à la protection de la santé, le droit à l'éducation, à la formation, à la culture, le droit à une égale justice, le droit à une vie familiale ». Ces droits, énumérés dans l'article premier, portent tous la marque des luttes menées par ATD.

À soixante-dix sept ans, Geneviève de Gaulle Anthonioz arrive au bout d'une lutte de plus de quarante ans. Commencée dans la boue de Noisy-le-Grand, sa grande croisade trouve son débouché dans l'hémicycle pourpre du Palais-Bourbon. Ce 15 avril 1997, elle est invitée à s'adresser au nom du Conseil économique et social aux députés, avant la discussion du « projet de loi de cohésion sociale ». Jacques Barrot introduit la présentation sous les quolibets de la gauche qui lance : « Le prêche va commencer. » Vient le tour de Geneviève de Gaulle. Elle s'avance, frêle parmi les visages goguenards. Tout en impose chez elle : son passé bien sûr, mais aussi son incroyable ténacité, la noblesse de son combat. Sa démarche est hésitante ; la vieille dame s'est de nouveau cassé le coude quelques jours auparavant et doit être aidée par un huissier pour gravir l'estrade – même accident qu'à la veille du rapport au CES. Cette fragilité, associée à cette fermeté morale, suffit à faire le silence dans l'hémicycle.

La voix douce, légèrement chuintée, commence à s'élever :

> Monsieur le président, Messieurs les ministres, Madame, Messieurs les rapporteurs, Mesdames, Messieurs les députés,
> L'avis du Conseil économique et social que je viens présenter à votre assemblée marque, je l'espère, le début d'une voie nouvelle pour notre démocratie. […] Il a fallu beaucoup de travail et d'énergie et le rassemblement de très nombreuses associations pour que le projet de loi qui vous est soumis voie le jour et qu'il fixe dès l'article deux l'objectif du respect des droits fondamentaux, au nom du respect de l'égale dignité inscrit à l'article un. Beaucoup se sont interrogés sur la nécessité de réinscrire ces droits,

parce que ce serait le rappel d'une évidence. Il faut que vous soyez convaincus qu'il n'en est rien.

Par exemple, récemment encore, rien n'a été fait durant plusieurs mois pour une famille vivant sous la tente, sous le prétexte qu'elle avait déjà été aidée. Il y aurait donc des personnes pour lesquelles nous nous donnerions la liberté de ne plus appliquer le droit, comme si elles ne le méritaient pas, comme si leur souffrance n'avait pas la même intensité ni la même valeur que la nôtre !

C'est pourquoi nous vous confions particulièrement l'orientation de la loi afin qu'elle soit, à travers vous, l'engagement de la nation tout entière, et que ceux qui se voient nier leur dignité puissent s'y référer.

Après un développement détaillé sur les principaux points de la loi, Geneviève lance un appel vigoureux aux députés :

> Votre débat va s'ouvrir, il sera contradictoire mais j'en suis convaincue constructif car l'immense attente de justice et de fraternité des plus pauvres rejoint notre attente à tous. Vous avez compris que le Conseil économique et social pense qu'il faut oser aller plus loin, en particulier dans le recours à la solidarité nationale. [...] Vous avez compris aussi, j'en suis sûre, que les personnes et les familles en grande pauvreté qui ont inspiré cette loi souhaitent vous voir vous rassembler pour adopter l'orientation de ce texte. Avec un engagement solennel de la nation autour des principes et des domaines d'action à retenir, ceux-ci deviendront incontournables car vous les aurez tous validés, l'octroi des moyens humains et financiers devra suivre.

Au fur et à mesure que retentissent les mots de Geneviève, l'hémicycle se remplit, les députés regagnent leur banc, conscients soudain de vivre une heure historique. Pour terminer, l'oratrice fait un rapprochement entre le vote de la loi contre la pauvreté et le souvenir de l'Occupation. Elle signale ainsi sa capacité à embrasser le siècle, et à extraire du flux des événements ce fil conducteur qu'est l'homme – sur un ton et dans un esprit gaulliens qui émeuvent dans la bouche de la nièce du Général :

> Après les terribles épreuves que lui ont fait subir l'oppression nazie et celle de ses complices de Vichy, la France a resouscrit à un pacte avec les valeurs républicaines. Elle ne les a pas seulement réaffirmées, mais a souhaité leur donner un nouvel élan : ce fut en particulier le programme du Conseil national de la Résistance.
>
> Occupé, blessé, opprimé, notre pays se rassemblait pour préparer son avenir. Dans les prisons et les camps, une sourde fierté renaissait chez les Français. Nos camarades d'autres nationalités recommençaient à espérer pour eux-mêmes à travers le sursaut de la France. Puisque nous vivons aujourd'hui une nouvelle montée d'atteinte aux valeurs fondatrices de notre République, il ne sert à rien de les défendre morceau par morceau tout en tolérant par ailleurs des reculs. La seule riposte possible, la seule voie consistent à nous rassembler pour vouloir et mettre en œuvre plus de démocratie. C'est l'attente ardente des plus pauvres que d'en devenir des artisans. C'est aussi le sens de notre avis sur la loi d'orientation pour la cohésion sociale, tel que notre Conseil m'a chargée de vous le présenter.

Son discours s'achève sous les applaudissements unanimes. À la sortie de l'hémicycle, une foule de journalistes attend Geneviève de Gaulle Anthonioz. Elle répond à leurs questions avec vigueur : « Nos sociétés fabriquent de l'exclusion tandis que les plus nantis continuent de s'enrichir. Il en résulte ce que j'appelle une dépravation de la démocratie. Il faut recréer un service de l'homme. Il faut être attentif à ceux qui nient ainsi la démocratie et fabriquent un monde qui privilégie le pouvoir et les richesses... »

Le travail des députés commence. Plus de quatre cents amendements ont été apportés au texte. En une semaine, treize articles sur cinquante-cinq sont adoptés. La nièce du général de Gaulle sent enfin venir la victoire, une victoire du moins, sur le chemin de la dignité humaine.

Mais une semaine après le discours de Geneviève, le 22 avril 1997, le président Jacques Chirac dissout l'Assemblée nationale. Par cette décision prise sur les conseils de son entourage, le président cherche à anticiper, à un moment jugé favorable, les législatives prévues en 1998, que la droite pressent catastrophiques en raison de prévisions économiques très pessimistes. Interrogée par les médias, Geneviève de Gaulle s'indigne : « Les pauvres ne peuvent plus attendre. » Son amertume peut se comprendre : « D'un coup, des années de travail acharné sont réduites à néant, en même temps que l'espoir de tant et tant de familles d'être enfin prises en compte par l'ensemble de nos concitoyens. » Elle revoit les députés se levant pour une ovation lorsqu'elle quittait la tribune, puis leur incapacité foncière à comprendre les enjeux du débat. Elle revoit le ministre et les membres de son cabinet découragés à l'issue d'un long processus préparatoire à la loi, qui les a obligés à enrober une idée révolutionnaire dans la ouate d'un langage politique édulcoré. Elle a honte pour tous ces miséreux, bouffis, déformés, estropiés par la vie, venus endimanchés assister pleins d'espoir aux débats de l'Assemblée, et qui constatent que le pouvoir ne prend pas l'affaire au sérieux…

Geneviève envoie une lettre aux gens du quart monde, afin de les rassurer sur l'entière détermination d'ATD… Quelques jours plus tard, Jacques Chirac prend soin de téléphoner à Geneviève de Gaulle Anthonioz : « Dans la prochaine législature, je m'y engage, nous représenterons cette loi. » Geneviève rétorque : « Nous ? Qui ? Vous ne savez pas quel gouvernement vous aurez, Monsieur le président de la République… »

La prudence de Geneviève est de mise… Les élections législatives donnent contre toute attente une large majorité socialiste au Palais-Bourbon. Dans un entretien au journal *Le Monde*, Geneviève de Gaulle Anthonioz déclare escompter du nouveau Premier ministre, Lionel Jospin, qu'il s'engage clairement à remettre en route la loi de cohésion sociale. Elle s'inquiète, à demi-mot, que ce thème n'ait guère été présent dans la campagne électorale du parti socialiste. Puis à l'occasion des cérémonies commémoratives du 18 juin 1997 au mont Valérien, le chef du gouvernement rassure la nièce du Général. Il lui garantit que le projet de loi d'orientation interrompu lors de la précédente législature sera repris. Geneviève de Gaulle Anthonioz laisse passer l'été. Elle prépare le récit d'un autre combat, celui de sa déportation. Puis à la rentrée, elle se remet au travail pour les pauvres, de concert avec les associations et l'équipe de Martine Aubry, ministre de l'Emploi et de la Solidarité du nouveau gouvernement, que Xavier Emmanuelli a préalablement rencontrée et sensibilisée à l'importance de cette loi. Geneviève soutient la nouvelle ministre et la trouve courageuse. Même si elle ne traite pas des six droits fondamentaux énumérés à son article premier, « la loi d'orientation de lutte contre les exclusions » va plus loin que le « projet de loi d'orientation pour le renforcement de la cohésion sociale » qui l'a inspirée. Sur la base d'une ambition philosophique qui consiste en un refus radical de la pauvreté, elle vise à soulager des points de misère précis : sont prévus des mesures qui facilitent l'accès à l'emploi ou au logement (taxe sur les logements vacants...), un programme d'accès aux soins pour tous (avec un projet de loi instaurant la couverture maladie universelle), des outils pour prévenir et traiter le surendettement, l'assurance pour chacun d'une aide financière minimale. Le droit à l'égalité des chances par l'éducation et la culture est par ailleurs réaffirmé, avec le rétablissement par exemple des bourses de collège. La révolution à laquelle Geneviève appelle doit « passer d'abord à travers la conscience de chacun. C'est seulement quand on reconnaît l'autre comme son égal, comme son frère, que quelque chose change... »

Le 9 juillet 1998, de la tribune publique de l'Assemblée nationale, Geneviève de Gaulle Anthonioz assiste aux débats qui précèdent le vote de la grande loi. Cette journée devrait être victorieuse ; pourtant Geneviève éprouve une certaine tristesse. De même que le parti socialiste, alors dans l'opposition, s'était dressé contre la première mouture du texte en 1997, le RPR de 1998, qui a perdu la majorité, devient hostile au projet de loi. Philippe Séguin, président du parti gaulliste, a annoncé au mois de mai que le RPR ne voterait pas en faveur de la loi. Il avance quelques arguments peu consistants, comme « l'absence de moyens prévus par le gouvernement », « la place prédominante donnée à la puissance publique », et conclut que « le projet de loi n'est pas à la hauteur des enjeux ». La réponse de Geneviève de Gaulle Anthonioz ne se fait pas attendre. Dans *Le Figaro*, elle s'indigne que le RPR passe à côté d'« un texte fondateur ». Elle ajoute : « Que des hommes politiques qui se réclament du gaullisme réagissent ainsi me fait particulièrement mal au cœur[13]. » Le jour du vote, elle découvre sans grande surprise un hémicycle à moitié vide et apprend que le vote ne sera pas individuel mais par parti politique – ce contre quoi elle s'est battue tout au long de sa vie, comme le Général autrefois... « Jusqu'au bout, écrit Geneviève, j'ai espéré que quelques députés de l'opposition voteraient quand même la loi. Où sont les gaullistes ? » À l'exception de M. Grimault (UDF Maine-et-Loire) et de M. Warsmann (RPR Ardennes), c'est uniquement grâce au soutien des élus de gauche que la nièce de Charles de Gaulle voit la loi d'orientation de lutte contre les exclusions approuvées par l'Assemblée nationale.

La joie des personnes du quart Monde présentes au Palais-Bourbon console un peu Geneviève. Cette loi est un début et non pas une fin, se dit-elle, et le fait que quasiment le même texte, venu du terrain, ait été adopté par deux gouvernements successifs représentant des majorités différentes, est suffisamment rare pour lui donner une forte légitimité. Cette victoire, puisque c'en est une malgré tout, est celle de plus de quarante années de combat, mené avec les pauvres, les rien-du-tout, ces hommes et femmes qu'elle connaît par leur prénom – ces 10 % de Français qui, en 1998, vivent encore grâce aux minima sociaux. Il faut continuer le combat pour eux, mais Geneviève à présent est âgée. Elle choisit de passer la main à la tête d'ATD Quart Monde à Paul Bouchet, ancien résistant tout comme elle. Il accepte la responsabilité en prononçant ces mots : « on ne peut pas laisser vacant un poste de combat ». Le temps du repos est venu.

10

L'automne d'une vie

Les dernières années de Geneviève sont éclairées d'une joie tranquille que les ombres de la tristesse ne parviennent pas à ternir. Ni la solitude depuis la mort de Bernard, ni la disparition de beaucoup de ses camarades de déportation n'entament sa joie de vivre. « Elle était toujours très gaie, malgré des passages d'intériorité qu'elle ne montrait qu'aux plus proches », témoigne son amie Germaine Tillon.
Elle a enfin le loisir de se reposer, de se consacrer un peu à elle, et beaucoup à ses proches. Bien sûr, son corps s'affaiblit à mesure que passent les mois, et la difficulté d'accéder à son appartement de la rue Michelet contribue peu à peu à l'enfermer. Mais le regard de la vieille femme est toujours le même, pétillant de malice et de bonté, constamment ouvert sur le monde. Tout, dans la société, suscite son intérêt. Il n'y a aucun événement qu'elle ne connaisse ni ne suive avec attention. Le 23 août 1996, lorsque les forces de l'ordre défoncent la porte de l'église Saint-Bernard où se sont réfugiés depuis plusieurs mois trois cents Africains sans papiers, dont cent enfants, la vieille dame pleure devant sa télévision.

Doublement choquée par le sort de ces familles menacées d'expulsion et par la violation du sanctuaire religieux, elle veut aller manifester place de la République. Ses enfants l'en dissuadent. L'un de ses fils, François-Marie, la représente au milieu du cortège de quinze mille personnes qui défilent pour protester. Sa petite-fille Jeanne, dont elle apprécie le côté militant, est également dans la foule. Quelques années plus tard, en 1999, quand l'un des petits-fils de Charles de Gaulle se présente sur les listes du Front national aux élections européennes, Geneviève, indignée, soutient « L'Appel du 18 mai » lancé par les descendants de la famille de Gaulle dans *Le Monde*. Sous le titre « Non ! », les petits-enfants de Xavier de Gaulle, ceux de Marie-Agnès de Gaulle, Charles de Gaulle, Jacques de Gaulle et Pierre de Gaulle, signent un article virulent, rédigé par François-Marie, contre leur cousin Charles : « NON, Monsieur Charles de Gaulle, candidat Front national aux élections européennes, le nom que vous portez ne vous appartient pas ; il ne vous appartient pas de vous en servir pour défendre des idées et des hommes qui, depuis plus d'un demi-siècle, sont les ennemis de ce qu'incarnait le général de Gaulle. Pétainiste, OAS, révisionniste, raciste et antisémite, sur tous les fronts, ce parti extrémiste et factieux a combattu violemment de Gaulle, la Résistance, l'intégrité de notre patrie. »

Fidèle à ses amies de toujours, elle continue de participer aux rassemblements de l'ADIR, comme en septembre 2000 où elle se rend dans les côtes d'Armor pour une visite sur les traces des évadés de France. Elle rencontre régulièrement Anise, Jacqueline et Germaine.

Autour d'une table, les quatre vieilles dames discutent de l'actualité, de la santé qui devient fragile, de l'escalier que les jambes ont de plus en plus de mal à monter, et, bien sûr, du passé qui les lient pour toujours. Parfois, elles bataillent ferme, sur des questions aussi importantes que la peine de mort, dont Geneviève et Germaine approuvent l'abolition, tandis qu'Anise se montre d'un avis différent : n'aurait-il pas été juste, explique-t-elle, que les médecins tortionnaires nazis aient été exécutés après ce qu'ils avaient fait subir aux cobayes polonaises ? Geneviève se prend tellement à la discussion qu'elle rêve, la nuit suivante, qu'elle est un bourreau qui a le devoir de couper cinq têtes – ce cauchemar n'est pas sans rappeler celui qui la hantait lors de ses nuits au Bunker, où elle voyait des têtes coupées flottant sur une mer de sang. Geneviève, Anise, Germaine et Jacqueline sont quatre sœurs de l'Histoire qui vivent entre elles comme en famille. Avec chacune, comme avec chacun de ses enfants, Geneviève a une relation particulière, si bien que toutes peuvent prétendre être sa meilleure amie : en vérité, toutes le sont, à leur façon... Les liens qui les unissent sont si nombreux ! La Résistance, où elles combattaient sans se connaître encore, puis Ravensbrück qui fut le creuset de leur amitié, et ensuite des moments partagés, des mariages, des filleuls, les combats communs, de l'ADIR à l'Algérie. Germaine Tillion a longtemps eu pour secrétaire, devenue sa collaboratrice, la belle-sœur de Geneviève, Raphaëlle Anthonioz. Toutes assistent, chaque année, à la cérémonie qu'organise Jacqueline en la mémoire de sa seconde fille, Marie-Claire, tuée en 1974 lors d'un accident de voiture à l'âge de vingt-sept ans.

Les prêtres qui, au fil des années, disent cet office ont été présentés à Jacqueline par Geneviève. Mgr Pézeril est l'un d'eux. Son engagement constant pour le respect de l'homme, sa proximité avec de nombreux intellectuels, notamment Georges Bernanos et Julien Green, en font une personnalité très proche de Geneviève.

Le reste du temps, l'ancienne présidente d'ATD reste tranquillement chez elle. Dans son salon aux murs jaunes et au décor sobre, assise à la table, elle écrit beaucoup, comme elle l'a fait tout au long de sa vie – des lettres à ses enfants, à Jacqueline, à Germaine, à son amie ermite Hélène de Berg, des cahiers intimes également. Tous les jours, elle lit longuement. Elle ne manque jamais de se plonger dans le journal quotidien dont elle épluche la notice nécrologique, en sifflotant. Quand quelqu'un de sa connaissance figure dans les funestes colonnes, elle murmure immanquablement : « Oh ! le pauvre... » Les journées sont entrecoupées de visites – les enfants, les amies, le Père Kim En Joong, dominicain et peintre, et le Père Jean Kammerer, qui lui apporte la communion le dimanche ou qu'elle appelle en semaine pour s'entretenir avec lui des questions que suscite sa lecture de la Bible.

Dans la bibliothèque de bois clair qui couvre l'un des murs, sont rangés la plupart des livres édités par Bernard. Elle les feuillette quelquefois. Son mari reste dans son cœur, et elle suggère d'organiser une exposition en hommage à cet homme qui a défendu avec ardeur les artistes contemporains quand il était inspecteur général de la création artistique au ministère de la Culture, puis secrétaire général de la Fondation nationale des arts plastiques. L'inauguration de cette exposition-hommage a lieu en octobre 1999, au couvent des Cordeliers en présence du chef de l'État. Les œuvres des artistes que Bernard a contribué à promouvoir sont exposées. C'est tout le XXe siècle de l'art qui est en réalité rassemblé. Geneviève est radieuse. Assise devant une somptueuse statue de Maillol représentant un nu féminin, elle se tient dignement, dans un sévère manteau bleu marine, le cou entouré d'une écharpe de soie blanche. Les journalistes, les photographes se pressent devant elle. Faisant mine de soupirer, avec un sourire en coin vers la plantureuse statue, elle dit, pince-sans-rire : « Et je croyais que c'était moi qu'ils venaient voir[1]… » L'automne est la saison où l'on vendange le raisin, où l'on presse le fruit pour mettre son jus en fût. C'est la saison où les récoltes sont précieusement engrangées. Au terme d'une longue existence, le temps est venu pour Geneviève d'extraire l'essence de ses combats : en 1997, l'ancienne déportée délivre pour la première fois par écrit ses souvenirs de Ravensbrück, dans un livre court mais saisissant, intitulé *La Traversée de la nuit*. Le jour où elle achève la rédaction de son récit, à Truinas, dans la maison de son fils Philippe, elle réunit ses enfants et petits-enfants et leur lit le texte d'un trait, pendant une heure et quart. Même si tous connaissent son parcours, chacun est bouleversé par la simplicité brutale du livre. Geneviève fera don de ses droits d'auteur à l'ADIR.

L'âge n'est pas un renoncement : Geneviève émet le souhait, à soixante-dix-huit ans, de devenir volontaire au sein d'ATD, c'est-à-dire de partager sur le terrain sa vie avec les pauvres. L'avancée de sa maladie l'en dissuade finalement. Mais le deuxième livre qu'elle publie, en 2001, à la demande des militants d'ATD, est consacré au combat auprès des miséreux. La rédaction du *Secret de l'espérance* représente une ultime épreuve pour Geneviève, qui voulait depuis longtemps écrire ce livre. Jean-Michel Defromont et Didier Robert l'aident à exaucer ce vœu dont la fatigue ne la fera jamais démordre : ils enregistrent chaque jour un peu de son récit puis lui font relire la conversation décryptée. Le texte naît ainsi, dense, direct, alerte.

Les deux seuls ouvrages écrits par Geneviève sont consacrés aux deux grands engagements de sa vie et paraissent presque simultanément, au terme d'une existence vouée à l'action. Si la parution de ces écrits est si tardive, c'est qu'elle a eu besoin de temps pour formuler ce qui l'habite, mais aussi parce qu'elle doute de la valeur testimoniale de l'écrit. Geneviève est une femme d'action doublée d'une mystique, pas une théoricienne ni une intellectuelle : « Je pense que les expériences profondes on les transmet avec les mots, certes, mais il n'y a pas que les mots. [...] Est-ce qu'on peut expliquer le plus profond ? Est-ce que l'on peut expliquer un grand amour par exemple ou une grande douleur ? Vous savez, je crois en Dieu, en la patience infinie de Dieu, je crois que nous n'avons pas d'autre modèle que celui-là. »

Pourtant, elle juge indispensable de transmettre son expérience aux jeunes. Comme Jacqueline, elle intervient régulièrement dans des classes de lycée pour parler de la guerre, de sa guerre, et des leçons qu'elle en a tirées. « Nous sommes un peu comme des veilleurs dans la nuit. Nous guettons ce qui peut reconduire des humains à des situations comme celle-là. Nous nous sentons un besoin de le dire. » Lors de la distribution du prix du Concours national de la résistance et de la déportation, en 1997, elle incite les lycéens de Lille à s'engager : « Cherchez au fond de vous-même ce que vous croyez être le meilleur, et trouvez une raison pour que votre vie soit digne d'être vécue. Si vous le faites, votre vie aura un sens, sinon, vous vous amuserez, vous aurez des distractions, comme dit Pascal, mais vous n'aurez pas l'honneur de vivre. »

Alors même qu'elle entre dans une période apaisée de sa vie, dédiée à ceux qui l'ont entourée et aimée, alors qu'elle clôt son engagement terrestre par deux livres qui en retracent les aspects majeurs, Geneviève est reconnue à sa juste valeur par la société. La voici mise en avant, conduite à près de quatre-vingts ans à assurer un rôle de représentation éprouvant, qu'elle accepte par gentillesse bien qu'il aille à rebours de son engagement. Elle avait été très tôt promue au grade de chevalier de la Légion d'honneur, mais elle avait dû attendre 1974 pour être distinguée comme officier, au titre des anciens combattants. Le changement de registre n'intervient que plus tard, puisque c'est au titre du Premier ministre qu'elle est élevée en 1980 à la dignité de commandeur, puis de grand officier de la Légion d'honneur en 1993. Le 13 juillet 1997, le président de la République Jacques Chirac, qui a symbolisé dans la trajectoire de Geneviève la volonté et le soutien de l'État mais aussi ses faiblesses et ses tentations politiciennes, lui remet la Grand Croix de la Légion d'honneur. Jamais cette décoration, depuis la création de l'Ordre en 1802, n'avait été accordée à une femme. Geneviève, qui a pour Jacques Chirac une véritable affection, avait souhaité que la cérémonie ait lieu aux Invalides. La présidence préfère, pour le confort de la récipiendaire, que l'Élysée serve de cadre à l'événement. Geneviève de Gaulle Anthonioz accepte, à la condition de pouvoir inviter ses « trois familles » : sa famille à elle, ses compagnes de la Résistance et les pauvres du Quart Monde. Aux côtés de Louis Besson, secrétaire d'État chargé du Logement, de Xavier Emmanuelli, ancien secrétaire d'État à l'Action humanitaire d'urgence, de Simone Veil et de Jean Mattéoli, président du Conseil économique et social, les anonymes de Noisy sont présents, ainsi que les anciennes déportées venues entourer leur amie. Le discours du chef de l'État met en valeur la trame qui a conduit Geneviève de la résistance à la pauvreté : « Pour vous, les pauvres sont les premiers résistants. Auprès d'eux, qui sont hélas de plus en plus nombreux dans notre société, vous avez trouvé une vraie grandeur, un authentique sens du respect de l'autre. Et cette rencontre a été pour vous une école de la plus profonde humanité. » C'est parfois Geneviève qui remet les décorations à ses camarades de toujours, à l'exception de l'irréductible Anise Postel-Vinay, qui les a toutes refusées. Le 23 décembre 1999, elle décore à son tour Germaine Tillion de la Grand Croix de la Légion d'honneur dans sa maison de Saint-Mandé. Quelques semaines plus tôt, le 4 décembre 1999, à l'Hôtel des Invalides, Geneviève avait procédé à la remise de la Grand Croix de l'Ordre national du Mérite à Jacqueline. Avant de ceindre sa sœur de déportation de l'écharpe bleue, Geneviève précise avec sa franchise habituelle ce qu'elle pense de toutes ces décorations : « Nous voici, pauvres gens, avec nos rubans et nos médailles. Lorsque nous grelottions dans nos tenues de bagnardes, aurions-nous pu imaginer ce moment où, après avoir prononcé les paroles rituelles, ma Jacqueline, je te ceindrais de l'ordre bleu ? » Mais jamais Geneviève ne cherche à blesser quiconque, et elle reconnaît volontiers les vertus de l'Ordre national du Mérite : « Ne le méprisons pas, il fait ce qu'il peut... » Sans doute, dite avec le petit sourire malicieux qu'on lui connaît, cette phrase fait-elle rire l'assistance. Le reste du discours est plus grave : « La foule qui t'entoure, ma Jacqueline, c'est celle de ceux qui t'aiment profondément. Mais il y a aussi, parmi nous, les invisibles, encore plus vivants car leur amour est maintenant transfiguré. » Modifiant légèrement le protocole habituel, Geneviève demande une minute de silence avant la remise de la décoration, en l'honneur des hommes et des femmes engagés pour « la grande cause humaine, "la seule qui vaille", disait notre chef, le général de Gaulle ».

Dans ce discours prononcé un peu plus de deux ans avant sa mort, Geneviève de Gaulle Anthonioz relie ses combats les plus chers – la résistance aux nazis et la résistance à la misère – à la même passion, celle de l'homme, qu'elle inscrit à son tour dans une inspiration gaullienne. Un axe majeur rend cohérente sa vie entière, avec une force telle qu'elle frappe aujourd'hui encore ses amies les plus proches : « La qualité extraordinaire de la personne de Geneviève est d'avoir imprimé à sa vie une ligne droite, très élevée sur le plan moral », souligne Anise Postel-Vinay. C'est à l'automne de sa vie que Geneviève ressent le mieux la nature des liens qui unissent la mort de sa mère à l'expérience de Ravensbrück, et au refus de la misère.

Proche de ses quatre-vingts ans, elle a gardé sa vivacité d'esprit et son humour indéfectible. Toutefois, à partir de l'année 2000, la maladie de Parkinson la fait cruellement souffrir et ralentit ses mouvements. L'efficacité des médicaments s'atténue et la lutte contre le mal devient quotidienne. Malgré tout, Geneviève tente de poursuivre, au ralenti, les activités qui lui sont chères. En octobre 2001, elle effectue l'une de ses dernières sorties. On la conduit sur son fauteuil roulant à la galerie Pierre-Brullé où François-Marie vernit son exposition. Elle se réjouit de la réussite de son fils et garde l'œil pétillant malgré sa maigreur et son teint très pâle.

Quelques semaines plus tard, une première hospitalisation a lieu, puis Geneviève regagne son appartement. Le Père Kammerer lui rend visite presque chaque jour, ému par l'espérance tranquille d'une femme assurée de trouver Dieu après sa mort. Les enfants jonglent avec les exigences de leur vie professionnelle pour s'occuper de leur mère qui, sûre de leur appui, refuse les aides auxquelles elle pourrait prétendre en tant qu'ancienne déportée. Anise, parfois accompagnée de Germaine Tillion, vient la voir et lui fait la lecture. Jacqueline aussi, bien sûr.

Au mois de décembre 2001, Geneviève est de nouveau hospitalisée. Son état est critique, elle connaît d'importantes difficultés respiratoires et doit être plongée dans un coma artificiel. Elle vit, son cœur bat, mais sa voix s'est tue et ses yeux se sont fermés. Un jour, cependant, elle tressaille sur son lit de l'hôpital Cochin quand Germaine Tillion entre dans la chambre et annonce, avec la voix qui la caractérise : « Bonjour, c'est Kouri ! » Pendant deux mois, Geneviève se bat contre la mort, dans un silence intérieur où tous la rejoignent par la prière. Ses enfants viennent la voir quotidiennement. Les derniers jours, François-Marie ne quitte plus son chevet, invoquant la miséricorde de Dieu. Il aurait aimé que sa mère assiste à son mariage, prévu au printemps de la même année, et qu'il reportera finalement le jour anniversaire de la naissance de Geneviève, le 25 octobre 2002.

Tout au long de sa vie, Geneviève a entretenu avec la médecine un rapport difficile. Dans son enfance, elle a constaté par deux fois l'impuissance des médecins, qui n'ont pas su sauver une mère atteinte de septicémie ni une sœur victime de typhoïde. Elle a vu également la répugnance que son père nourrissait, peut-être à cause de ces deux mortes, envers les microbes : pour manipuler les poignées de porte, Xavier de Gaulle utilisait un mouchoir blanc... Durant la guerre, ironie du sort, c'est un étudiant en médecine qui livre Défense de la France aux Allemands. Plus tard, à Ravensbrück, elle assiste à une usurpation éhontée du savoir médical : les « médecins » nazis, forts de leurs connaissances cliniques, savent pertinemment qu'ils sont en train de donner la mort à des corps en bonne santé. Pareille perversion du rôle du médecin est insupportable ; Geneviève consacrera une grande partie de son action à l'ADIR à étudier le cas des femmes cobayes pour obtenir leur reconnaissance. À Noisy-le-Grand, les déplorables conditions d'hygiène la frapperont spécifiquement sous cet angle. Ne pas sauver un corps malade, laisser la santé en déshérence représentent une violation des droits de l'homme qui peut très vite conduire à la mort.

Cette conviction intime, à peine formulée, a des implications concrètes dans la vie personnelle de Geneviève. En 1976, elle décide de vendre à la commune de Chemillé les sept hectares du domaine de Salbœuf dont elle avait hérité d'Ernestine Gourdon, près du château de l'Écho. Elle souhaite qu'y soit construit un centre médico-pédagogique destiné aux enfants handicapés mentaux. Le souvenir de sa cousine Anne de Gaulle n'est certainement pas étranger à cette préoccupation. L'initiative de Geneviève rappelle d'ailleurs celle de son oncle Charles et de sa tante Yvonne qui, après la mort de leur fille Anne, ont créé une fondation pour les enfants trisomiques. Enfin, comment ne pas relever la façon dont le corps de Geneviève réagit à certains moments forts de sa vie ? En 1987, lors du procès de Klaus Barbie, l'infarctus la frappe à la sortie de la salle d'audience. En juillet 1995, à la veille de présenter son rapport sur le projet de loi d'orientation, elle se fait une mauvaise fracture du coude. En avril 1997, quelques jours avant de présenter le projet de loi à l'Assemblée nationale, elle se fait une nouvelle fracture bénigne.

Le corps et l'esprit de Geneviève ont partie liée. Geneviève aimait à citer cette phrase de Paul Celan, écrivain français qui écrivait en langue allemande : « Résister debout, être debout malgré toutes les cicatrices qui restent toujours des blessures[2]. » Phrase fascinante dans la bouche d'une femme de plus de quatre-vingts ans, dont les blessures d'enfance n'ont pas été guéries par le temps, et dont la souffrance inavouée – sauf à de très rares personnes – n'a jamais cessé d'être[3].

Certainement, les femmes déportées ont éprouvé, dans l'horreur et la démesure, les liens étroits qui unissent l'esprit et le corps. Là où le corps cédait, l'esprit dépérissait. Et quand l'esprit ne tenait plus, la fin du corps était inéluctable. De l'avis de Jacqueline Péry d'Alincourt, les médecins rechignent souvent devant la difficulté à soigner les déportés, car ils présentent une spécificité qui leur échappe et ne figure dans aucun manuel.

Sur le lit d'hôpital, son esprit s'est endormi tandis que son cœur bat encore. Tous les jours, l'un de ses enfants ou le prêtre lui lit l'évangile. Le soir de Noël 2001, ses proches célèbrent une messe à l'hôpital Cochin. Le Père Kammerer préside l'office devant une trentaine de personnes rassemblées dans la salle de réunion des équipes médicales, à côté de la chambre où repose Geneviève. Germaine, Anise et Jacqueline sont là. Au moment de l'eucharistie, le petit Joseph, trois ans, fils de Philippe Anthonioz, veut communier aussi. Le prêtre lui demande son prénom.

« Joseph ». « Pour Noël, cela tombe bien », sourit Jean Kammerer en lui tendant l'hostie[4].

Un réveil artificiel est tenté pendant une semaine au mois de janvier 2002. Semaine de souffrance extrême, où le maigre sourire de la malade trahit sa révolte face à son impuissance. Le 14 février 2002, sans un bruit, son corps épuisé la rejoint dans le sommeil éternel. « Sa disparition nous a terriblement affaiblis », reconnaît Michel Anthonioz, dont le bureau a longtemps été orné d'une photographie de Geneviève jeune, du numéro spécial de *Voix et visages* consacré à sa mère et du petit livre vert intitulé *Le Secret de l'espérance*... « Elle me rendait fort sans que je m'en rende compte. Elle était tout le temps là, elle téléphonait, écrivait, elle savait beaucoup plus de choses sur nous que nous ne le pensions... » Mais la force léguée par Geneviève est d'un grand soutien. N'avait-elle pas confié aux siens : « Après ma mort il ne faudra pas survivre, il faudra vivre » ?

Devant le corps, les proches se recueillent longuement. Jacques Chirac, qui a téléphoné quotidiennement à la famille Anthonioz pendant les dernières semaines, vient lui rendre un dernier hommage. Debout devant la dépouille, il murmure simplement : « Il y a une étoile de plus qui brille dans le ciel. » Quelques jours plus tard à Avignon, il lance officiellement sa campagne pour l'élection présidentielle. L'expression « fracture sociale », qui avait marqué sa campagne lors de la présidentielle de 1995, est officiellement bannie du vocabulaire de l'équipe chiraquienne.

En Haute-Savoie, les proches de Geneviève se rassemblent le 19 février pour l'enterrement. Dans la petite église du village, Amédée Anthonioz, cousin de la défunte, prêtre dans un village voisin, dit la messe. Geneviève lui avait demandé de célébrer ses obsèques, quelques mois plus tôt. Au moment de la lecture de l'Évangile, le texte des *Béatitudes* prend tout son sens :

> Heureux les pauvres en esprit,
> car le royaume des Cieux est à eux.
>
> Heureux les doux,
> car ils recevront la terre en héritage.
>
> Heureux les affligés,
> car ils seront consolés.
>
> Heureux les affamés et assoiffés de la justice,
> car ils seront rassasiés.
>
> Heureux les miséricordieux,
> car ils obtiendront miséricorde.
>
> Heureux les cœurs purs,
> car ils verront Dieu.
>
> Heureux les artisans de paix,
> car ils seront appelés fils de Dieu.
>
> Heureux les persécutés pour la justice,
> car le royaume des Cieux est à eux.

Les enfants, les amis intimes sont là. À la sortie de l'office, le ciel est bleu et froid. Les trois fils de Geneviève et l'un de ses petits-fils portent le cercueil. Lentement, accompagnés d'un détachement militaire, ils remontent le chemin escarpé qui conduit au cimetière. Geneviève est enterrée avec son cher mari, dans une tombe si simple qu'elle est de pleine terre, juste ornée d'une croix sculptée par Philippe et plantée dans un rocher choisi par Geneviève à Truinas.

Dans les médias, la mort de Geneviève de Gaulle Anthonioz suscite une vive réaction et un engouement sans précédent. On voudrait faire une icône de cette femme que l'on apprend à connaître quand elle meurt. Geneviève n'avait pas souhaité de manifestations trop officielles pour ses funérailles, suggérant simplement qu'une cérémonie puisse avoir lieu à Saint-Jacques-du-Haut-Pas ou, éventuellement, à Saint-Louis-des-Invalides. Il apparaît rapidement que ces églises seront trop petites pour accueillir la foule. Malgré la réticence des enfants de Geneviève, soucieux de respecter ses volontés, le choix se porte sur Notre-Dame. L'hommage a lieu le 9 mars 2002 à 11 heures. Sur le pilier de droite, le cardinal Lustiger a permis que soit placée une grande photographie de Geneviève. Le chef de l'État en personne prend la parole au cours de la cérémonie, à la demande des enfants de la défunte. Amédée Anthonioz dit la messe. Un prêtre chargé à Rome du procès en béatification du Père Wresinski vient assister à la cérémonie d'hommage.

La sacralisation laïque de Geneviève commence aussitôt. Le 12 février 2003, à la demande du chef de l'État, un timbre-poste dessiné par son fils François-Marie est émis au sein d'une thématique de neuf timbres consacrée au général de Gaulle : la filiation toujours implicite entre les deux personnalités s'affiche plus facilement une fois que tous deux ont rejoint le rang des grands héros défunts. François-Marie, qui a l'habitude des larges compositions, des couleurs en jets, des mouvements, livre de sa mère un portrait délicat, un peu plus qu'esquissé, empreint de majesté et d'humilité. Cette femme qui fut sa mère et selon ses propres termes « l'amie de toute sa vie », cette femme qui lui servit souvent de modèle à l'atelier, se présente sous les traits d'une vieille dame au regard franc et au sourire paisible. L'artiste fait don de ses droits à la Fondation Charles-de-Gaulle. Marianne de la Poste pour quelque temps, le nom de Geneviève de Gaulle Anthonioz imprègne peu à peu les lieux de la vie publique : un foyer Sonacotra de Villejuif et un foyer d'action sociale de Nîmes portent son nom ; une place à Saint-Jean-de-Valériscle, son village natal, dont elle est en outre citoyenne d'honneur depuis 2001. Puis des établissements scolaires, comme le collège de Cluzes, situé en Haute-Savoie au pied de la montagne « Le Reposoir » où Geneviève aimait venir se ressourcer. Le principal, M. Bonazzi, en quête d'un patronyme pour son établissement, a pensé à elle en entendant à la radio un reportage qui lui était consacré. Isabelle Anthonioz-Gaggini, la fille de Geneviève, est très émue lors de l'inauguration et rappelle l'attachement de sa mère à la Haute-Savoie, berceau de la famille du côté paternel. Le maire de la commune exhorte les élèves à s'imprégner du message de Geneviève de Gaulle Anthonioz : « Soyez fiers de ce nom. Il représente les valeurs qui transcendent le temps. Sachez chaque jour le mériter[5]. » Un lycée Geneviève-de-Gaulle-Anthonioz est inauguré en octobre 2003 à Milhaud, dans la banlieue de Nîmes, à quelque cinquante kilomètres de Saint-Jean-de-Valériscle. Puis viennent le collège des Bordes (Loiret) en 2008, une école maternelle près de Montpellier, un centre hospitalier à Saint-Dizier. La ville de Paris donne son nom à une place dans le 15e arrondissement, comme des dizaines d'autres communes en France.

À chaque inauguration, tous les enfants de Geneviève essaient d'être présents. S'ils ne le peuvent pas, du moins se tiennent-ils informés des conditions dans lesquelles le nom de leur mère est utilisé. Mais déjà elle leur échappe, signe que l'Histoire est en train de transformer Geneviève en figure populaire, patrimoine commun d'un peuple qui est fier de s'en réclamer : quand en juillet 2002 la commune d'Athis-Mons, en banlieue parisienne, inaugure une rue Geneviève-de-Gaulle-Anthonioz, elle oublie de demander l'avis de la famille et de l'inviter. Pourtant, l'intention est belle : la rue en question relie la place de l'Église à la place du 19 mars (date anniversaire de l'indépendance algérienne), et abrite la Médiathèque municipale.

L'œuvre littéraire de Geneviève, *La Traversée de la nuit*, a fait l'objet d'une création dramatique en novembre 2003. Le metteur en scène, Christine Zeppenfeld, n'est pas étrangère à la violence dont il est question dans le livre : son propre grand-père, homme de théâtre allemand sous le IIIe Reich, avait refusé de jouer pour les nazis. Déporté, il avait trouvé la mort dans un camp de concentration. Pour dire ce texte sobre et bouleversant, la troupe travaille pendant quatre ans, avec l'accord de Geneviève. Le metteur en scène a choisi de s'inspirer du théâtre nô japonais, où le *shite*, personnage principal, raconte son histoire, tandis que le *waki*, son inconscient, sa mémoire, son ombre, l'écoute ou le relance.

Le 23 novembre 2003, Jacqueline Péry d'Alincourt assiste à la représentation d'un texte qu'elle connaît presque par cœur. La simplicité géométrique du décor, la grâce chorégraphique des déplacements, la voix volontairement monocorde de l'actrice principale, Valérie Le Louédec, font peu à peu entrer le spectateur dans un espace indécis où récit et mémoire se chevauchent. Chaque fois que son nom résonne dans la salle, Jacqueline tressaille, comme si elle recevait un coup de poignard.

À la fin de la représentation, elle descend les marches jusqu'à la scène, bouleversée. L'actrice, en apprenant qui se trouve face à elle, la serre dans ses bras en pleurant.

Au-delà de tous ces honneurs, au-delà de cette reconnaissance spontanée, quelque chose laisse penser que Geneviève de Gaulle Anthonioz se dérobe encore à sa transformation en personnage de médaillon. Son amie Marie-Claude Vaillant-Couturier a connu de manière précoce une sorte de sacralisation laïque en tant qu'héroïne du parti communiste. Dans un registre différent, Sœur Emmanuelle, Mère Teresa, l'abbé Pierre, canonisés vivants, symbolisent aux yeux de l'opinion la cause des déshérités. Mais de Geneviève, il est difficile de faire une « star » dont on entretient l'aura, avec anniversaires, rétrospectives, évocations obligées, citations de rigueur, etc.

La nièce du général de Gaulle s'est affranchie du phénomène de la célébrité parce qu'elle a vécu en femme réelle, dans toutes les simples choses de la vie, dont elle parlait avec une tranquillité sans candeurs ni pruderies. « Il faut souligner la véritable authenticité de Geneviève, qui est demeurée une femme chaleureusement humaine tout au cours des différentes étapes de sa vie. [...] À ses camarades survivantes, elle a donné l'image d'une femme épanouie, une "revivante"[6] », se souvient Marie-Jo Chombart de Lowe. Geneviève a gardé de son enfance les souvenirs tendres, les couleurs, les parfums. Elle a été une femme aimée, une mère comblée, une nièce chérie. Elle a infiniment préféré ces joies domestiques et ordinaires aux pompes d'une gloire qu'il lui eût été facile de cultiver. De plus, elle aurait desservi la cause pour laquelle elle s'est battue si elle s'était mise en vedette. Geneviève de Gaulle Anthonioz a donc fait le choix d'une démarche aux antipodes de la célébrité. Son entrée au Panthéon, le 27 mai 2015, l'aurait sans aucun doute déconcertée. Il faut lui rendre cet honneur. Son arrivée sous la coupole n'est pas individuelle. Elle entraine dans son sillage les obscurs, les inconnus, les ignorés, tous ceux qui méritent autant qu'elle les honneurs de la République.

Conclusion
La dame trait d'union

Une vie n'est jamais d'un seul tenant. Elle ne forme pas un bloc isolé que l'on pourrait extraire de l'histoire d'une époque comme une petite pierre précieuse d'un filon de roche vulgaire. Même une vie d'exception comme celle de Geneviève.

Au contraire, l'existence de cette femme discrète reflète et parfois incarne les grands enjeux du XXe siècle. Ses parents appartiennent à une autre époque – mère châtelaine d'Anjou et père arrimé aux vieux usages. Mais Geneviève naît après la Grande Guerre, qui marque le début de l'époque contemporaine. Son enfance en Sarre la place au cœur du drame européen en train de se nouer : elle est témoin de l'enchaînement des crises de l'après-guerre, celle de 1929 préparant l'arrivée des nazis au pouvoir quelques années plus tard. Toutefois, c'est la Seconde Guerre mondiale qui détermine son engagement initial, et ceux qui suivront : l'attaque puis l'Occupation allemande précipitent Geneviève de Gaulle dans l'histoire, d'abord par le choix de la Résistance, puis par la déportation.

Elle n'a pas vingt-cinq ans lorsque, rescapée de l'enfer des camps, son récit bouleverse le chef de la France libre, qui n'est pourtant pas homme à laisser libre cours à ses émotions. Or la jeune femme ne fait que commencer un long combat au service de toutes les détresses contemporaines, identifiées comme des négations des droits de l'homme – détresse des rescapées démunies de tout et non reconnues, détresse des miséreux des bidonvilles français. Elle prend également parti dans les débats sur la décolonisation. C'est bien un engagement à l'échelle du siècle que le sien, un engagement capital qui se situe sur le front des enjeux majeurs d'une époque terrible.

Pourquoi cette implication, pourquoi cet entêtement à espérer et vouloir modifier la réalité du monde ? Comment cette jeune fille de bonne famille, destinée à devenir une parfaite mère au foyer, a-t-elle dépassé cette mission pour devenir une actrice de l'Histoire, une militante, une combattante ? Effet d'un tourbillon de l'Histoire qui happe l'individu et l'entraîne presque malgré lui de combat en combat ? Pas seulement. Pour comprendre la force qui a transformé cette calme jeune fille en figure de proue des plus durs combats, il faut envisager cette singularité : chez Geneviève se sont entremêlées de manière inédite la vie intime et la grande Histoire. Elle s'est impliquée dans le siècle au nom de raisons fort explicables, mais dans un mouvement original qui part du plus profond d'elle-même.

Lorsqu'il parle de sa mère, Michel Anthonioz avoue ne pas comprendre son extraordinaire volonté : « Le secret de sa force reste pour moi un mystère[7]. » Quelle force, en effet, dans cette femme menue ! Une force qu'il a fallu alimenter pour surmonter la mort de sa mère puis accepter le remariage de son père, force qui s'est révélée et épanouie dans la Résistance, puis qui a été terriblement mise à l'épreuve avec la déportation, une force qui permet d'aller au-devant de la misère humaine quand on a enfin gagné le repos et l'aisance. Cette puissance hors du commun que tous reconnaissent à Geneviève n'est ni un don de la nature, ni le fruit d'une âme de plus en plus immunisée contre les épreuves, même si ces deux facteurs interviennent en partie. Sa force, Geneviève la tire de la souffrance originelle de 1925. Il y a dans cette vie qui paraît exemplaire une lente progression qui permet de dépasser le drame de la mère disparue, une maturation qui s'effectue par le dépassement de soi. La douleur n'a pas quitté Geneviève, mais elle a su y trouver, par un processus de résilience, l'énergie du défi.

Le défi, Geneviève de Gaulle le relève très tôt. Chez elle, ses proches le confirment, pas une plainte, pas un soupir, pas un gémissement, ou alors si ténus qu'ils échappent à la plupart des gens. En revanche, toujours de l'allant, de la volonté, de l'espérance. La douleur, Geneviève s'en libère par un mouvement de sortie de soi : au lieu de rester enfermée dans son malheur, elle prend dans son cœur la souffrance des autres, l'accueille, la jugule. En ouvrant les bras, Geneviève ouvre en elle une porte : soulager la douleur des autres creuse en elle un lit par lequel s'écoule son propre chagrin, en un ruisseau secret qui donne à sa personnalité cette douceur immanente, ce bonheur à aimer qui chante sur son visage.

Geneviève n'est pas seulement une combattante de l'Histoire. Elle trouve dans la « grande Histoire » les motifs pour défendre lorsqu'il est menacé le droit de chacun à devenir soi.

Devenir ce qu'elle est, Geneviève y est admirablement parvenue. Si elle refusa de placer un trait d'union entre son nom de jeune fille et son nom d'épouse, c'est qu'elle incarnait elle-même ce lien entre les différentes sphères de sa vie : elle a réussi à condenser la simplicité d'une femme presque ordinaire et la grandeur des vrais héros ; la candeur d'une petite fille et la lucidité d'une enfant ; la modestie d'une attitude et la fermeté inébranlable d'un engagement ; les ors de la République et la suie des baraques ; la douceur d'une voix et l'ascendant aux tribunes politiques et parlementaires ; la capacité à être de plain-pied avec les plus déshérités et l'aisance pour tenir tête à un as de la Luftwaffe ou pour parler au président, au pape, à Dieu ; une âme d'acier dans un corps de cristal. Pourtant, cette femme dont il serait tentant de faire une héroïne s'est toujours maintenue dans l'ombre protectrice d'hommes à la forte personnalité, qu'il s'agisse du général de Gaulle ou du Père Wresinski, qui furent l'un après l'autre ses tuteurs en même temps que ses modèles d'engagement.

De cette alchimie résulte une personnalité hors du commun, qui « a su faire le trait d'union en elle d'abord avant de le faire pour les autres[8] », comme le constate Germaine Tillion. Une femme de tempérament vif, aux idées solides. Une femme que les apprêts et les compliments n'intéressent guère, tendue vers l'essentiel – la grandeur du cœur, la fidélité à une idée, l'engagement en faveur de l'homme. « Une âme indomptable, avec une ligne de conduite intangible », dit d'elle le cardinal Journet. Bref : une de Gaulle.

CONCLUSION

Ses camarades de résistance et de déportation avaient rapidement surnommé Geneviève « le petit de Gaulle ». En réalité, il s'agit d'un de Gaulle aussi grand que nature, mais dont la discrétion et la modestie naturelles dissimulent la grandeur. À sa manière, qui est aussi celle du Général et qui est de ne pas faillir lorsque le devoir est en jeu, Geneviève incarne au féminin la même détermination et la même intelligence visionnaire que Charles de Gaulle, la même gravité et le même sens de l'humour, la même éloquence et la même gouaille, la même foi et le même souci du quotidien. Liée à son oncle Charles par un sentiment filial instinctif, elle trouve en lui un père rêvé, complémentaire de son père réel. De Gaulle reconnut en elle « le meilleur de ses compagnons ». Elle en était digne.

Voir en elle l'autre de Gaulle ne semble pas exagéré tant l'opiniâtreté et la droiture de son action sont comparables à celles dont le Général dut faire preuve pour imposer « une certaine idée de la France ». Geneviève a une certaine idée de l'homme, qu'elle n'aura de cesse de défendre en exigeant le respect du droit fondamental de l'être humain.

Auprès de son oncle, chéri comme un père symbolique, Geneviève est l'autre de Gaulle. Un de Gaulle de l'intérieur, un de Gaulle au féminin, et plus près des gens.

Cette de Gaulle mit en effet un point d'honneur à demeurer aux yeux des autres la simple et courtoise Mme Anthonioz. Une simple vieille dame qui, au soir de sa vie, devenue l'objet d'hommages qui lui sont indifférents, éprouve du bonheur à cultiver son jardin, à raconter des histoires à ses petits-enfants, à regarder par la fenêtre un ciel qui n'a rien d'inaccessible.

Notes

1. UNE INCONNUE ILLUSTRE

1. *L'Humanité*, 16 février 2002.
2. De la même façon, Yvonne de Gaulle meurt dix ans presque jour pour jour après son mari Charles de Gaulle, le 8 novembre 1970. Voir AMIRAL PHILIPPE DE GAULLE, *De Gaulle, mon père*, entretiens avec Michel Tauriac, T. II, Paris, Plon, 2004, p. 524.

2. UNE ENFANCE EN EXIL

1. Lettre de Charles de Gaulle à Rémy Roure, 1918, citée par Edmond POGNON, *De Gaulle et l'armée*, Paris, Plon-Espoir, 1976, p. 53.
2. Témoignage recueilli par Maia WESCHLER, rush de *Sisters in Resistance*, cassette 16, KV 1348, 18000 5600.
3. *Vallea Resclausarum* : vallée des resclauses, à moins que le nom désigne simplement la topographie de la vallée encaissée, *Vallea resclausa* : vallée fermée.

3. ORPHELINE

1. Christine CLERC, *Les de Gaulle ; une famille française*, Paris, Nil Éditions, 2000.
2. Geneviève DE GAULLE, témoignage recueilli par Maia WECHSLER, *Sisters in Resistance*, Rushs KV 1348, cassette 16.
3. *Ibid.*
4. *Ibid.*
5. Roger DE GAULLE, cité par Christine CLERC, p. 186.
6. *Sisters in Resistance*, cassette 16.

7. *Ibid.*
8. Anise POSTEL-VINAY, *Voix et visages*, n° 279, mars-avril 2002, p. 4.
9. Geneviève DE GAULLE, citée par Christine CLERC, p. 124.
10. *Sisters in Resistance*, cassette 16.
11. Cité par Christine CLERC, p. 184.
12. *Ibid.*
13. Geneviève DE GAULLE, citée par Caroline GLORION, *Geneviève de Gaulle Anthonioz*, Paris, Plon, 1997, p. 16.
14. Odile et Marie-Thérèse sont en réalité les cousines issues de germain de Geneviève : la grand-mère de Geneviève, Jeanne de Gaulle née Maillot, est la sœur de la grand-mère d'Odile et Marie-Thérèse, Noémie de Corbie née Maillot.
15. *Sisters in Resistance*, cassette 16.
16. *Ibid.*
17. Charles DE GAULLE, *Lettres, notes et carnets*, extrait d'un carnet personnel (1905-1918), Paris, Plon, 1980, p. 88.
18. *Ibid.*
19. *Sisters in Resistance*, cassette 16.
20. Boris Cyrulnik, *Un merveilleux malheur*, Odile Jacob, 2002, p. 49.

4. RÉSISTER, EXISTER

1. Charles PÉGUY, l'*Argent, suite*, Paris, Gallimard, « Bibliothèque de la Pléiade », 1957, p. 847.
2. Témoignage recueilli par Maia WESCHLER, *Sisters in Resistance*, cassette 16.
3. Citée par Caroline GLORION, *Geneviève de Gaulle Anthonioz*, Paris, Plon, 1997, p. 16.
4. *Ibid.*, p. 24.
5. *Sisters in Resistance*, cassette 16.
6. *Ibid.*
7. *Ibid.*
8. Citée par Caroline GLORION, p. 23.
9. Laurent DOUZOU, *Les Femmes dans la Résistance*, Paris, Tallandier, 2003, p. 31.
10. Olivier WIEVIORKA, *Une certaine idée de la Résistance, Défense de la France, 1940-1949*, Paris, Éd. du Seuil, 1995.
11. *Sisters in Resistance*, cassette 25.
12. Discours pour les fêtes de Jeanne d'Arc à Orléans, 1997, *Le Déporté*, n° 529, février-mars 2002.
13. *Sisters in Resistance*, cassette 25.

14. Henri NOGUÈRE et Marcel DEGLIANE, *Histoire de la Résistance en France*, T. I, Robert Laffont, 1967, p. 269.
15. Gilbert GARRIER, « Les premiers pas de la Résistance », *Histoire de la Résistance et de la déportation*, CHRD, 1997, p. 32.
16. *Sisters in Resistance*, cassette 16.
17. Frère de la mère de Germaine, Geneviève Gourdon née Delepouve.
18. Témoignage de Lucien NEUWIRTH, *Avec de Gaulle. Témoignages*, T. I, *La Guerre et la Libération*, Fondation Charles-de-Gaulle, Éd. Nouveau Monde, 2003.
19. Geneviève DE GAULLE, « Défense de la France », *En ce temps-là, de Gaulle*, n° 44, p. 27.
20. Jean LACOUTURE, *Le témoignage est un combat, une biographie de Germaine Tillion*, Paris, Éd. du Seuil, 2000, p. 85.
21. Citée par Caroline GLORION, p. 30.
22. *Sisters in Resistance*, cassette 23.
23. *Ibid.*
24. Citée par Caroline GLORION, p. 29.
25. *L'Abbé Pierre*, entretiens avec Bernard Chevallier, Paris, Le Centurion, 1979.
26. Voir Henri SPIRA, « 1938-1945 : une Suisse occulte et méconnue », *Revue militaire suisse*, n° 4, avril 2004, p. 17-23.
27. Charles DE GAULLE, *Mémoires de guerre*, T. II, Paris, Plon, p. 173.
28. Sur tous ces aspects de Défense de la France, voir l'excellent ouvrage d'Olivier WIEVIORKA, *Une certaine idée de la Résistance. Défense de la France, 1940-1949*, Paris, Éd. du Seuil, 1995.
29. Cité dans *ibid.*, p. 207.
30. *Ibid.*, p. 208.
31. *Ibid.*, p. 186.
32. *Ibid.*, p. 206.
33. Citée par Caroline GLORION, p. 25.
34. *Sisters in Resistance*, cassette 26.
35. *Ibid.*
36. Voir le livre que Jérome Garcier a consacré à ce brillant étudiant, aveugle, engagé dans la résistance, déporté, fondateur des volontaires : *Le Voyant*, NRF Gallimard, 2015.
37. Cité par O. WIEVIORKA, p. 134.
38. *Ibid.*, p. 135.
39. Julia EBBINGHAUS, « Les journaux clandestins rédigés par des femmes », *Les Femmes dans la Résistance*, Tallandier, 2003, p. 139.

40. Dominique Veillon, « Les femmes anonymes dans la Résistance », *ibid.*, p. 95.
41. Citée dans Olivier Wievorka, p. 46.
42. Témoignage de Marie Granet et Guilayne Guidez, *Femmes dans la guerre, 1939-1945*, Paris, Perrin, 1989, p. 189.
43. Geneviève de Gaulle, « Défense de la France », témoignage, *En ce temps-là, de Gaulle*, n°44, p. 30.
44. *Sisters in Resistance*, cassette 22.
45. Cité par Jean-Marc Berlière, *Les Policiers français sous l'Occupation*, Perrin, 2001, p. 117.
46. *Sisters in Resistance*, cassette 17.
47. *Ibid.*
48. Tout au long de la guerre, sur 2 995 militants de « Défense de la France », 688 sont victimes de la répression. En tout, 322 sont déportés, sur lesquels 41 % trouvent la mort... Voir Olivier Wieviorka.
49. Corinne Jaladieu, « Les femmes dans les prisons de Vichy », *Les Femmes dans la Résistance*, p. 271.
50. Thérèse Grospiron-Verschuren, « Geneviève à Fresnes », *Voix et visages*, n° 279, mars avril 2002, p. 8.
51. Jacqueline Péry d'Alincourt, « Survivre à Ravensbrück », revue *Espoir*, n° 119, juin 1999, p. 69.
52. Marongin est écroué à son retour de déportation, le 30 juin 1945, puis condamné à mort par le tribunal de la Seine le 30 octobre 1946. Il est exécuté le 14 décembre de la même année.
53. *Sisters in Resistance*, cassettes 17 et 18.
54. *Ibid.*, cassette 16.
55. Citée par Caroline Glorion, p. 27.

5. Ravensbrück

1. Voir Pierre-Emmanuel Dufayel, *Un courrier de femmes, 1944-1945*, vendémiaire, 2011, p. 222.
2. Geneviève de Gaulle Anthonioz, *La Traversée de la nuit*, Paris, Éd. du Seuil, 1998.
3. Geneviève de Gaulle, « Prise dans une souricière », *En ce temps-là, de Gaulle*.
4. Germaine Tillion, *Ravensbrück*, Paris, Éd. du Seuil, 1973, p. 19.
5. Citée par Anise Postel-Vinay, « Arrivée de Geneviève à Ravensbrück », *Voix et visages*, n° 279, p. 8.

6. Anise Postel-Vinay, entretien avec l'auteur, 10 novembre 2003.
7. Germaine TILLION, *Ravensbrück*, p. 41.
8. *Sisters in Resistance*, cassette 18.
9. « Prise dans une souricière », *En ce temps-là, de Gaulle*, n° 45, p. 29.
10. Entretien avec l'auteur, 9 juillet 2003.
11. *Sisters in Resistance*, cassette 19.
12. Jacqueline PÉRY D'ALINCOURT, « Survivre à Ravensbrück », *Espoir*, n° 119, juin 1999, p. 74.
13. *Sisters in Resistance*, cassette 20.
14. « Prise dans une souricière », *En ce temps-là, de Gaulle*, n° 45, p. 31.
15. Marie-Anne MATARD-BONUCCI et Édouard LYNCH, *La Libération des camps et le retour des déportés*, Éd. Complexe, 1995, p. 54.
16. G. TILLION, p. 51-52.
17. *Sisters in Resistance*, cassette 23.
18. *Ibid.*
19. Citée par Caroline GLORION, p. 41. Geneviève, dans plusieurs interviews, aime à citer une phrase de Malraux qui correspond à ce qu'elle a ressenti à Ravensbrück : « Au mal absolu ne peut répondre que la fraternité »...
20. Anise POSTEL-VINAY, « Une jeune Française dans la guerre », *Les Cahiers de Dachau*, n° 3, 1987, p. 173.
21. *Sisters in Resistance*, cassette 18.
22. Germaine TILLION, p. 74.
23. Selon GUERBER, *Himmler et ses crimes*, p. 63. L'auteur ne cite malheureusement pas ses sources. Voir aussi la thèse de Bernhard STREBEL, *Das KZ Ravensbrück*, Schöningh, Paderborn, 2003, en cours de traduction chez Fayard.
24. *Sisters in Resistance*, cassette 23.
25. Geneviève de Gaulle Anthonioz, préface au livre d'Élisabeth TERRENOIRE, *Combattantes sans uniforme, les femmes dans la Résistance*, 1946.
26. Anise POSTEL-VINAY, « Arrivée de Geneviève à Ravensbrück », *Voix et visages*, n° 279, p. 8.
27. « Prier », *Cahiers du Rhône*, numéro spécial *Ravensbrück*, 1946.
28. Citée par Caroline GLORION, p. 45.
29. La version d'Anise Postel-Vinay est un peu différente : Mère Élisabeth exhortait ses camarades destinées à la chambre à gaz à mourir dignement. L'une d'entre elles lui aurait dit : « Eh !

cela est facile de nous abreuver de bonnes paroles. Vous ne risquez rien. » Alors Mère Élisabeth franchit d'un pas décidé les barbelés pour rejoindre les condamnées.

30. *Sisters in Resistance*, cassette 25.
31. *Ibid.*, cassette 23.
32. Germaine TILLION, p. 51.
33. « Le chantage d'Himmler », *En ce temps-là, de Gaulle*, n° 46, p. 29.
34. Données fournies dans *Les Femmes dans la Résistance en France*, p. 328.
35. *Sisters in Resistance*, cassette 24.
36. *Ibid.*, cassette 18.
37. *Ibid.*, cassette 23.
38. *Ibid.*
39. *Ibid.*
40. Geneviève DE GAULLE, *La Traversée de la nuit*, Éd. du Seuil, 1998, p. 40.
41. *Sisters in Resistance*, cassette 24.
42. En 1965 Germaine Tillion soutiendra la candidature de Charles de Gaulle à la présidentielle.
43. Témoignage de Germaine Tillion, recueilli par l'auteur, 5 novembre 2003.
44. Germaine *Tillion*, « Première résistance en zone occupée », *Revue d'histoire de la Seconde Guerre mondiale*, 1958.
45. Voir dépliant de l'Amicale de Ravensbrück.
46. *Sisters in Resistance*, cassette 25.
47. « Prier », *Cahiers du Rhône*, numéro spécial *Ravensbrück*, 1946.
48. Charles DE GAULLE, *Mémoires de guerre*, T. II, p. 175-176.
49. Élisabeth DE MIRIBEL, *La liberté souffre violence*, Plon, 1980, p. 15.
50. Citée par Caroline GLORION, p. 48-49.
51. *Ibid.*, p. 51.
52. Geneviève DE GAULLE, *La Traversée de la nuit*, p. 13.
53. *Sisters in Resistance*, cassette 20.
54. *Ibid.*, cassette 23.
55. *Ibid.*, cassette 20.
56. *Ibid.*
57. « Ma première Marseillaise », *En ce temps-là, de Gaulle*, n° 47, p. 27
58. Helga SCHNEIDER, *L'Incendie de Berlin*, Paris, Robert Laffont, 2003, p. 94-95.

59. « Ma première Marseillaise », *En ce temps-là, de Gaulle*, n° 47, p. 28.
60. « Ma première Marseillaise », *En ce temps-là, de Gaulle*, n° 47, p. 31.

6. REVIVRE

1. Citée dans Marie-Anne MATARD-BONUCCI et Édouard LYNCH, *La Libération des camps*, Éd. Complexe, 1995, p. 148.
2. Témoignage recueilli par l'auteur, 5 novembre 2003.
3. Archives orales de la Fondation Charles-de-Gaulle, 1997.
4. Entretien avec l'auteur, 2 septembre 2003.
5. Archives orales de la Fondation Charles-de-Gaulle, 1997.
6. *Ibid.*
7. Cette règle connaît cependant une exception, celle de Robert Brasillach, fusillé pour avoir appelé entre autres dans ses textes à l'élimination des Juifs, y compris des enfants.
8. Citée par Élisabeth DE MIRIBEL, *La liberté souffre violence*, p. 173-174.
9. *Grandes conférences des ambassadeurs*, Paris, Les Grandes Éditions françaises, février 1947.
10. « Ma première Marseillaise », *En ce temps-là, de Gaulle*, n° 47, p. 31.
11. *Sisters in Resistance*, cassette 19.
12. Archives orales de la Fondation Charles-de-Gaulle, 1997.
13. Philippe DE GAULLE, *De Gaulle, mon père*, T. I, p. 97.
14. Anise Postel-Vinay, entretien avec l'auteur, 10 novembre 2003.
15. Stanislas FUMET, *Histoire de Dieu dans ma vie*, Paris, Éd. du Cerf, 2002, p. 551.
16. Élisabeth DE MIRIBEL, *La liberté souffre violence*, p. 175.
17. *Ibid.*, p. 141.
18. Philippe MEZZASALMA, « ADIR, ou une certaine histoire de la déportation des femmes de France », *Matériaux*, n° 69, janvier-mars 2003, p. 49.
19. Dominique VEILLON, « Les femmes anonymes dans la Résistance », *Les Femmes dans la Résistance*, p. 104.
20. *La Libération des camps*, p. 126.
21. Archives ADIR entreposées à la BDIC. Fonds 797/I/1/3.
22. Sur ce qui suit, voir l'excellent article de Philippe Mezzasalma, déjà cité.

23. Archives de l'ADIR, 797/I/2/15, lettre d'Anise Postel-Vinay du 28 mai 1957.
24. Archives de l'ADIR, 797/I/2/10, lettre d'Anise Postel-Vinay à Caroline Ferriday, 11 mars 1957.
25. *Les Enfants de Ravensbrück*, Genève, OSE, 1946, 71 p.
26. Sur tous ces aspects de l'éducation et de la Résistance de Bernard Anthonioz, voir l'article d'Olivier CARRIGUEL, « Bernard Anthonioz, Résistance », *Bernard Anthonioz, ou la Liberté de l'art*, Paris, Adam Biro, 1999.
27. Citée par Caroline GLORION, p. 65.
28. Anecdote rapportée par Christine CLERC, p. 220.
29. Philippe DE GAULLE, *De Gaulle, mon père*, T. I, p. 446.
30. Cité par Christine CLERC, p. 221.
31. Isabelle Anthonioz, entretien avec l'auteur, 28 septembre 2003.
32. Entretien avec l'auteur, 5 novembre 2003.
33. Archives orales de la Fondation Charles-de-Gaulle, 1997.
34. Archives orales de la Fondation Charles-de-Gaulle, 1997.
35. Geneviève DE GAULLE ANTHONIOZ, *L'Humanité*, 14 avril 1997.
36. Archives orales de la Fondation Charles-de-Gaulle, 1997.
37. Archives orales de la Fondation Charles-de-Gaulle, 1997.
38. *Ibid.*
39. Entretien avec l'auteur, 2 octobre 2003.
40. *Ibid.*
41. Lettre du 22 juillet 1952, *Lettres, notes et carnets*, p. 93.
42. Lettre du 6 novembre 1952, *Lettres, notes et carnets*, p. 111.
43. Entretien avec l'auteur, 4 novembre 2003.
44. *Grandes conférences des ambassadeurs*, Paris, Les Grandes Éditions françaises, février 1947.
45. Archives de l'ADIR, 797/I/1, lettre de Germaine Tillion aux amis américains de l'ADIR.
46. Geneviève DE GAULLE ANTHONIOZ, *Liberté de l'esprit*, mai 1949.
47. Germaine TILLION, *Ravensbrück*, p. 204.
48. Archives de l'ADIR, 797 I/2/15, lettre du 28 novembre 1957.
49. Discours prononcé par Geneviève de Gaulle Anthonioz lors de la remise de la Grand Croix de la Légion d'honneur à Germaine Tillion le 23 décembre 1999.
50. Germaine TILLION, *La Traversée du mal*, p. 109-110.

51. Archives de l'ADIR. 797 I/2/15, lettre d'Anise Postel-Vinay à Caroline Ferriday, 28 novembre 1957.
52. Citée par Jean LACOUTURE, *Le témoignage est un combat...*, p. 262.
53. Germaine TILLION, *L'Afrique bascule*, p. 85.
54. Entretien avec l'auteur, 5 novembre 2003.
55. Interview de février 2002 par *L'Humanité*.
56. Entretien avec l'auteur, 5 novembre 2003.
57. Lettre à Geneviève, 27 juin 1957, *Lettres, notes et carnets*, p. 321.
58. Cet hôtel particulier est aujourd'hui le siège de la Fondation et de l'Institut Charles-de-Gaulle.
59. Rapporté par G. Tillion, entretiens avec Jean Lacouture, p. 292.

7. LE RETOUR VERS LES CAMPS

1. Rapporté par Geneviève de Gaulle Anthonioz, Archives orales de la Fondation Charles-de-Gaulle, 1997.
2. *Ibid.*
3. Entretien avec l'auteur, 2 octobre 2003.
4. Jacqueline FLEURY, *Voix et visages*, n° 279, p. 2.
5. Archives de l'ADIR, carton 797/II/6-8, lettre de Geneviève de Gaulle Anthonioz au professeur Gilbert Dreyfus, 9 novembre 1965.
6. Archives de l'ADIR, carton 797/II/6-8, lettre de Geneviève de Gaulle au professeur Gilbert Dreyfus, 9 novembre 1965.
7. Archives de l'ADIR, carton 797/II/7.
8. Geneviève DE GAULLE ANTHONIOZ, *Le Secret de l'espérance*, Paris, Fayard-Éd. Quart Monde, 2001, p. 15-16.
9. Charles Péguy, « De Jean Coste », *Pensées*, Gallimard, 1934, p. 23.
10. Francine de La Gorce, entretien avec l'auteur, 6 novembre 2003.
11. Cité par C. GLORION, p. 163.
12. Entretien avec l'auteur, 5 novembre 2003.
13. *Le Secret de l'espérance*, p. 59.

8. L'AIDE À TOUTE DÉTRESSE

1. André Étesse, polytechnicien, directeur général adjoint d'une grande entreprise, est arrivé à Noisy le 14 juillet 1960 pour apporter une aide ponctuelle au Père Joseph, puis s'est rapidement investi dans le fonctionnement du camp.
2. Francine de La Gorce, entretien avec l'auteur, 6 novembre 2003.
3. Geneviève DE GAULLE, *Le Secret de l'espérance*, Paris, Fayard-Éd. Quart Monde, 2001, p. 33.
4. Geneviève DE GAULLE, *Le Secret de l'espérance*, p. 94.
5. Cité par C. GLORION, p. 103.
6. Cette fonction ministérielle vient d'être créée par le président Giscard d'Estaing.
7. Geneviève DE GAULLE ANTHONIOZ, *Le Secret de l'espérance*, p. 64-65.
8. Cité par C. GLORION, p. 118.
9. Entretien avec l'auteur.
10. « Je n'étais pas satisfait du terme sous-prolétariat que nous utilisions. Cela avait une connotation marxiste, et je tournais dans ma tête l'idée du quatrième monde » (cité par C. GLORION, p. 119).
11. Geneviève DE GAULLE, *Le Secret de l'espérance*, p. 75-76.
12. Geneviève DE GAULLE ANTHONIOZ, *Le Secret de l'espérance*, p. 48.
13. Citée par C. GLORION, p. 152.
14. Entretien de Geneviève de Gaulle avec la journaliste Françoise Colpin, septembre 1997.
15. « Grande pauvreté et précarité économique et sociale », rapport présenté au nom du Conseil économique et social par M. Joseph Wresinski, *Journal officiel*, année 1987, n° 6, p. 26.

9. RESTAURER LES DROITS DE L'HOMME

1. Geneviève DE GAULLE, *Le Secret de l'espérance*, p. 121.
2. Francine de La Gorce, entretien avec l'auteur, 6 novembre 2003.
3. Entretien avec l'auteur, 28 septembre 2003.
4. Anise Postel-Vinay, entretien avec l'auteur, 10 novembre 2003.

NOTES

5. Entretien recueilli par Françoise Colpin, septembre 1997. Exactement de la même façon, Geneviève de Gaulle avait choisi en 1940 de lutter non seulement « contre » le nazisme, mais aussi et surtout « pour » une certaine idée de l'homme.
6. Xavier Emmanuelli, entretien avec l'auteur, 22 septembre 2003.
7. Geneviève DE GAULLE ANTHONIOZ, *Le Secret de l'espérance*, p. 148-149.
8. Entretien avec l'auteur, 28 septembre 2003.
9. Citée par C. GLORION, p. 128.
10. Jean Kammerer, entretien avec l'auteur, 2 octobre 2003.
11. Témoignage à l'auteur, novembre 2003.
12. Avis du Conseil économique et social, 12 juillet 1995.
13. Geneviève DE GAULLE ANTHONIOZ, *Le Figaro*, 20 mai 1998.

10. L'AUTOMNE D'UNE VIE

1. *Libération*, 15 février 2002.
2. Geneviève a notamment cité cette phrase lors de la remise de la Grand Croix de la Légion d'honneur à Germaine Tillion, en 1999.
3. Beaucoup de proches de Geneviève de Gaulle ont été surpris de la douleur intime qui émane des lettres qu'elle a écrites pendant des années à une amie ermite en Suisse.
4. Entretien avec l'auteur, 2 octobre 2003.
5. Sur cette inauguration, *Voix et visages*, n° 285, mai-juin 2003.
6. « Une grande figure de l'humanisme contemporain », *Voix et visages*, n° 279, p. 4
7. Entretien avec l'auteur, 2 septembre 2003.
8. Entretien avec l'auteur, 5 novembre 2003.

Index des noms de personnes

A

Adenauer, Konrad : 180, 220
Albrecht, Berty : 93, 174
Alesch, Robert : 103
Andrieu, Jean : 296
Anthonioz, Amédée : 328, 330
Anthonioz, Bernard : 17, 21, 182-185, 194-195, 200, 210, 216, 253, 291, 299, 348
Anthonioz, Isabelle : 190, 331
Anthonioz, Michel : 166, 328, 336
Anthonioz, Philippe : 327
Anthonioz, Pierre : 195
Anthonioz, Raphaëlle : 317
Apparicio, Mathilde : 246
Aragon, Louis : 183
Asse, Geneviève : 201
Aubry, Martine : 311

B

Balandier, Georges : 200
Balladur, Édouard : 297, 301
Barbie, Klaus : 282, 284-285, 326
Barrot, Jacques : 303, 305-306
Bazaine, Jean : 201
Bazin, René : 28
Beauchamp, Georges : 294
Beaudin, André : 201
Béguin, Albert : 182-183
Bérégovoy, Pierre : 277
Berg, Hélène (de) : 318
Bernadotte, Folke, comte : 161
Bernanos, Georges : 7, 29, 183, 192, 318
Bernard-Farnoux, Yvette : 123
Berry, Marie-Caroline de Bourbon-Sicile, duchesse (de) : 27
Besson, Louis : 322

Beuret, Albert : 255
Bidault, Georges : 81
Binder, Gustav : 138
Binz, Dorothea : 119, 202
Boemelburg, Karl : 96
Boissieu, Alain (de) : 166
Bollardière, Jacques-Pâris, général (de) : 207
Bonaparte, Napoléon : 27, 97
Bonazzi, Dominique : 331
Bonny, Pierre : 97-100, 102
Bordeaux, Henry : 28, 65, 197
Bores, F : 201
Bouchet, Paul : 305, 313
Bourgès-Maunoury, Maurice : 210
Boyer, Lucienne : 154
Brancion, Marthe (de) : 223, 227
Braque, Georges : 244
Brisson, Pierre : 216

C

Cailliau, Alfred : 64, 147, 168
Cailliau, Charles : 64
Cailliau, Marie-Agnès (née de Gaulle) : 76, 102
Cailliau, Michel : 99
Cailliau, Pierre : 99
Candiani, Clara : 233

Casanova, Danielle : 174
Cassin, René : 180
Celan, Paul : 326
Chagall, Marc : 201, 256, 270
Chambord, Henri, comte de : 27
Chirac, Jacques : 16, 273, 286-287, 290, 301-302, 305, 309-310, 321, 328
Chouteau, Franck : 361
Churchill, Winston : 66
Clamens, Jean : 33
Clauberg, Carl, docteur : 179
Claudel, Paul : 183
Colucci, Michel (dit Coluche) : 278
Couder, Bruno : 303
Cuisinier, Jeanne : 191
Curie, Marie : 20, 258
Curie, Marie : 17
Cyrulnik, Boris : 59, 342

D

Daladier, Jean : 248, 257
Davinroy, Claire : 175
Defromont, Jean-Michel : 320
Delepouve, Henri : 28, 75, 343
Delors, Jacques : 286
Denikine, Anton, général : 36
Dolto, Françoise : 17

INDEX DES NOMS DE PERSONNES

Dolto, Françoise : 19
Dreyfus, Alfred : 30, 349
Dufour, Claude : 361
Dufour, Thierry : 361
Dufy, Raoul : 199
Duquesne, Lucien : 293
Durand, Pierre : 283
Duroselle, Jean-Baptiste : 185

E

Effel, Jean : 193
Emmanuel, Pierre : 183
Emmanuelle, Sœur : 16, 18, 333
Emmanuelli, Xavier : 295, 301, 303, 305, 311, 322, 351, 361
Étesse, André : 241, 249, 252, 255, 350

F

Fabius, Laurent : 277
Faucheux, Pierre : 199
Faurisson, Robert : 285
Ferrand, Claude : 70, 303
Ferriday, Caroline : 177-178, 208
Feuilloley, Paul : 259
Fleming, Alexander : 43
Fleury, Jacqueline : 143
Foch, Ferdinand, maréchal : 25

Fourcade, Marie-Madeleine : 73
François-Ferdinand, archiduc : 25
Frémondière, Louis : 33
Frickes, Jeanine : 199
Fumet, Stanislas : 172

G

Galley, Philippe : 361
Galley, Robert : 301, 361
Gassion, Émilie : 361
Gaulle, Anne (de) : 326
Gaulle, Charles (de) : 26, 34, 36, 38, 40, 55, 57, 64-66, 70, 85, 88, 91, 99, 104, 106, 112, 132, 159, 161, 166-170, 187-188, 195-196, 198, 200, 213, 215-217, 220, 239, 262, 267, 312, 316, 339, 341, 346
Gaulle, Henri (de) : 28-29, 75
Gaulle, Jacques (de) : 26, 82, 98, 188, 316
Gaulle, Jeanne (de) (née Maillot) : 27-28, 65, 67, 70, 342
Gaulle, Jules-Armand (de) : 33
Gaulle, Julien-Philippe (de) : 64
Gaulle, Madeleine (de) : 78, 104, 109

GAULLE, Philippe (DE) : 170
GAULLE, Pierre (DE) : 26, 75, 99, 147, 316
GAULLE, Roger (DE) : 102
GAULLE, Xavier (DE) : 26, 28, 30, 32-33, 35, 37-40, 44, 51, 53, 62, 67, 69, 75, 79, 159-160, 182, 187, 316, 325
GAULLE, Yvonne (DE) : 40, 65, 341
GEBHARDT, Karl, docteur : 177, 222
GEMÄHLING, Genia : 93
GIACOMETTI, Alberto : 187
GIGOT D'ELBÉE, Maurice, général : 33
GIROUD, Françoise : 245, 261
GISCARD D'ESTAING, Anne-Aymone : 245, 272
GISCARD D'ESTAING, Valéry : 270-271, 276
GOUIN, Félix : 187
GOURAUD, Henri, général : 37
GOURDON, André : 27-28, 31, 33, 48-49, 63, 104, 188, 218
GOURDON, Benjamin : 27
GOURDON, Ernestine : 326
GOURDON, Geneviève (née Delepouve) : 104, 343
GOURDON, Jacques : 160
GOURDON, Pierre : 28
GRANET, Marie : 93
GREEN, Julien : 318
GRENSON, Mariette : 103
GRIMAULT, Hubert : 312
GROSPIRON-VERSCHUREN, Thérèse : 103

H

HAUTVAL, Adélaïde : 221
HERGÉ : 200
HERZOG, maurice : 252
HEYDRICH, Reinhardt : 177
HIMMLER, Heinrich : 129-130, 135, 147-149, 158, 161, 169, 345-346
HINDENBURG, Paul, maréchal : 53
HITLER, Adolf : 36, 53, 62, 149, 158, 166, 177, 231
HOFMAN, Paulette : 303
HOMÈRE : 29
HUE, Robert : 17
HUREAU, Pierre : 294

J

JEANNE D'ARC : 73, 174, 289, 342
JEAN-PAUL II : 258
JOFFRE, Joseph, maréchal : 25
JOSPIN, Lionel : 16, 301, 310
JOURNET, abbé : 183, 189-190, 192, 198, 291, 338
JOXE, Louis : 180
JUPPÉ, Alain : 295, 303
JURGENSEN, Jean-Daniel : 88, 93

INDEX DES NOMS DE PERSONNES

K

Kammerer, Jean : 300, 318, 324, 327, 351, 361

L

La Gorce, Francine (de) (née) : 349-350, 361
Lacouture, Jean : 266, 349
Lafont, Henri : 97, 100-101
Lamy, Étienne : 28
Le Louédec, Valérie : 332
Le Pen, Jean-Marie : 275
Lebon, Marcel : 89
Leclerc, Philippe de Hautecloque, maréchal : 166
Lepage, Alix : 82
Lewitsky, Anatole : 77-78
Linares, Létizia (de) : 361
Lorne d'Alincourt, Jospeh (de) : 79
Louis-Philippe : 27
Lustiger, Jean-Marie, cardinal : 286, 289, 330

M

Maeght, Marguerite : 244
Maillol, Aristide : 319
Maillot, Jules : 28, 32, 71, 342
Malraux, André : 17, 22, 181, 187, 192, 194-195, 197, 215-216, 218, 239, 255, 269-270, 345
Mandinaud, Jean-Louis : 287
Maritain, Jacques : 189
Marmot, Claude : 361
Marongin, Serge : 96, 107, 344
Marschall, Elisabeth : 202
Marschall, Élisabeth : 145
Martin, Claude : 210
Massenet, Michel : 252
Massin, Robert : 199
Masson, André : 201
Matisse, Henri : 199
Mattéoli, Jean : 322
Mattogno, Carlo : 285
Mauriac, François : 256
Mauroy, Pierre : 277
Mezzasalma, Philippe : 174, 347, 361
Miribel, Élisabeth (de) : 148, 172-173
Miro, Joan : 244
Mitterrand, François : 275, 277, 281
Molière : 268
Mollet, Guy : 180
Morell, Theo, docteur : 177
Moulin, Jean (Rex) : 22, 81, 88-89, 105

N

Nadel, Charlotte : 93
Neau, Georges : 361
Neuwirth, Lucien : 76

O

Oberhauser, Hertha : 177
Oddon, Yvonne : 78, 92
Oudin, Jacques : 92
Oulmont, Philippe : 361

P

Palewski, Gaston : 196
Papazoglou, Guillaume : 361
Parodi, Alexandre : 180
Pascal, Blaise : 321
Paul, Marcel : 168
Paul VI : 189
Péguy, Charles : 61, 73, 183, 227
Pernoud, Laurence : 270
Péry d'Alincourt, Jacqueline (Violaine) : 191, 327, 332, 361
Péry, Pierre : 81, 189
Pétain, Philippe, maréchal : 66, 69, 74, 88, 90, 92
Pézeril, Daniel, abbé : 291, 300, 318
Pflaüm, Hans : 204, 207
Pflimlin, Pierre : 215

Picasso, Pablo : 185, 199
Pilsudski, Josef, maréchal : 36
Poliakov, Léon : 283
Pompidou, Georges : 21, 267
Poniatowski, Michel : 260, 270
Postel-Vinay, André : 104, 189
Postel-Vinay, Anise (née Girard) (Danielle) : 117, 131, 198, 208, 212, 292, 323, 345, 348-349, 361

Q

Queuille, Henri : 56

R

Raine, Jules, abbé : 33
Raoult, Éric : 304
Rassinier, Paul : 285
Ratte, Philippe : 361
Regnault, Mona : 251
Reynaud, Paul : 66
Robert, Didier : 293, 303, 320, 361
Rocard, Michel : 290
Romero, Salvador : 361
Roosevelt, Franklin Delano : 23
Rude : 195

INDEX DES NOMS DE PERSONNES

S

Saâdi, Yacef : 210, 217
Sainteny, Jean : 221
Salmon, Robert : 88, 92-94
Savary, Alain : 184
Schultz : 21
Schuman, Robert : 180
Schumann, Maurice : 161
Seborova, Milena : 139
Séguin, Philippe : 281, 289, 312
Sophocle : 160
Soustelle, Jacques : 195-196, 208
Stachova, Wlasta : 142
Steinert, abbé : 103, 106
Stoléru, Lionel : 275
Stutzmann, Madeleine : 48
Sudreau, Pierre : 237, 246, 249
Suhren, Fritz : 145-148, 151, 153-154, 204, 206, 235
Syllinka : 137

T

Tardieu, Geneviève : 293, 302
Tasca, Catherine : 16
Taurin, André : 78
Teresa, Mère : 18, 333
Teulade, René : 291
Thouai, abbé : 69
Tillion, Émilie : 126, 175
Tillion, Germaine (Kouri) : 11-12, 72, 78, 91, 103, 111, 116-117, 119, 124, 128-129, 135, 140-141, 143-144, 161, 165, 181-182, 184, 189, 191-192, 202-204, 208, 210-211, 213, 217, 221, 229, 267, 270, 276, 299, 317, 322, 324-325, 338, 346, 348, 351, 361
Tisserant, Eugène : 258
Treite, Percival, docteur : 146, 202
Trouiller, Catherine : 361

V

Valéry, Paul : 128
Vallery-Radot, pasteur : 196
Vallon, Louis : 196
Veil, Simone : 165, 270, 285, 300, 322
Veillon, Dominique : 94
Vendroux, Jacques : 65
Verdin, Philippe : 361
Vergès, Jacques : 284
Veyrinas, Françoise (de) : 303
Viannay, Hubert : 84, 87-88, 93
Viannay, Philippe : 87-90, 92, 94, 96
Vic-Dupont : 221
Vildé, Boris : 77
Vincent, Rose : 90

Vos Van Steenwijk, Alwine (de) : 242, 256, 285

W

Walter, Pierre : 77
Warsmann, Jean-Luc : 312
Wechsler, Maia : 121
Weygand, Maxime, général : 36
Wieviorka, Olivier : 72, 246
Wittmeyer, Maria : 135, 139
Wresinski, Joseph : 17, 214, 223, 228, 233, 236, 241, 246, 252, 257, 259, 262, 264, 266-267, 272, 274, 276-277, 286-287, 290, 293, 295, 304, 330, 338, 350

Z

Zeppenfeld, Christine : 332

Remerciements

J'adresse tous mes remerciements :

Au Père Philippe Verdin, o.p., grâce auquel ce travail a pu naître, aux enfants de Geneviève – Michel, Isabelle, François-Marie et Philippe – pour la confiance qu'ils m'ont accordée et pour la générosité de leur accueil, aux trois sœurs de Résistance de Geneviève, Jacqueline Péry d'Alincourt, Germaine Tillion et Anise Postel-Vinay, au Père Jean Kammerer, qui a su évoquer la foi de Geneviève, à Didier Robert et Francine de La Gorce, d'ATD Quart Monde, à Xavier Emmanuelli et Robert Galley, pour leur aimable contribution, aux historiens Claude Marmot, Philippe Mezzasalma et Philippe Oulmont, qui m'ont suggéré des pistes de recherche, à Philippe Ratte, pour ses suggestions éclairées, à Claude Dufour, Georges Neau et Franck Chouteau, à Létizia de Linares, pour sa patience, à Guillaume Papazoglou et Catherine Trouiller, pour leurs apports documentaires, à Philippe Galley, pour son aide si précieuse, aux habitants de Saint-Jean-de-Valériscle, à mes relecteurs, notamment Émilie Gassion, Salvador Romero, Jean-Louis et Thierry Dufour.

Table des matières

1. – Une inconnue illustre	15
2. – Une enfance en exil	25
3. – Orpheline	43
4. – Résister, exister	61
5. – Ravensbrück	111
6. – Revivre	163
7. – Le retour vers les camps	215
8. – L'aide à toute détresse	241
9. – Restaurer les droits de l'homme	281
10. – L'automne d'une vie	315
Conclusion. – La dame trait d'union	335
Notes	341
Index des noms de personnes	353
Remerciements	361

Du même auteur

Ernest Psichari. L'Ordre et l'Errance, « Histoire-Biographie »,
  Paris, 2001.

Composition et mise en pages
Nord Compo à Villeneuve-d'Ascq

Achevé d'imprimer en avril 2015
par Corlet Imprimeur, S.A.
14110 Condé-sur-Noireau
N° d'imprimeur : 172732
Dépôt légal : avril 2015